NE능률 영어교과서

대한민국 고등학생 **10**명 중 **4.7** 명이 보는 교과서

영어 고등 교과서 점유율 1위

(7차, 2007 개정, 2009 개정, 2015 개정)

리딩튜터

그동안 판매된
리딩튜터 1,900만 부
차곡차곡 쌓으면 19만 미터

에베레스트 21 배 높이

190,000m

에베레스트 8,848m

능률보카

그동안 판매된
능률VOCA 1,100만 부

대한민국 박스오피스
**천만명을 넘은 영화
단 28개**

그래머존

그동안 판매된 450만 부의 그래머존을 바닥에 쭉 ~ 깔면
1000km 서울-부산 왕복가능

서울

부산

The 상승 직독직해편

지은이	NE능률 영어교육연구소
선임연구원	김지현
영문 교열	August Niederhaus, Nathaniel Galletta
디자인	조가영, 기지영
영업	한기영, 이경구, 박인규, 정철교, 김남준, 이우현
마케팅	박혜선, 남경진, 이지원, 김여진

NE능률이
미래를
창조합니다.

건강한 배움의 고객가치를 제공하겠다는 꿈을 실현하기 위해
40년이 넘는 시간 동안 열심히 달려왔습니다.

앞으로도 끊임없는 연구와 노력을 통해
당연한 것을 멈추지 않고

고객, 기업, 직원 모두가 함께 성장하는 NE능률이 되겠습니다.

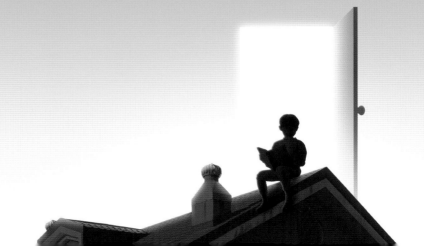

The 상승

독해 기본기에서
수능 실전 대비까지
The 상승

직독직해편

STRUCTURE & FEATURES

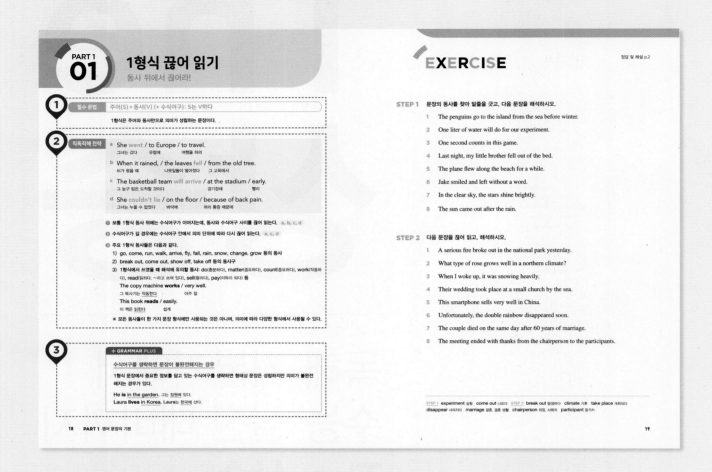

PART 1 01

1형식 끊어 읽기
동사 뒤에서 끊어라!

① 필수 문법

주어(S) + 동사(V) (+ 수식어구): S는 V하다

1형식은 주어와 동사만으로 의미가 성립하는 문장이다.

② 직독직해 전략

a　She went / to Europe / to travel.
　그녀는 갔다　　유럽에　　여행을 하러

b　When it rained, / the leaves fell / from the old tree.
　비가 왔을 때　　　나뭇잎들이 떨어졌다　　그 고목에서

c　The basketball team will arrive / at the stadium / early.
　그 농구 팀은 도착할 것이다　　　　경기장에　　　빨리

d　She couldn't lie / on the floor / because of back pain.
　그녀는 누울 수 없었다　　바닥에　　허리 통증 때문에

❶ 보통 1형식 동사 뒤에는 수식어구가 이어지는데, 동사와 수식어구 사이를 끊어 읽는다. a, b, c, d

❷ 수식어구가 긴 경우에는 수식어구 안에서 의미 단위에 따라 다시 끊어 읽는다. a, c, d

❸ 주요 1형식 동사들은 다음과 같다.
　1) go, come, run, walk, arrive, fly, fall, rain, snow, change, grow 동의 동사
　2) break out, come out, show off, take off 동의 동사구
　3) 1형식에 쓰였을 때 해석에 유의할 동사: do(충분하다), matter(중요하다), count(중요하다), work(작동하다), read(읽히다, ~라고 쓰여 있다), sell(팔리다), pay(이득이 되다) 등
　The copy machine **works** / very well.
　그 복사기는 작동한다　　아주 잘
　This book **reads** / easily.
　이 책은 읽힌다　　쉽게

※ 모든 동사들이 한 가지 문장 형식에만 사용되는 것은 아니며, 의미에 따라 다양한 형식으로 사용될 수 있다.

③ + GRAMMAR PLUS

수식어구를 생략하면 문장이 불완전해지는 경우

1형식 문장에서 중요한 정보를 담고 있는 수식어구를 생략하면 형태상 문장은 성립하지만 의미가 불완전해지는 경우가 있다.

He **is** in the garden. 그는 정원에 있다.
Laura **lives** in Korea. Laura는 한국에 산다.

EXERCISE
정답 및 해설 p.2

STEP 1　문장의 동사를 찾아 밑줄을 긋고, 다음 문장을 해석하시오.

1　The penguins go to the island from the sea before winter.

2　One liter of water will do for our experiment.

3　One second counts in this game.

4　Last night, my little brother fell out of the bed.

5　The plane flew along the beach for a while.

6　Jake smiled and left without a word.

7　In the clear sky, the stars shine brightly.

8　The sun came out after the rain.

STEP 2　다음 문장을 끊어 읽고, 해석하시오.

1　A serious fire broke out in the national park yesterday.

2　What type of rose grows well in a northern climate?

3　When I woke up, it was snowing heavily.

4　Their wedding took place at a small church by the sea.

5　This smartphone sells very well in China.

6　Unfortunately, the double rainbow disappeared soon.

7　The couple died on the same day after 60 years of marriage.

8　The meeting ended with thanks from the chairperson to the participants.

STEP 1　experiment 실험　come out 나오다　STEP 2　break out 발생하다　climate 기후　take place 개최되다
disappear 사라지다　marriage 결혼, 결혼 생활　chairperson 의장, 사회자　participant 참가자

---

① 필수 문법

독해 기본기를 다지고 수능 실전 대비를 위해 꼭 알아야 할 문법을 간결하게 제시하였습니다.

② 직독직해 전략

해당 문법 및 구문과 관련된 직독직해 전략을 예문과 함께 간결하고 체계적으로 정리하였습니다.

③ + GRAMMAR PLUS

학생들이 자주 혼동하는 부가적인 관련 문법 사항들을 예문과 함께 수록하였습니다.

EXERCISE

학습한 문법 내용을 정확히 확인할 수 있도록 충분한 연습문제를 제공하였습니다. STEP 1에서는 예문 속의 필수 문법을 직접 확인해 보면서 직독직해하고, STEP 2에서는 필수 문법이 적용된 예문을 다시 한번 직독직해할 수 있습니다.

적용**독해**

적용**독해**

직독직해를 적용해서 학습할 수 있는 양질의 독해 지문을 수록하였습니다. 수능에 대비할 수 있도록 최신 경향의 수능 유형으로 지문들을 구성하였습니다.

PART 01 적용**독해**

1 주어진 글 다음에 이어질 글의 순서로 가장 적절한 것은?

> In English, people don't eat "pig" or "cow." Instead, they eat "pork" or "beef." The reason dates back to the Norman Conquest of England in 1066.

(A) Therefore, what the Anglo-Saxons called a "pig" became the French word *porc* when it was on the dinner table. In the same way, the word "cow" became *boeuf*. Later, these changed into "pork" and "beef."

(B) Chicken was also given a French name — *poulet*. Today, however, "pullet" is only used for young hens. And fish is only called fish. This is probably because the French word for fish, *poisson*, sounds like "poison."

(C) The French-speaking Normans defeated the English-speaking Anglo-Saxons. The Anglo-Saxons were mostly hunters, so animal names came from them. The Normans only saw these animals served as food.

① (A) – (B) – (C)　　　② (A) – (C) – (B)
③ (B) – (A) – (C)　　　④ (C) – (A) – (B)
⑤ (C) – (B) – (A)

 직독직해 PLUS

다음 문장을 끊어 읽고, 해석하시오.
The reason dates back to the Norman Conquest of England in 1066.

 독해 PLUS

윗글을 읽고, 괄호 안에서 적절한 말을 고르시오.
After the Norman Conquest in 1066, the Anglo-Saxons started using the words "beef" and "pork" [instead of / in spite of] "cow" and "pig."

date back (to) (~까지) 거슬러 올라가다　pullet 어린 닭　hen 암탉　poison 독(약)　defeat 패배시키다　표현 PLUS in spite of ~에도 불구하고

20　PART 1 영어 문장의 기본

4️⃣ 직독직해 PLUS

지문 속의 해당 필수 문법이 적용된 문장을 끊어 읽으면서 문법을 발판 삼아 직독직해 실력을 향상시킬 수 있습니다.

5️⃣ 독해 PLUS

글의 대의를 파악하거나 요지를 완성하는 간단한 문제를 풀어 보면서 독해 실력을 한층 더 상승시킬 수 있습니다.

PART 01-05 REVIEW TEST

1 다음 글의 밑줄 친 부분 중, 문맥상 낱말의 쓰임이 적절하지 않은 것은?

metropolis 대도시
nowhere 아무 데도
pedestrian 보행자
run 운영되다
cover 망라, '덮치다(지다)
besides ~에게도
roam 산책하다
ban 금지
resident 거주자

With more than 7 million people, Bogota, the capital city of Colombia, is a busy metropolis. From Monday to Saturday, the streets in the city are ① crowded with cars. But on Sundays and holidays, cars are ② nowhere to be seen. Instead, the streets are home to bicycles and pedestrians. This is due to a program that has been running since the 1970s. Today, the campaign covers nearly 100 km of roads in the capital. Besides making Bogota a ③ quieter place to roam, the car ban also offers residents health benefits. Studies show that around a million residents regularly walk on Sundays. Many of them say they would be ④ active without the ban. This program is a "wonderful example" of how governments can ⑤ encourage people to exercise.

2 다음 글의 제목으로 가장 적절한 것은?

outer space 우주 공간
assume 가정하다
absence 부재, 없음
reflect 반사되다
spot 지점, 자리
beam 광선
invisible 보이지 않는
(~ visible)
solid 단단한; 고체

Most of outer space looks black to our eyes. When we see the color black, we assume that there's an absence of light. But scientists have explained that space is filled with light, which travels in a straight line until it reflects off something. We're unable to see the light until it hits an object. The same is true with a laser pointer. You can see the spot the laser hits but not the beam. So even though space is full of light, it remains invisible unless it meets a solid object. Since most of outer space is empty, with nothing for the light to reflect off, it appears black to us.

① Visible Light in Space
② Light Has Special Colors
③ Why Space Looks Black
④ How Lasers Act in Space
⑤ Space Travel Is Possible

3 다음 글의 목적으로 가장 적절한 것은?

issue 안건, '잡지] · 신문의
호, 발행물
spell (단어의) 철자를 말하
대쓰다)
incorrectly 부정확하게
include ~을 포함시키다
correction 정정

To the Editors,

I have been reading your magazine for many years, and I usually enjoy all of your articles. I was especially excited to read the article about the national windsurfing championships in last month's issue, since I am a windsurfer myself. However, I was disappointed to find a number of errors. First of all, you spelled the name of the winner, Stephanie Thirard, incorrectly. You also got the date and location of the event wrong — it was held on July 7th at West Beach, not on July 17th at Long Beach. I hope you can include a correction in next month's issue. And please be more careful when you check the facts of future articles.

Sincerely,
Bob Greenwood

① 출간 제의를 거절하려고
② 서핑 대회를 홍보하려고
③ 잡지의 정기 구독을 해지하려고
④ 잡지 기사의 오류 정정을 요구하려고
⑤ 서핑 대회에 대한 정보를 문의하려고

 직독직해 REVIEW

다음 문장을 끊어 읽고, 해석하시오.

1　Besides making Bogota a quieter place to roam, the car ban also offers residents health benefits.

2　Since most of outer space is empty, with nothing for the light to reflect off, it appears black to us.

3　You also got the date and location of the event wrong — it was held on July 7th at West Beach, not on July 17th at Long Beach.

38　PART 1 영어 문장의 기본　　　39

REVIEW TEST

해당 PART에서 다룬 다양한 필수 문법 사항들이 포함된 독해 지문들을 통해 다시 한번 총정리할 수 있도록 구성하였습니다.

6️⃣ 직독직해 REVIEW

REVIEW TEST 지문 속에 있는 해당 문법이 적용된 문장을 끊어 읽으면서 직독직해 실력을 탄탄히 다질 수 있습니다.

CONTENTS

INTRO

The 상승 <직독직해편>에 사용된 기호들

S	주어 (subject)
S문장	문장의 주어 (절의 주어와 구분이 필요할 때)
S절	절의 주어 (문장의 주어와 구분이 필요할 때)

V	동사 (verb)
V문장	문장의 동사 (절의 동사와 구분이 필요할 때)
V절	절의 동사 (문장의 동사와 구분이 필요할 때)

O	목적어 (object)
I.O.	간접목적어 (4형식 동사가 사용된 문장에서 '~에게'에 해당)
D.O.	직접목적어 (4형식 동사가 사용된 문장에서 '~을/를'에 해당)

C	보어 (complement)
S.C.	주격 보어
O.C.	목적격 보어

to-v	to부정사
v-ing	현재분사 / 동명사
v-ed	과거분사

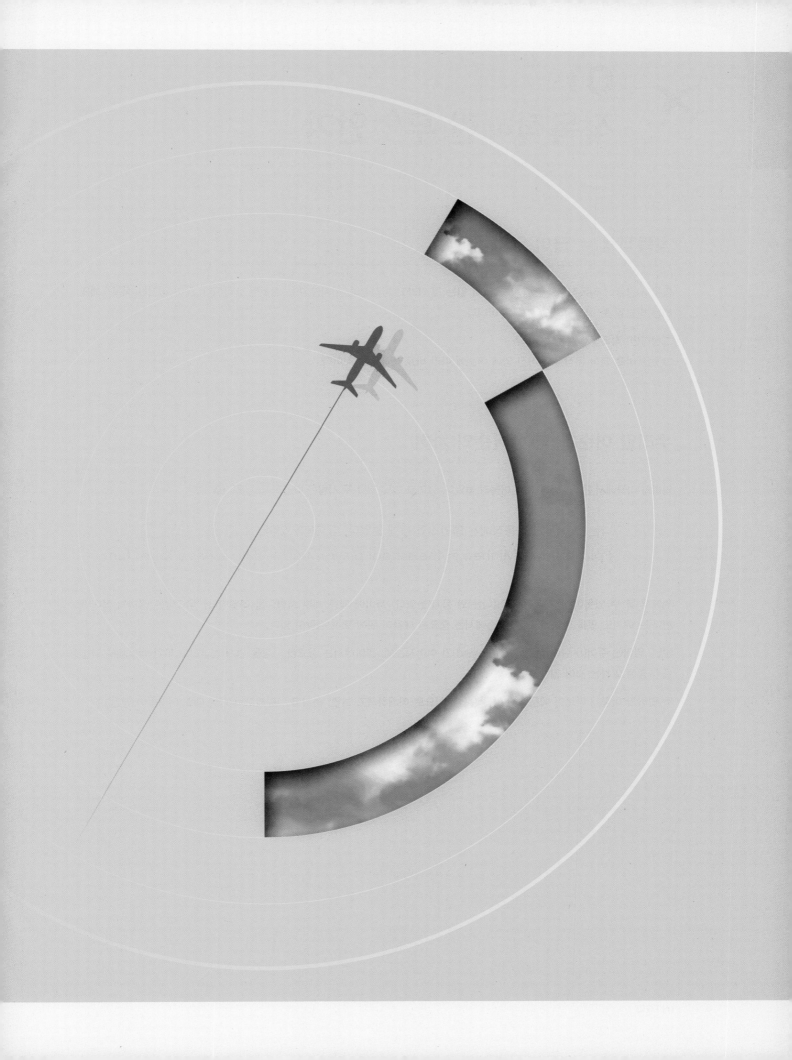

01
직독직해란 무엇인가

직독직해 ≠ 끊어 읽기

많은 사람들이 직독직해를 단순하게 '끊어 읽는 것'이라고 생각한다. 하지만 이는 잘못된 생각이다. 끊어 읽기는 직독직해를 하는 방법일 뿐 직독직해 그 자체는 아니다.

그렇다면, 직독직해는 무엇일까?
그것은 바로 영어 문장을 주어진 영어 어순에 따라 바로 이해하는 것이다.

우리말 어순과 영어 어순의 차이

민희와 미국에서 온 Alice가 함께 어울려 놀았다. 그리고 그날 저녁 두 사람은 다음과 같이 일기를 썼다.

| 민희 | 나는 오늘 학교 운동장에서 앨리스와 함께 놀았다. 참 재미있었다. |
| Alice | I played with Minhee in the school playground today. It was a lot of fun. |

위에서 볼 수 있듯이, 우리말은 주어(나는)와 동사(놀았다) 사이에 각종 세부 사항들을 나열한다. '우리말은 끝까지 들어봐야 한다'는 얘기도 있을 만큼, 우리말 어순에서는 중요한 내용이 뒤에 오는 경향이 있다.

반면, 영어는 주어(I) 뒤에 바로 동사(played)가 이어지는데, 영어에서는 중요한 사항을 먼저 언급하고 부가적인 세부 사항들을 나중에 말하는 것이 일반적이다.

두 언어가 이렇게 다르기 때문에 영어를 우리말식으로 이해하려고 하면, 순서도 헷갈리고 해석할 때도 어려움이 생긴다.

왜 직독직해를 해야 하는가

----

1 독해의 속도가 빨라진다!

직독직해를 하면, 영어 문장을 주어진 순서대로 바로 해석하기 때문에 독해의 속도가 빨라진다. 시험에서 주어진 시간 내에 많은 글을 읽어야 하는 영어 학습자들에게는 '빠른 독해'가 필수적이다.

하지만 '영어 문장을 읽음 → 우리말로 그 내용을 재구성함'의 단계를 거친다면 절대로 독해 속도가 빨라질 수 없다. 따라서 직독직해를 통해 <u>영어 표현 및 문장을 읽는 동시에 바로 이해하는</u> 연습을 해야 한다.

2 영작과 영어 말하기에도 도움이 된다!

이것이 직독직해의 핵심 효과라고 할 수 있다. 영작이나 영어 말하기를 하려면, 평소에 많은 영어 문장과 표현을 접하고 익힌 다음, 이를 다시 활용해야 한다.

그런데 영어로 된 많은 글을 읽었다 하더라도 우리말 어순과 우리식 사고에 맞춰 그 글들을 다시 재구성해서 이해한다면, 나중에 그것들을 떠올리려 할 때 영어식 표현이 떠오르지 않는다.

따라서 많은 영어 문장과 표현을 영어 어순 그대로 받아들이고 이해하는 것, 그것이 곧 훌륭한 영작과 유창한 영어 말하기로 이어진다.

02
S, V, O, C와 수식어의 이해

주어(S)와 동사(V)의 이해

주어는 '누가'에 해당하는 말로, 동사를 행하는 주체이다. 주어는 '은/는/이/가'를 붙여서 해석한다. 보통은 명사나 대명사가 주어 역할을 하지만, 부정사나 동명사, 명사절처럼 긴 주어도 있다.

동사는 '~을 하다, ~이다'에 해당하는 말로서, 주어가 행하는 동작이나 상태를 나타낸다. 동사는 영어 문장에서 가장 중요한 부분이라고 해도 과언이 아니며, 문장에서 주어와 동사를 파악하는 것이 직독직해의 핵심이다.

Mike traveled to Africa last month. (Mike는 여행을 갔다 / 아프리카로 / 지난 달에)
S   V

To know about the future is impossible. (미래에 대해 아는 것은 / 불가능하다)
         S   V

What he said to us was very rude. (그가 우리에게 말했던 것은 / 매우 무례했다)
       S   V

목적어(O)와 보어(C)의 이해

목적어는 '무엇을'에 해당하는 말이다. 모든 문장에 목적어가 필요한 것은 아니고, 주어진 동사에 따라 목적어가 없는 경우도 있고 목적어(간접목적어, 직접목적어) 두 개가 오는 경우도 있다.

보어는 '보충하는 말'이다. 보어에는 주어를 보충하는 '주격 보어'와 목적어를 보충하는 '목적격 보어'가 있다. be동사에 이어지는 명사, 대명사, 형용사 등이 주격 보어의 대표적인 예이다.

I baked this cheesecake. (내가 구웠다 / 이 치즈 케이크를)
        O

I gave them a homemade cake. (나는 주었다 / 그들에게 / 집에서 만든 케이크를)
     I.O.   D.O.

The concert tickets are very expensive. (그 콘서트 표는 / 매우 비싸다)
                  S.C.

My mom found the box empty. (나의 어머니는 발견하셨다 / 상자가 텅 비어 있는 것을)
         O   O.C.

수식어의 이해

영어 문장에서는 앞에 나온 '주어, 동사, 목적어, 보어'를 제외한 모든 부분을 '수식어'라고 말한다. 주어, 동사, 목적어, 보어만으로도 문장이 이루어지지만, 수식어 역시 문장의 중요한 부분으로서 문장을 자세하게 만들어주는 역할을 한다.

즉, 'My dog Winky runs.'라고만 해도 '나의 개 Winky가 달린다.'라는 사실을 전할 수 있지만, 'My dog Winky runs like the wind.'처럼 수식어구(like the wind)를 넣어주면, '바람처럼 달린다'라는 내용이 추가되어 그 이미지가 좀 더 상세하고 명확해진다.

보통, 〈장소 · 방법 · 시간〉을 나타내는 부사구나 부사절이 수식어로 많이 사용되며, 여러 부사구가 함께 사용될 때에는 〈장소의 부사구 → 방법의 부사구 → 시간의 부사구〉 순서로 나열된다.

또 다른 수식어구로는, 명사를 수식하는 형용사구나 형용사절이 있다.

The old cat has been sleeping <u>on the chair</u> <u>all afternoon</u>.
　　　　　　　　　　　　　　　　　　 〈장소〉의 부사구　　 〈시간〉의 부사구

(그 늙은 고양이가 잠을 자고 있다 / 의자 위에서 / 오후 내내)

Angelina left <u>for San Francisco</u> <u>on the first train</u>.
　　　　　　　　 〈장소〉의 부사구　　　 〈방법〉의 부사구

(Angelina는 샌프란시스코로 떠났다 / 첫 기차를 타고)

Balloons <u>flying in the wind</u> look like birds.
　　　　　주어인 Balloons를 수식하는 형용사구(현재분사구)

(풍선들이 / 바람에 날리는 (풍선들) / 새처럼 보인다)

This is the letter <u>written by my German friend Sabine</u>.
　　　　　　　　　　보어인 the letter를 수식하는 형용사구(과거분사구)

(이것이 그 편지이다 / 내 독일인 친구 Sabine에 의해 쓰인 (편지))

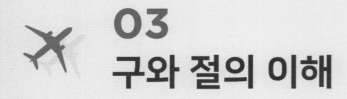

03
구와 절의 이해

구(phrase)의 이해

구는 '두 개 이상의 단어가 모여서 하나의 품사처럼 기능하는 것'이다. 구에는 명사구, 형용사구, 부사구가 있다.

1 명사구는 명사와 마찬가지로 주어, 목적어, 보어로 사용된다. 주로 동명사구와 to부정사구(명사적 용법)가 명사구로 사용된다.

> **Staying awake all night** / is not good / for your health. ▸ 문장의 주어 역할
> 밤새 깨어 있는 것은　　　　　좋지 않다　　　당신의 건강에　　　　(동명사구)
>
> I don't know / **how to get Tommy's attention**. ▸ 문장의 목적어 역할
> 나는 모른다　　　Tommy의 관심을 끄는 방법을

2 형용사구는 형용사와 마찬가지로 명사나 대명사를 꾸며주거나 보어 역할을 한다. 주로 to부정사구(형용사적 용법), 분사구,
전치사구가 형용사구로 사용된다.

> Would you like / something **to drink**? ▸ something을 꾸며주는 형용사 역할
> 당신은 원하시나요　　　마실 뭔가를　　　　　　(to부정사의 형용사적 용법)
>
> I want to find the treasure / **lost during the World War II**. ▸ the treasure를 꾸며주는
> 나는 보물을 찾고 싶다　　　　제2차 세계 대전 중에 사라진 (보물)　　　형용사 역할(과거분사구)

3 부사구는 부사처럼 동사, 형용사, 부사 또는 문장 전체를 수식한다. 주로 to부정사구(부사적 용법), 분사구, 전치사구가
부사구로 사용된다.

> Jessy and Katie are running / **in the playground**. ▸ 〈장소〉를 나타내는 부사 역할
> Jessy와 Katie는 달리고 있다　　　　　운동장에서　　　　　　(전치사구)
>
> I'm so happy / **to receive the Volunteer of the Year Award**.
> 나는 정말 행복하다　　　올해의 자원봉사자 상을 받게 되어서　　　▸ 〈감정의 원인〉을 나타내는 부사 역할
> 　　　　　　　　　　　　　　　　　　　　　　　　　　　(to부정사의 부사적 용법)

절(clause)의 이해

절도 구와 마찬가지로 여러 단어가 모여서 문장의 일부를 구성하는데, 그 자체에 〈주어 + 동사〉가 포함되어 있는 것이 구와의 차이점이다. 절은 등위절과 종속절 두 종류가 있다.

① **등위절**: 문장과 문장이 and, but, or 등의 등위접속사로 연결된 절로, 앞뒤 절이 문법적으로 대등하다.

> **He is my brother, / and** he is my best friend, / too.
> 그는 나의 형이다   그리고 그는 나의 가장 친한 친구이다   또한

② **종속절**: 문장의 성분으로만 쓰이는 절로서, 명사절, 형용사절, 부사절이 있다.

1 명사절은 명사와 마찬가지로 문장 내에서 주어, 목적어, 보어 및 동격절 역할을 한다. 접속사(that, if, whether 등), 의문사(how, when, where 등), 관계사(what, whatever)가 명사절을 이끈다.

> **What I need now** / is a long, sound sleep. ▶ 관계사 what이 이끄는 명사절이 주어
> 내가 지금 필요한 것은   긴 숙면이다
>
> Did you know / **that Peter was once a pro-gamer**? ▶ 접속사 that이 이끄는 명사절이 목적어
> 너는 알고 있었니   Peter가 한때 프로게이머였다는 것을

2 형용사절은 what을 제외한 관계사가 이끄는 절로, 문장에서 명사와 대명사를 꾸며준다.

> I want a house / **which has two bedrooms** / **and a large living room**.
> 나는 집을 원한다   침실 두 개가 있는 (집)   그리고 커다란 거실이 있는 (집) ▶ a house를 꾸며주는
>   형용사절
> Those / **who are wearing blue shirts** / are fans / of Matt. ▶ Those를 꾸며주는 형용사절
> 저 사람들은   푸른 셔츠를 입고 있는 (저 사람들)   팬들이다   Matt의

3 부사절은 문장에서 부사 역할을 하며, 〈시간·이유·양보·목적·조건·대조·결과〉 등의 뜻을 나타낸다. because, as, when, while, since, if, although 등의 접속사가 절을 이끈다.

> He couldn't come / to the party / **because he had work** / **to do**. ▶〈이유〉의 부사절
> 그는 올 수 없었다   파티에   그가 일이 있었기 때문에   해야 할 (일)
>
> **If you really like him**, / you have to tell him / how you feel. ▶〈조건〉의 부사절
> 네가 정말 그를 좋아한다면   너는 그에게 말해야 한다   네가 어떻게 느끼는지를

04
끊어 읽기의 기본

의미 단위로 끊어 읽어라

한 번에 이해할 수 있는 정도의 길이로 끊어 읽되, 의미가 이어지는 부분은 중간에 끊지 말고 하나의 단위로 이해하면 좋다. 직독직해를 처음 해보는 경우에는 작은 단위로 끊어 읽고, 독해 실력이 향상되면 좀 더 길게 끊어 읽도록 하자.

> The next thing / I knew / was, / I was / in a hospital. (직독직해를 처음 해보는 경우)
> 그다음 일은　　　　내가 아는　　～이었다　내가　　　병원에
> 　　　　　　　　　　　　　　　　　　　있었다
>
> The next thing I knew / was, / I was in a hospital. (직독직해에 익숙해진 이후)
> 내가 아는 그다음 일은　　　　～이었다　내가 병원에 있었다는 것

일부 학생들은 한두 단어 단위로 잘게 끊어 읽기도 하는데, 너무 잘게 끊어 읽으면 오히려 전체적인 내용 파악이 어려워진다.

> The next / thing / I knew / was, / I was / in / a hospital. (문장 이해가 원활하지 못함)
> 그다음의　　일　　내가 아는　～이었다　내가　　～에　한 병원
> 　　　　　　　　　　　　　　　　　있었다

콤마(,)가 있는 부분은 무조건 끊어 읽어라

보통 문장을 수식하는 부사(구), 분사구문이 문장 앞뒤에 올 때, 또는 부연 설명을 위한 내용이 삽입되어 있을 때 콤마가 사용된다. 직독직해를 할 때 이런 콤마가 있으면 끊어 읽도록 하자.

> Megan and Steve, / aged 22 and 24 respectively, / fell in love / with each other.
> Megan과 Steve는　　　각각 22살과 24살인데　　　　　　사랑에 빠졌다　　서로

짧은 주어일 때는 동사 뒤에서 끊고, 긴 주어는 주어 뒤에서 끊어라

영어는 문장의 앞부분에 가장 중요한 내용인 주어와 동사가 제시된다. 짧은 주어일 경우에는 〈주어 + 동사〉를 끊어서 읽는다. 하지만 주어가 길어지면 주어 뒤, 즉 동사 앞에서 끊어 읽도록 한다.

> I read / an article / about a winner of the lottery. (〈주어+동사〉 뒤에서 끊어 읽기)
> 나는 읽었다   기사를,   어떤 복권 당첨자에 관한 (기사)
>
> Seeing her in such a place / was very surprising / to us. (긴 주어 뒤에서 끊어 읽기)
> 그녀를 그런 장소에서 본 것은   매우 놀라웠다   우리에게

접속사 및 관계사 앞에서 끊어 읽어라

「INTRO 03. 구와 절의 이해」에서 살펴보았듯이, 접속사나 관계사는 〈주어 + 동사〉가 포함된 절을 이끈다. 따라서 접속사나 관계사 앞에서 한 번 끊고, 이어지는 절의 내용을 파악하자.

> I don't like the idea / **that** destiny decides our future. (접속사 that 앞에서 끊어 읽기)
> 나는 그 생각을 좋아하지 않는다   운명이 우리의 미래를 결정한다는 (생각)
>
> We are looking for a secretary / **who** is good with numbers. (관계사 who 앞에서 끊어 읽기)
> 우리는 비서를 찾고 있는 중이다   숫자[계산]에 뛰어난 (비서)

독해 실력에 맞는 끊어 읽기를 터득하자

앞에서 여러 가지 끊어 읽기의 기본 방법들을 제시했다. 하지만 사람마다 독해 실력이 다르므로 자신의 실력에 맞춰서 이해할 수 있는 만큼의 단위로 끊어 읽으면 된다.

직독직해를 시작할 때는 제시된 규칙에 따라 짧게 끊어 읽는 것이 좋겠지만, 실력이 늘면 좀 더 긴 길이로 끊어 읽을 수 있게 될 것이다. 본 책에 제시된 다양한 예문들을 통해 자기 자신에게 가장 잘 맞는 직독직해 방법을 익혀 보자.

PART 1

영어 문장의 기본

1형식 끊어 읽기
동사 뒤에서 끊어라!

| 필수 문법 | 주어(S) + 동사(V) (+ 수식어구): S는 V하다 |

1형식은 주어와 동사만으로 의미가 성립하는 문장이다.

직독직해 전략

a She went / to Europe / to travel.
그녀는 갔다   유럽에   여행을 하러

b When it rained, / the leaves fell / from the old tree.
비가 왔을 때   나뭇잎들이 떨어졌다   그 고목에서

c The basketball team will arrive / at the stadium / early.
그 농구 팀은 도착할 것이다   경기장에   일찍

d She couldn't lie / on the floor / because of back pain.
그녀는 누울 수 없었다   바닥에   허리 통증 때문에

❶ 보통 1형식 동사 뒤에는 수식어구가 이어지는데, 동사와 수식어구 사이를 끊어 읽는다. a, b, c, d

❷ 수식어구가 길 경우에는 수식어구 안에서 의미 단위에 따라 다시 끊어 읽는다. a, c, d

❸ 주요 1형식 동사들은 다음과 같다.
1) go, come, run, walk, arrive, fly, fall, rain, snow, change, grow 등의 동사
2) break out, come out, show off, take off 등의 동사구
3) 1형식에서 쓰였을 때 해석에 유의할 동사: do(충분하다), matter(중요하다), count(중요하다), work(작동하다), read(읽히다, ~라고 쓰여 있다), sell(팔리다), pay(이득이 되다) 등
The copy machine **works** / very well.
그 복사기는 작동한다   아주 잘
This book **reads** / easily.
이 책은 읽힌다   쉽게

※ 모든 동사들이 한 가지 문장 형식에만 사용되는 것은 아니며, 의미에 따라 다양한 형식에서 사용될 수 있다.

+ GRAMMAR PLUS

수식어구를 생략하면 문장이 불완전해지는 경우

1형식 문장에서 중요한 정보를 담고 있는 수식어구를 생략하면 형태상 문장은 성립하지만 의미가 불완전해지는 경우가 있다.

He **is** in the garden. 그는 정원에 있다.
Laura **lives** in Korea. Laura는 한국에 산다.

# EXERCISE

정답 및 해설 p.2

STEP 1 문장의 동사를 찾아 밑줄을 긋고, 다음 문장을 끊어 읽어 해석하시오.

1 The penguins go to the island from the sea before winter.

2 One liter of water will do for our experiment.

3 One second counts in this game.

4 Last night, my little brother fell out of the bed.

5 The plane flew along the beach for a while.

6 Jake smiled and left without a word.

7 In the clear sky, the stars shine brightly.

8 The sun came out after the rain.

STEP 2 다음 문장을 끊어 읽고, 해석하시오.

1 A serious fire broke out in the national park yesterday.

2 What type of rose grows well in a northern climate?

3 When I woke up, it was snowing heavily.

4 Their wedding took place at a small church by the sea.

5 This smartphone sells very well in China.

6 Unfortunately, the double rainbow disappeared soon.

7 The couple died on the same day after 60 years of marriage.

8 The meeting ended with thanks from the chairperson to the participants.

STEP 1 **experiment** 실험 **come out** 나오다 STEP 2 **break out** 발생하다 **climate** 기후 **take place** 개최되다
disappear 사라지다 **marriage** 결혼, 결혼 생활 **chairperson** 의장, 사회자 **participant** 참가자

1 주어진 글 다음에 이어질 글의 순서로 가장 적절한 것은?

> In English, people don't eat "pig" or "cow." Instead, they eat "pork" or "beef." The reason dates back to the Norman Conquest of England in 1066.

(A) Therefore, what the Anglo-Saxons called a "pig" became the French word *porc* when it was on the dinner table. In the same way, the word "cow" became *boeuf*. Later, these changed into "pork" and "beef."

(B) Chicken was also given a French name — *poulet*. Today, however, "pullet" is only used for young hens. And fish is only called fish. This is probably because the French word for fish, *poisson*, sounds like "poison."

(C) The French-speaking Normans defeated the English-speaking Anglo-Saxons. The Anglo-Saxons were mostly hunters, so animal names came from them. The Normans only saw these animals served as food.

*pullet: 어린 닭(영계)

① (A) – (B) – (C)　　　　　② (A) – (C) – (B)
③ (B) – (A) – (C)　　　　　④ (C) – (A) – (B)
⑤ (C) – (B) – (A)

직독직해 PLUS

다음 문장을 끊어 읽고, 해석하시오.
The reason dates back to the Norman Conquest of England in 1066.

독해 PLUS

윗글을 읽고, 괄호 안에서 적절한 말을 고르시오.
After the Norman Conquest in 1066, the Anglo-Saxons started using the words "beef" and "pork" [instead of / in spite of] "cow" and "pig."

---

date back (to) (~까지) 거슬러 올라가다　pullet 어린 닭　hen 암탉　poison 독(약)　defeat 패배시키다　독해 PLUS　in spite of ~에도 불구하고

2   다음 글의 주제로 가장 적절한 것은?

Birthdays and other special events come slowly for children. However, for adults, birthdays pass more quickly. Why do the years fly by for older people? A recent study of 500 people from all ages investigated people's time perceptions. Apparently, older people felt time went by more quickly. Younger people, on the other hand, felt time passed slowly. The reason for this difference lies in how our brains process information. Our brains take a longer time to process new information. Young people have many new experiences, and the brain stores more information about these experiences. For old people, in contrast, most time goes to familiar activities. The brain does not store detailed information about these experiences because they are not new. Therefore, time seems to move slower for younger people while older people feel the opposite.

① how to stop wasting time
② how age affects mental health
③ experiences that last longer in our brains
④ why time seems to move faster for older people
⑤ methods for improving your ability to remember

직독직해 PLUS

다음 문장을 끊어 읽고, 해석하시오.
Birthdays and other special events come slowly for children.

독해 PLUS

윗글을 읽고, 괄호 안에서 적절한 말을 고르시오.
It seems that your perception of time is different depending on how [old / active] you are.

---

investigate 조사하다   perception 지각, 인식   apparently 분명히, 명백히   lie in ~에 있다, ~에서 발견되다   process 처리하다   store 저장하다
detailed 상세한   opposite 반대   문제 affect 영향을 미치다   mental 정신의   method 방법

2형식 끊어 읽기
「동사+보어」를 한 덩어리로 이해하라!

필수 문법 | 주어(S)+동사(V)+보어(C) (+ 수식어구): S는 C이다

2형식은 동사가 불완전하여 주어를 보충 설명하는 주격 보어가 필요한 문장이다.

직독직해 전략

a Maria looks younger / in that shirt.
　 Maria는 더 어리게 보인다　　　　그 셔츠를 입고 있으니

b All the passengers / remained seated / with their seat belts on.
　 모든 승객들은　　　　　여전히 앉아 있었다　　　안전벨트를 하고

c Their experiment / seemed / to be successful / but failed / in the end.
　 그들의 실험은　　　　~처럼 보였다　성공적인 것(처럼)　　　그러나 실패했다　결국에는

❶ 짧은 주어는 동사와 보어를 한 덩어리로 보고 보어 뒤에서 끊어 읽고 `a`, 긴 주어는 주어 뒤에서 끊어 읽는다. `b, c`

❷ 보어의 길이가 길 경우에는 상황에 따라 적절하게 동사와 보어를 끊어 읽는다. `c`

❸ 주요 2형식 동사들은 다음과 같다.
  1) 상태를 나타내는 동사(~인 상태로 있다): be동사, remain, stay, stand, keep, sit, lie 등
  2) 상태 변화를 나타내는 동사(~로 되다): become, go, run, turn, grow, come, get 등
  3) 외관을 나타내는 동사(~인 것 같다. ~처럼 보이다): look, seem, appear 등
  4) 감각을 나타내는 동사: feel, smell, sound, taste 등

+ GRAMMAR PLUS

숙어처럼 사용되는 「동사+보어」

turn red/pale(붉어지다/창백해지다), go blind/bad/mad(눈이 멀다/(음식이) 상하다/미치다), fall asleep/sick(잠들다/병이 나다), get old(나이가 들다) 등은 숙어처럼 외워두는 것이 좋다.

His face **turned pale** after he heard the news. 그 뉴스를 들은 후 그의 얼굴이 창백해졌다.
In summer, most foods **go bad** easily. 여름에는 대부분의 음식이 쉽게 상한다.
I **fell asleep** on the subway ride home. 나는 집으로 가는 전철에서 잠이 들었다.

STEP 1 보어를 찾아 밑줄을 긋고, 다음 문장을 끊어 읽어 해석하시오.

1   He became famous because of the article.

2   The store remains open late at night.

3   If it sounds interesting, please contact us at any time.

4   The earth is getting warmer because of global warming.

5   All you need is a little more courage and passion.

6   Wine tastes different depending on its temperature.

7   The accidents proved to be related to each other.

8   We stayed awake all night for the new project.

STEP 2 다음 문장을 끊어 읽고, 해석하시오.

1   Strangely, some cows in the town grew thin and unhealthy.

2   This method appears to be effective in lowering blood pressure.

3   The door handle has come loose as time goes by.

4   When fall comes, the leaves turn red and yellow and fall to the ground.

5   I am worried about several things that have happened to you.

6   You won't feel disappointed if you choose these boots for skiing.

7   The artist is becoming popular among young people.

STEP 1 article (신문·잡지의) 글, 기사 at any time 언제라도 global warming 지구 온난화 courage 용기 passion 열정
prove 입증[증명]하다; *~임이 드러나다 STEP 2 strangely 이상하게 thin 얇은; *마른 effective 효과적인 lower 낮추다
blood pressure 혈압 loose 헐거워진

23

적용독해

1 다음 글의 제목으로 가장 적절한 것은?

What is exercise, and why do people do it? Well, most people exercise because they feel unhealthy and have a desire to get fit. For them, exercise becomes little more than unpleasant work. They just get it done in order to stay in shape. But in my opinion, working out isn't just burning calories, building muscle, or losing weight. Instead, exercise allows us to test our limits and achieve things we never thought possible. Picture yourself completing a 100-kilometer bicycle ride, or swimming the entire length of a wilderness lake. When you finish that last part or finally make it to the other side, everything about that moment seems perfect. All the sweat and aching muscles become worth it to experience that feeling of accomplishment.

① Ways to Get Fit and Stay in Shape
② Ways to Accomplish Your Life's Goals
③ A Different Understanding of Exercise
④ The Importance of Working Out Regularly
⑤ The Two Most Popular Forms of Exercise

 직독직해 PLUS

다음 문장을 끊어 읽고, 해석하시오.
When you finish that last part or finally make it to the other side, everything about that moment seems perfect.

---

desire 욕구, 바람 fit 건강한 stay in shape 건강을 유지하다 work out 운동하다 burn 태우다 achieve 달성하다 picture ~을 상상하다 complete 완료하다 entire 전체의 wilderness 황야, 황무지 make it 성공하다 aching 쑤시는, 아픈 worth ~의[할] 가치가 있는 accomplishment 성취 (v. accomplish) 문제 regularly 규칙적으로

2 밑줄 친 부분이 가리키는 대상이 나머지 넷과 다른 것은?

Born in 1901, Alberto Giacometti is one of Switzerland's most famous artists. His sculptures of people are unique and instantly recognizable. Throughout Alberto's career, his younger brother Diego supported ① him more than any friend or lover ever could. Alberto started working in Paris in 1922 and Diego followed three years later. ② He lived in the studio and was Alberto's model for more than 50 years. Even though Diego collaborated with others to make furniture and other decorative art, ③ he never moved out. Diego was so loyal that during the war years ④ he remained in Paris and took care of the studio even when Alberto fled to Switzerland. Because of ⑤ his great devotion, it is hard to imagine Alberto without Diego.

*decorative art: 장식 미술

직독직해 PLUS

다음 문장을 끊어 읽고, 해석하시오.
His sculptures of people are unique and instantly recognizable.

---

sculpture 조각품 unique 독특한 instantly 즉각, 즉시 recognizable (쉽게) 알 수 있는 studio 작업실, 원룸(아파트) collaborate 협력하다, 공동으로 작업하다 move out 이사를 나가다 loyal 충실한, 충성스러운 flee 달아나다, 도망가다(fled-fled) devotion 헌신, 몰두

3형식 끊어 읽기
다양한 형태의 목적어를 찾아라!

필수 문법 주어(S) + 동사(V) + 목적어(O) (+ 수식어구): S는 O를 V하다

3형식은 동사 뒤에 동작의 대상인 목적어가 필요한 문장이다.

직독직해 전략

a The outfielder / caught a ball / that was thrown to him.
　　외야수는　　　　　공을 잡았다　　　그에게로 날아왔던 (공)

b Could you explain / why you were late / for the meeting?
　　설명해 주시겠습니까　　당신이 늦은 이유를　　회의에

c The company / took advantage of the support / offered by
　　그 회사는　　　　지원을 활용했다　　　　　정부로부터 받은

　　the government.

d The driver blamed / a serious traffic jam / for the car accident.
　　운전자는 탓했다　　심각한 교통 체증을　　교통 사고에 대해

❶ 목적어로는 명사, 대명사, to부정사(구), 동명사(구), 명사절 등이 올 수 있다. 목적어가 짧으면 목적어 뒤에서 끊어 읽고 **a, c** , 목적어로 구나 절이 쓰여 길이가 길 경우에는 동사 뒤에서 끊어 읽는다. **b, d** 목적어에 수식어구가 있거나 구나 절이 쓰인 목적어는 목적어 안에서 의미 단위로 다시 끊어 읽는다.

❷ 다음과 같이 부사, 전치사, 명사 등과 함께 하나의 뜻을 이루는 3형식 동사는 한 덩어리로 이해한다. **c**

put off(연기하다)　　　　　　give up(포기하다)　　　　　　turn down(거절하다)
look after(돌보다)　　　　　　take care of(돌보다)　　　　　bring about(불러일으키다)
take advantage of(이용하다)　keep up with(계속 연락하고 지내다)

❸ 목적어 뒤에 항상 특정 전치사(구)가 따라 나오는 동사들에 유의한다. **d** **GRAMMAR PLUS 참고**

+ GRAMMAR PLUS

특정 전치사(구)와 짝을 이루는 동사들

목적어 뒤의 특정 전치사(구)와 함께 완전한 뜻을 이루는 동사들은 숙어처럼 외워두는 것이 좋다.

- remind A of B: A에게 B를 생각나게 하다
- blame A for B: B에 대해 A를 비난하다
- prefer A to B: B보다 A를 더 좋아하다
- inform A of B: A에게 B를 알려주다
- deprive[rob] A of B: A에게서 B를 빼앗다
- change A for[to/into] B: A를 B로 바꾸다
- prevent A from v-ing: A가 ~하지 못하게 하다
- replace A with B: A를 B로 교체하다

The picture **reminded** him **of** his old classmates. 그 사진은 그에게 예전 반 친구들을 생각나게 했다.
I much **prefer** the mountains **to** the beach. 나는 바닷가보다 산을 훨씬 더 좋아한다.

EXERCISE

정답 및 해설 p.8

STEP 1 목적어를 찾아 밑줄을 긋고, 다음 문장을 끊어 읽어 해석하시오.

1 The restaurant sent invitations to their customers.

2 I know what you hide and what you disclose.

3 I decided to cut my hair short.

4 The journalist finished writing his article late in the morning.

5 I received great benefits from attending this school.

6 She brought about a true musical revolution.

7 We lowered our water heater to the lowest setting.

8 I'd like to put off a final decision about the contract.

9 He took care of many homeless dogs until they were adopted.

STEP 2 짝을 이루는 동사와 전치사에 각각 밑줄을 긋고, 다음 문장을 해석하시오.

1 Rebecca says that the sounds reminded her of her hometown.

2 Nothing can deprive us of our right to speak our minds.

3 Seoul plans to replace the gym with a library for children.

4 The airline informed the passengers of a flight delay.

5 Jake blamed himself for not doing the job better.

6 What is preventing newspapers from being successful in the digital age?

STEP 1 **disclose** 드러내다, 밝히다 **journalist** 기자 **benefit** 이익 **attend** 참석하다; *~에 다니다 **revolution** 혁명 **lower** 낮추다, 내리다 **water heater** 온수기 **setting** 환경; *설정 **contract** 계약 **adopt** 입양하다 STEP 2 **right** 권리 **airline** 항공사 **delay** 지연

27

1   William Henry Perkin에 관한 다음 글의 내용과 일치하지 <u>않는</u> 것은?

Chemist Sir William Henry Perkin accidentally made a discovery that changed the dyeing industry. Perkin attended the Royal College of Chemistry in London in the 1850s and worked as a laboratory assistant. To find a way to produce quinine, a medicine for malaria, cheaply, he set out to make it artificially. However, Perkin ended up creating a chemical that was not like quinine at all. It was black and sticky, and it could turn objects purple. Perkin saw a huge opportunity. At that time, people made dyes with expensive, natural chemicals taken from plants or animals. After succeeding in making the first artificial dye for clothing, Perkin set up a dyeing factory in London, and he changed the fashion industry completely.

*quinine: 퀴닌(말라리아 약)

① 런던의 Royal College of Chemistry에 다녔다.
② 연구실에서 조교로 일했다.
③ 말라리아 치료제인 물질을 연구했다.
④ 값이 싼 천연 염료의 개발에 성공했다.
⑤ 런던에 염색 공장을 세웠다.

◤ 직독직해 PLUS

다음 문장을 끊어 읽고, 해석하시오.
However, Perkin ended up creating a chemical that was not like quinine at all.

---

chemist 화학자   accidentally 우연히   make a discovery 발견하다   dye 염료, 염색제; 염색하다   chemistry 화학   laboratory 실험실
assistant 조수, 보조원   set out 출발하다; *(일 · 과제 등에) 착수하다   artificially 인위적으로 (a. artificial)   end up 결국 ~에 처하게 되다
chemical 화학 물질   sticky 끈적거리는   set up ~을 세우다   completely 완전히, 전적으로

2 다음 글에서 전체 흐름과 관계 <u>없는</u> 문장은?

Researchers have discovered the reason why certain athletes do well in sports that take place on a track, while others do better in the pool. Surprisingly, the secret is the position of their belly buttons. This is because the belly button represents a person's center of gravity, which affects his or her ability to run or swim well. ① For instance, West Africans generally have longer legs than Europeans, which means their belly buttons are higher up. ② This higher center of gravity gives a speed advantage to them in running events. ③ According to some studies, athletic ability is influenced by environmental factors. ④ Meanwhile, Europeans have an advantage in swimming events. ⑤ Their low belly buttons mean they generally have a longer upper body, which makes them faster swimmers.

 직독직해 PLUS

다음 문장을 끊어 읽고, 해석하시오.
This higher center of gravity gives a speed advantage to them in running events.

---

athlete 운동선수 (a. athletic) take place 개최되다, 일어나다 track 길; *경주로, 트랙 belly button 배꼽 represent 대표하다; *나타내다
gravity 중력 generally 일반적으로 advantage 유리한 점, 이점 event 경기, 종목 factor 요인 meanwhile 한편, 반면에 upper 위쪽의

4형식 끊어 읽기

두 개의 목적어에 각각 '~에게'와 '…을'을 붙여 해석하라!

필수 문법
주어(S) + 수여동사(V) + 간접목적어(I.O.) + 직접목적어(D.O.) (+ 수식어구):
S는 I.O.에게 D.O.를 V해 주다

4형식은 동사 뒤에 '~에게'와 '…을'에 해당하는 두 개의 목적어가 필요한 문장이다.

직독직해 전략

a My husband / gave seagulls snacks / at the ferry terminal.
　내 남편은　　　　　바다 갈매기에게 과자를 주었다　　　페리 선착장에서

b The memory of that day / cost me sleepless nights.
　그날의 기억은　　　　　　　　내게 잠 못 이루는 밤을 겪게 했다

c The owner / promised the workers / better working conditions.
　그 경영자는　　　직원들에게 약속했다　　　　　더 나은 근로 환경을

❶ 4형식 문장에 쓰이는 수여동사는 주로 '주다, 사 주다, 가르쳐 주다'처럼 '…을 (해) 주다'의 의미를 지닌다.
수여동사의 간접목적어에는 '~에게', 직접목적어에는 '…을'을 붙여 해석한다.

❷ 「동사 + 간접목적어 + 직접목적어」를 한 덩어리로 끊어 읽는다. a, b

❸ 목적어가 길 경우에는 두 목적어 사이를 한 번 더 끊어 읽는다. c

❹ 주요 4형식 동사들은 다음과 같다.
　1) give, tell, lend, show, send, pay, bring, teach, offer, buy, make, promise, ask 등
　2) 해석에 유의해야 할 동사: cost(~에게 …이 들다, ~에게 …을 겪게 하다), leave(~에게 …을 남겨 주다),
　　save(~에게 …을 덜어 주다), cause(~에게 …을 일으키다) 등
　　The old man / **left** his granddaughter / all his money.
　　노인은　　　　　그의 손녀에게 남겨 주었다　　　그의 모든 돈을
　　This car navigation system / **saved** me / a lot of effort.
　　이 자동차 내비게이션 시스템은　　　내게 덜어 주었다　많은 수고를

+ GRAMMAR PLUS

4형식 동사로 착각하기 쉬운 완전타동사

explain, suggest, confess, announce, propose, mention, declare 등은 우리말로 해석할 때
'(주어가) ~에게 …을 하다'처럼 4형식으로 보이지만, 완전타동사로서 「동사 + 간접목적어 + 직접목적어」
의 4형식으로는 쓰지 않는다.

(O) They **explained** the rule to me. 그들은 내게 그 규칙을 설명해 주었다.
(X) They explained me the rule.

EXERCISE

정답 및 해설 p.11

STEP 1　간접목적어와 직접목적어를 찾아 각각 밑줄을 긋고, 다음 문장을 끊어 읽어 해석하시오.

1　My mother lent me her car so that I could go for a drive.

2　May I ask you a question about your major?

3　Mike bought her a book for her birthday.

4　She made me a handmade bag with my old jeans.

5　I will pay him two dollars for polishing my shoes.

6　This hotel will offer you the best breakfast.

7　My grandmother sent me a nice sweater.

8　The manual will show the customers how to control the machine.

STEP 2　다음 문장을 끊어 읽고, 해석하시오.

1　This time I will make him an offer that is hard to refuse.

2　Repairing the cell phone costs me less money than buying a new one.

3　Parker will teach you why we have followed our traditions.

4　My parents promised me a laptop computer.

5　It will cause you huge trouble someday if you spend too much money.

6　He brought me some flowers from the garden.

7　The new process will save us a lot of time on this project.

8　Could you tell me why you had to leave in a hurry?

STEP 1 **major** 전공　**handmade** 손으로 만든　**polish** 닦다, 윤내다　**offer** 제공하다; 제안, 제의　**manual** 설명서
STEP 2 **refuse** 거절하다　**follow** 따라가다; *따르다　**tradition** 전통　**in a hurry** 서둘러, 급히

적용독해

1 다음 글의 목적으로 가장 적절한 것은?

Dear Mr. Preston,

As you know, there are many children around the world who have lost their families. It may be because of a war, a natural disaster or an accident. But in all of these cases, we offer the children our help. Our organization buys them food and clothing and finds them a safe place to live. We do our best to connect them with loving families who will raise them. But this costs a lot of money. We need your help to ensure that we can continue with our important work. Whatever you can afford to give will make an important difference in a young person's life.

Sincerely,

Michelle Lowe

Global Children's Charity

① 아동 구호 단체에 기부를 권유하려고
② 아동 식품 판매 사이트를 홍보하려고
③ 전쟁 지역 의료 시설 구축을 촉구하려고
④ 아동 구호 단체 운영 현황을 보고하려고
⑤ 실종자 가족들을 위한 기관을 소개하려고

직독직해 PLUS

다음 문장을 끊어 읽고, 해석하시오.
Our organization buys them food and clothing and finds them a safe place to live.

---

disaster 참사, 재난, 재해 **organization** 조직, 단체, 기구 **clothing** 옷, 의복 **ensure** 반드시 ~하게 하다, 보장하다 **afford** ~할 여유가 되다
charity 자선[구호] 단체

2 다음 글의 요지로 가장 적절한 것은?

In a study, college students gave the experimenters speeches and were interviewed afterwards. The experimenters reacted to the speeches and interviews in one of two ways: for the first group of students, they nodded and smiled; for the second group, they shook their heads and crossed their arms. In the final step of the experiment, the experimenters asked the students a series of math questions. The students from the first group, who received positive reactions, answered these questions more accurately than those from the second group. It is believed that this was caused by a difference in confidence levels. The students from the first group were feeling confident in their abilities, while the students from the second group felt overwhelmed and discouraged.

① 자신감 있는 태도는 사회성을 향상시킨다.
② 부정적 반응은 동기 부여 요소로 작용한다.
③ 긍정적 반응은 성과를 향상시키는 데 기여한다.
④ 다양한 대화 기술 습득은 자신감 향상에 도움이 된다.
⑤ 비언어적 표현은 대인 관계 형성에 중요한 요소로 작용한다.

직독직해 PLUS

다음 문장을 끊어 읽고, 해석하시오.
In the final step of the experiment, the experimenters asked the students a series of math questions.

독해 PLUS

윗글을 읽고, 괄호 안에서 적절한 말을 고르시오.
Students' [questions / confidence] had an impact on their ability to answer math questions.

---

give a speech 연설하다   afterwards 나중에, 그 뒤에   cross one's arms 팔짱을 끼다   a series of 일련의   accurately 정확히
overwhelmed 압도된   discouraged 낙담한   독해 PLUS impact 영향

5형식 끊어 읽기

「목적어＋목적격 보어」는 「주어＋술어」 관계로 이해하라!

필수 문법	주어(S)＋동사(V)＋목적어(O)＋목적격 보어(O.C.) (＋ 수식어구): S는 O가 O.C.하도록 V하다

5형식은 목적어를 보충 설명하는 목적격 보어가 필요한 문장이다.

직독직해 전략

a My mom wants me / to throw out my old clothes / in the closet.
우리 엄마는 내게 원하신다　　　내 낡은 옷을 버리는 것을　　　　　　　옷장에 있는

b Online game beginners / may find / the manual helpful.
온라인 게임 초보자들은　　　　　　발견할 것이다　설명서가 도움이 된다는 것을

c The immigration officers / make the visitors show their passports.
출입국 관리관은　　　　　　　　　방문객들이 그들의 여권을 보여주게 한다

❶ 목적어와 목적격 보어를 'O가 O.C.하다'처럼 주어와 술어 관계로 이해한다.
My mom wants me to throw out my old clothes in the closet. a
(⇨ I'll throw out my old clothes.)
Online game beginners may find the manual helpful. b
(⇨ The manual is helpful.)

❷ 목적격 보어가 길 경우에는 목적어와 목적격 보어 사이를 끊어 읽는다. a

❸ 「사역동사(make, have, let 등)＋O＋O.C.(동사원형/분사)」는 'O가 O.C.하게 하다'로 해석한다. c
이때, help의 목적격 보어로는 동사원형과 to부정사가 모두 올 수 있지만, 분사는 올 수 없다.
My parents / made me / help my sister with her homework.
부모님은　　　　내게 ~하게 하셨다　내 여동생이 숙제하는 것을 돕게

❹ 「지각동사(see, watch, hear, listen to, feel 등)＋O＋O.C.(동사원형/분사)」는 'O가 O.C.하는 것을
~하다'로 해석한다.
I heard someone / screaming outside the house.
나는 누군가(의 소리)를 들었다　집 밖에서 소리치는 것을

＋ GRAMMAR PLUS

「동사＋O＋O.C.(to-v)」

〈충고 · 요청 · 허가 · 명령〉 등을 나타내는 동사 advise, persuade, ask, allow, order 등의 목적격
보어로는 to부정사가 온다.

The doctor advised him to take medicine.
의사는 그에게 약을 먹으라고 조언했다.
Mom asked me to help her clean the backyard.
엄마는 나에게 뒷마당 청소하는 것을 도와달라고 요청하셨다.

EXERCISE

정답 및 해설 p.15

STEP 1 목적어와 목적격 보어를 찾아 각각 밑줄을 긋고, 다음 문장을 끊어 읽어 해석하시오.

1   My friends called my little sister a princess.

2   I named my dog Choco because of its color.

3   They colored the cloth purple and brown.

4   Her new hairstyle made her look much older.

5   I want all the students to feel a sense of fulfillment.

6   The music teacher considers Chopin the greatest composer.

7   The tourists saw a bear crossing the river.

8   August asked his friend to walk with him.

9   This website helps its visitors find the best price for products.

10 His teacher advised him to take part in the English contest.

STEP 2 다음 문장을 끊어 읽고, 해석하시오.

1   Since there was no reply, I pushed the door open.

2   Critics expect the book to be released soon.

3   The video clip let me know how to tune a piano.

4   The police officer made him ride in a police car and come to the police station.

5   We found the documentary film charming, entertaining, and well worth watching.

STEP 1 fulfillment 이행; *성취   composer 작곡가   take part in ~에 참가하다   STEP 2 reply 대답   critic 비평가
release 풀어주다; *공개[발표]하다   video clip 비디오 클립   tune 음을 맞추다, 조율하다   charming 매력적인
entertaining 재미있는   worth v-ing ~할 가치가 있는

적용**독해**

1 다음 글에서 전체 흐름과 관계 <u>없는</u> 문장은?

Many people eat sugar-free products when they are dieting. However, most of these products contain artificial sweeteners. According to the researchers, eating just an average amount of these sweeteners changes the composition of the bacteria that live in our intestines. ① This can cause us to have too much sugar in our blood, which sometimes leads to type 2 diabetes. ② The study also showed that artificial sweeteners might be contributing to the increase in obesity rates. ③ This is because their extreme sweetness makes us need more and more sweet things in order to feel satisfied. ④ Natural sugar can be addictive and increase our levels of body fat. ⑤ Above all, there is no proof that eating sugar-free products that contain artificial sweeteners helps people lose weight.

*intestine: 장, 창자

직독직해 **PLUS**

다음 문장을 끊어 읽고, 해석하시오.

This is because their extreme sweetness makes us need more and more sweet things in order to feel satisfied.

---

artificial 인공의 sweetener 감미료 composition 구성 lead to (결과적으로) ~로 이어지다 diabetes 당뇨병 contribute to ~에 기여하다; *~의 원인이 되다 obesity rate 비만율 extreme 극도의; *지나친 addictive 중독성의

2 다음 빈칸에 들어갈 말로 가장 적절한 것은?

Each season forces animals to adjust in various ways. Some animals migrate, some hibernate, and some simply store up fat. Shrews are an interesting case. With each season, _____. In one study, scientists found that, in winter, a shrew's body mass decreased by about 18 percent. However, in spring, the same animal's body mass rose by 83 percent. A smaller body size helps these animals to survive the cold temperatures on less energy. This allows them to get by with less food. Likewise, a larger body size has advantages in warmer seasons. Bigger bodies make males stronger competitors and females better at providing for offspring.

*hibernate: 동면하다 **shrew: 뾰족뒤쥐

① they focus on taking care of their young
② their food supply affects their body weight
③ their body temperatures increase to help them
④ their bones and major organs change size to adapt
⑤ their activity increases according to the temperature

직독직해 PLUS

다음 문장을 끊어 읽고, 해석하시오.
A smaller body size helps these animals to survive the cold temperatures on less energy.

독해 PLUS

윗글을 읽고, 괄호 안에서 적절한 말을 고르시오.
This passage explains how shrews [adopt / adapt] for each season.

---

force 강요하다, ~하게 만들다 adjust 조정하다; *적응하다 migrate 이동하다 store up 비축하다 body mass 몸무게, 체질량
get by 그럭저럭 살아 나가다 male 남성, 수컷 competitor 경쟁자 female 여성, 암컷 provide for ~을 부양하다 offspring 자식, 새끼
문제 organ (인체의) 장기, 기관 adapt 맞추다; *적응하다 독해 PLUS adopt 입양하다

1

다음 글의 밑줄 친 부분 중, 문맥상 낱말의 쓰임이 적절하지 <u>않은</u> 것은?

metropolis 대도시
nowhere 아무 데도
pedestrian 보행자
run 운영하다
cover 덮다; *포함시키다
besides ~외에도
roam 산책하다
ban 금지
resident 거주민

With more than 7 million people, Bogota, the capital city of Colombia, is a busy metropolis. From Monday to Saturday, the streets in the city are ① <u>crowded</u> with cars. But on Sundays and holidays, cars are ② <u>nowhere</u> to be seen. Instead, the streets are home to bicycles and pedestrians. This is due to a program that has been running since the 1970s. Today, the campaign covers nearly 100 km of roads in the capital. Besides making Bogota a ③ <u>quieter</u> place to roam, the car ban also offers residents health benefits. Studies show that around a million residents regularly walk on Sundays. Many of them say they would be ④ <u>active</u> without the ban. This program is a "wonderful example" of how governments can ⑤ <u>encourage</u> people to exercise.

2

다음 글의 제목으로 가장 적절한 것은?

outer space 우주 공간
assume 가정하다
absence 부재, 없음
reflect 반사되다
spot 지점, 자리
beam 광선
invisible 보이지 않는
(↔ visible)
solid 단단한; 고체의

Most of outer space looks black to our eyes. When we see the color black, we assume that there's an absence of light. But scientists have explained that space is filled with light, which travels in a straight line until it reflects off something. We're unable to see the light until it hits an object. The same is true with a laser pointer. You can see the spot the laser hits but not the beam. So even though space is full of light, it remains invisible unless it meets a solid object. Since most of outer space is empty, with nothing for the light to reflect off, it appears black to us.

① Visible Light in Space
② Light Has Special Colors
③ Why Space Looks Black
④ How Lasers Act in Space
⑤ Space Travel Is Possible

3

다음 글의 목적으로 가장 적절한 것은?

issue 안건; *(잡지 · 신문의)
호, 발행물
spell (단어의) 철자를 말하
다[쓰다]
incorrectly 부정확하게
include ~을 포함시키다
correction 정정

To the Editors,

I have been reading your magazine for many years, and I usually enjoy all of your articles. I was especially excited to read the article about the national windsurfing championships in last month's issue, since I am a windsurfer myself. However, I was disappointed to find a number of errors. First of all, you spelled the name of the winner, Stephanie Thirard, incorrectly. You also got the date and location of the event wrong — it was held on July 7th at West Beach, not on July 17th at Long Beach. I hope you can include a correction in next month's issue. And please be more careful when you check the facts of future articles.

Sincerely,
Bob Greenwood

① 출간 제의를 거절하려고
② 서핑 대회를 홍보하려고
③ 잡지의 정기 구독을 해지하려고
④ 잡지 기사의 오류 정정을 요구하려고
⑤ 서핑 대회에 대한 정보를 문의하려고

직독직해 REVIEW

다음 문장을 끊어 읽고, 해석하시오.

1 Besides making Bogota a quieter place to roam, the car ban also offers residents health benefits.

2 Since most of outer space is empty, with nothing for the light to reflect off, it appears black to us.

3 You also got the date and location of the event wrong — it was held on July 7th at West Beach, not on July 17th at Long Beach.

4

밑줄 친 부분이 가리키는 대상이 나머지 넷과 다른 것은?

For thousands of years, ancient Egyptians worshipped certain animals. Especially, they thought cats the most fascinating and admirable. According to Egyptian beliefs, cats were magical creatures. ① They could bring people who respected them good luck. Wealthy families gave their cats expensive treats. When cats died, people mummified and buried ② them. To ensure a good afterlife for their cats, owners often put jewels, mice, milk, and other things with them in ③ their tombs. After the burial, they shaved ④ their eyebrows and mourned until they grew back. During house fires, owners of cats would put all their effort toward saving them. Because Egyptians considered cats holy, they made a lot of art that featured cats. In addition, Egyptian laws gave people who killed ⑤ them death sentences.

*mummify: 미라로 만들다

[5-6]

다음 글을 읽고, 물음에 답하시오.

(A) Saint Patrick, the patron saint of Ireland, is a widely recognized religious figure. Although uncertain of the exact dates, historians believe he lived sometime during the 5th century. He was born and raised in Britain. Then, at the age of 16, he was kidnapped by pirates, who took him to Ireland and sold him into slavery. During his years working there as a shepherd, he turned to Christianity for comfort and became very religious. After six years of slavery, he was eventually able to escape and go back to his native Britain.

*patron saint: 수호성인 **Christianity: 기독교

(B) However, this was not easily accomplished. The priests of local religions were afraid of losing their followers, so they started arguments and even tried to have Patrick killed. Despite this opposition, his mission was successful and is said to have lasted around 30 years. During that time, he not only spread his faith, but also set the groundwork for the establishment of churches all over Ireland.

(C) Historians believe that Saint Patrick was also responsible for bringing the written word to Ireland by introducing religious texts. Before his arrival, information had only been passed down through memory and storytelling. Today, Saint Patrick's contributions are honored every year on March 17th. Saint Patrick is now recognized all over the world, and his holiday is celebrated in many countries.

(D) A few years after returning to Britain, Patrick became a priest. He began dreaming of the voices of Irish people telling him to go back to Ireland and spread Christianity among them. Patrick decided to follow this calling and returned to Ireland as a missionary after several years of study and preparation. Although some Christians were already living there, Patrick converted the nobles and the majority of the common people to Christianity.

5

주어진 글 (A)에 이어질 내용을 순서에 맞게 배열한 것으로 가장 적절한 것은?

① (B) – (C) – (D)
② (B) – (D) – (C)
③ (C) – (B) – (D)
④ (C) – (D) – (B)
⑤ (D) – (B) – (C)

6

윗글의 Saint Patrick에 관한 내용으로 적절하지 <u>않은</u> 것은?

① 해적들에게 납치되어 아일랜드로 보내졌다.
② 양치기로 일한 적이 있다.
③ 반대 세력에 의해 선교가 실패로 돌아갔다.
④ 아일랜드에 문자를 들여왔다.
⑤ 영국으로 돌아온 후 성직자가 되었다.

직독직해 REVIEW

다음 문장을 끊어 읽고, 해석하시오.

4-1) Especially, they thought cats the most fascinating and admirable.

4-2) They could bring people who respected them good luck.

[5~6] Patrick decided to follow this calling and returned to Ireland as a missionary after several years of study and preparation.

PART 2

주요 요소들의 이해

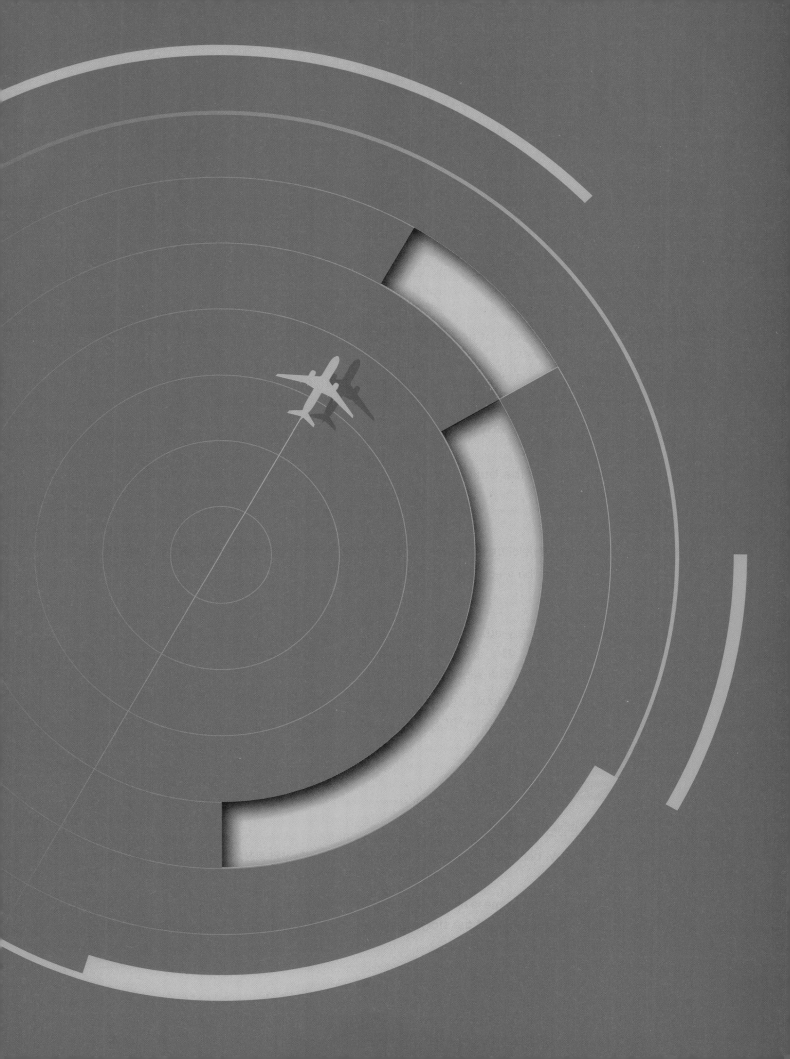

수동·완료 표현

「be v-ed」, 「have v-ed」를 하나의 덩어리로 이해하라!

수동 「be v-ed」: ~되다, ~받다, ~당하다
완료 「have v-ed」: 막 ~했다(완료), ~해 본 적이 있다(경험), ~해왔다(계속), ~해 버렸다(결과)

a The vase was sold / for a very high price.
　그 꽃병은 팔렸다　　　　　매우 높은 가격에

b The majority of academic journals / are published / in English.
　대부분의 학술지는　　　　　　　　　　출판된다　　　　영어로

c I have lived / in this house / since last year.
　나는 살았다　　이 집에서　　작년부터

d He had already left / the city / when we arrived.
　그는 이미 떠났다　　　　그 도시를　우리가 도착했을 때

e Many of the buildings / have been destroyed / by natural disasters.
　많은 건물들이　　　　　　파괴되었다　　　　자연 재해로 인해서

수동 표현

「be v-ed」를 한 덩어리로 보고 '(주어가) ~되다' 등으로 해석한다. 주어가 짧은 경우 「be v-ed」 뒤에서 **a**, 주어가 긴 경우 「be v-ed」 앞에서 **b** 끊어 읽는다.

완료 표현

❶ 현재완료 「have v-ed」, 과거완료 「had v-ed」, 미래완료 「will have v-ed」를 한 덩어리로 보고 문맥에 따라 〈완료·경험·계속·결과〉로 해석한다. 주어가 짧은 경우 완료 표현 뒤에서 **c, d**, 주어가 긴 경우 완료 표현 앞에서 **e** 끊어 읽는다.

❷ 수동과 현재완료가 동시에 쓰인 「have been v-ed」는 '막 ~되었다'(완료), '~된 적이 있다'(경험), '계속 ~되어왔다'(계속), '~되어버렸(고 그 결과 …되었)다'(결과)로 해석한다. **e**

+ GRAMMAR PLUS

「It is[was] v-ed that ~」

동사 say, believe, think, decide 등의 목적어로 that절이 쓰인 문장을 수동태로 쓸 경우 주로 가주어 it을 쓴다.

It is said that time is money. (← People say that time is money.)
It was thought that the story came from old tales. (← People thought that the story came from old tales.)

STEP 1 수동 또는 완료 표현을 찾아 밑줄을 긋고, 다음 문장을 끊어 읽어 해석하시오.

1 Teenagers are not allowed to drink alcohol.

2 People have decreased the amount of waste produced at home.

3 I have never met a guy like Brian, who is so fun to be with.

4 The resort in Bali was established three years ago.

5 Customers are told to use exit 5 instead of exit 1.

6 She will have finished the report by tomorrow.

7 The police have found the car that was stolen five months ago.

8 This document should be separated from other documents.

9 Bears have been forced to perform in circuses.

STEP 2 다음 문장을 끊어 읽고, 해석하시오.

1 Beautifully decorated appetizers have been served to the guests.

2 I heard that the project was canceled because of financial problems.

3 The new phone will have increased storage space.

4 It is believed that the portraits were painted during the war.

5 The salary of all staff members will be raised.

6 Before the radio was invented, it wasn't easy to hear recent news immediately.

STEP 1 **allow** 허락하다 **alcohol** 술 **decrease** 줄이다(↔ increase) **waste** 낭비; *쓰레기 **establish** 설립하다
document 서류, 문서 **separate** 분리하다 **force** 강요하다, ~하게 만들다 STEP 2 **decorated** 장식된 **appetizer** 전채 요리
financial 재정적인, 재정상의 **storage** 저장 **portrait** 초상화 **raise** 들어 올리다; *인상하다

45

적용**독해**

1   글의 흐름으로 보아, 주어진 문장이 들어가기에 가장 적절한 곳은?

> Of this number, 35 million will be dumped in landfills with no regard for the toxic materials they contain.

According to a recent report, more than one billion computers are owned by people worldwide. (①) Moreover, in the near future, the number will exceed two billion. (②) This rapid growth is taking place primarily in emerging markets like India and Brazil, thanks to falling prices and the recognition that computers are essential for economic development. (③) Unfortunately, all these new PCs translate into an increasing number of outdated computers as well. (④) The same report estimates that 180 million PCs will be replaced this year alone. (⑤) This predicts an alarming environmental problem.

 직독직해 PLUS

다음 문장을 끊어 읽고, 해석하시오.
According to a recent report, more than one billion computers are owned by people worldwide.

 독해 PLUS

윗글을 읽고, 괄호 안에서 적절한 말을 고르시오.
Replacing old PCs with new ones is likely to cause [financial / environmental] problems.

---

dump (쓰레기를) 버리다   landfill 쓰레기 매립지   with no regard for ~은 고려하지 않고   toxic 유독성의   exceed 넘다   rapid 빠른   primarily 주로
emerging market 신흥 시장   recognition 인식   essential 필수적인   translate 번역하다; *바뀌다   outdated 구식인   estimate 추산하다
replace 대신하다; *교체하다   alarming 걱정스러운

2 arribada에 관한 다음 글의 내용과 일치하지 <u>않는</u> 것은?

In order to protect one of the most important nesting beaches of sea turtles in the world, the Ostional National Wildlife Refuge was created in Costa Rica. A group egg-laying behavior, which is called the arribada, is only displayed by two species of sea turtles. The nesting cycles generally occur at the start of the last quarter moon and each one lasts three to seven days. Since hundreds of turtles come onto the beach in the span of only a few days, the first nests are mostly destroyed by later turtles. Therefore, the local people have been given permission to collect and sell some of the eggs during the first few days of each cycle. Costa Rica is the only country in the world where this practice is legal. It helps the community and saves many turtle eggs from being taken illegally.

*last quarter: (달의) 하현

① 바다거북의 집단 산란 행동이다.
② 두 종(種)의 바다거북에 의해 행해진다.
③ 달의 하현이 시작되는 시기에 일어난다.
④ 3일에서 7일 정도 계속된다.
⑤ 처음에 만들어진 둥지들은 사람들에 의해 대부분 파괴된다.

직독직해 PLUS

다음 문장을 끊어 읽고, 해석하시오.
Therefore, the local people have been given permission to collect and sell some of the eggs during the first few days of each cycle.

독해 PLUS

윗글을 읽고, 괄호 안에서 적절한 말을 고르시오.
According to this passage, the arribada is [beneficial / harmful] to the people of Costa Rica.

---

nest 둥지를 틀다; 둥지   wildlife refuge 야생 동물 보호 구역   display 내보이다   occur 일어나다, 발생하다   last 계속되다   span 기간
permission 허락, 허가   legal 법률과 관련된; *합법적인   illegally 불법적으로

가주어·가목적어
뒤에 나오는 진주어 · 진목적어를 찾아라!

가주어 It: It + 동사(V) + 진주어 / It + 동사(V) + 보어(C) + 진주어
가목적어 it: 주어(S) + 동사(V) + it + 목적격 보어(O.C.) + 진목적어

직독직해 전략

a It was difficult / to explain my situation to my boss. 〈진주어 = to부정사구〉
(그것은) 어려웠다   나의 상황을 상사에게 설명하는 것은

b It was mysterious / how the thief got into our house. 〈진주어 = 명사절(간접의문문)〉
(그것은) 불가사의했다   그 도둑이 우리 집에 어떻게 들어왔는지는

c She believed it foolish / to buy such a terrible jacket. 〈진목적어 = to부정사구〉
그녀는 (그것을) 바보 같다고 여겼다   그렇게 형편 없는 재킷을 사는 것을

d I think it a mistake / that Dan didn't go to the audition. 〈진목적어 = 명사절(that절)〉
나는 (그것을) 실수라고 생각한다   Dan이 그 오디션에 가지 않은 것을

❶ 「It + V」나 「It + V + C」 뒤에 to부정사구나 명사절이 나오면 It이 가주어일 가능성이 높다. 이때 진주어 앞에서 끊어 읽는다. a, b
※ 「It seems[appears/happens/occurs 등] that ~」 구문도 같은 방식으로 해석한다.
ex) **It seems** / **that** Jim was recently fired.
(그것은)   Jim이 최근에 해고된 것
~인 것 같다

❷ 5형식 문장의 목적어 자리에 it이 있고, 목적격 보어 뒤에 to부정사구나 명사절이 나오면 it은 가목적어, 목적격 보어 뒤는 진목적어일 가능성이 높다. 이때 진목적어 앞에서 끊어 읽는다. c, d

+ GRAMMAR PLUS

「It is[was] ~ that ...」 강조 구문: …하는 것은 바로 ~이다[였다]

It is[was]와 that 사이에 주어, 목적어, 보어, 부사(구/절) 등을 넣어서 그 부분을 강조할 수 있다. 강조하는 대상이 사람일 때에는 that 대신 who를 쓸 수도 있다.

It is *Bruce* **that[who]** knows about the hidden treasure.
숨겨진 보물에 관해 아는 사람은 바로 Bruce이다.

STEP 1   진주어 또는 진목적어를 찾아 밑줄을 긋고, 다음 문장을 끊어 읽어 해석하시오.

1   It seemed strange to cry during the funny movie.

2   I found it very useful to conduct a customer survey.

3   It is hard to believe that some people live on boats.

4   It is necessary for us to learn from others' mistakes.

5   It doesn't matter whether she is pleased or not.

6   They found it awkward that he asked them personal questions.

7   Is it possible to generate electricity directly from heat?

8   Fun at work makes it easier for employees to do their best.

STEP 2   다음 문장을 끊어 읽고, 해석하시오.

1   I took it for granted that I would find the right person for the job.

2   She made it a rule not to purchase clothes that are made of animal fur.

3   It turned out that the magazine decided to reject my article.

4   It was a black suit that Jason wore to the party.

5   It is uncertain why he had to leave his job.

6   The air was so thick with dust that I found it difficult to breathe.

7   He spoke with a strong accent, which made it hard for me to understand him.

STEP 1 conduct (특정한 활동을) 하다   survey 설문 조사   awkward 어색한; *불편한   generate 발생시키다
employee 종업원, 직원   STEP 2 take ~ for granted ~을 당연한 일로 여기다   purchase 구입하다   reject 거부하다
thick 두꺼운; *자욱한   accent 말씨[악센트]; 억양

1   다음 글의 밑줄 친 부분 중, 문맥상 낱말의 쓰임이 적절하지 <u>않은</u> 것은?

In 2003, neurologist Adam Zeman encountered a very ① <u>unusual</u> case. A 65-year-old man said that he found it ② <u>impossible</u> to visualize things, such as the faces of friends or the landscapes of places he knew. The man used to love to read. For many years, he had been able to ③ <u>imagine</u> people and places in books. However, after a heart surgery, he could no longer make ④ <u>mental</u> pictures. This was Zeman's first time hearing about any such condition. He decided he had to learn more. He named the disease *aphantasia*, from the Greek word *phantasia*, which means "imagination." Using brain-scanning technology, Zeman discovered that most of the man's brain was functioning ⑤ <u>abnormally</u>. However, the visual regions were inactive when he tried to visualize something.

직독직해 PLUS

다음 문장을 끊어 읽고, 해석하시오.
A 65-year-old man said that he found it impossible to visualize things, such as the faces of friends or the landscapes of places he knew.

독해 PLUS

윗글을 읽고, 괄호 안에서 적절한 말을 고르시오.
Neurologist Adam Zeman encountered a disease that [prevents / protects] patients from seeing things in their minds.

---

neurologist 신경학자, 신경과 전문의   encounter 맞닥뜨리다; *접하다   visualize 마음 속에 그려보다, 상상하다 (a. visual)   landscape 풍경
surgery 수술   condition 상태; *질환   imagination 상상력, 상상   function (제대로) 기능하다   abnormally 이상하게, 비정상적으로
region 지방; (인체의) 부위   inactive 활동하지 않는

2 주어진 글 다음에 이어질 글의 순서로 가장 적절한 것은?

> Organically grown food contains fewer pesticides, which can harm your health. However, it is not always possible to purchase organic food.

(A) However, even careful washing cannot completely remove pesticides. So you should also remove the outer leaves of leafy vegetables, where pesticides are often found.

(B) Therefore, it is a good idea to eat fruits and vegetables that contain fewer pesticides, such as avocados, corn, and sweet potatoes.

(C) When eating other types of fruits and vegetables, most of the pesticides can be removed through proper washing. You should wash them in plain water without any soap.

① (A) – (B) – (C)   ② (A) – (C) – (B)
③ (B) – (A) – (C)   ④ (B) – (C) – (A)
⑤ (C) – (B) – (A)

 직독직해 PLUS

다음 문장을 끊어 읽고, 해석하시오.

Therefore, it is a good idea to eat fruits and vegetables that contain fewer pesticides,

such as avocados, corn, and sweet potatoes.

 독해 PLUS

윗글을 읽고, 괄호 안에서 적절한 말을 고르시오.

Washing fruits and vegetables thoroughly is a good way to [avoid / approach] consuming

harmful pesticides.

---

organically 유기 재배로 (*a.* organic)   **pesticide** 살충제, 농약   **remove** 치우다; *제거하다   **leafy** 잎이 무성한   **proper** 적절한, 제대로 된
plain water 담수; *맹물   독해 PLUS   **thoroughly** 대단히; *철저히   **approach** 다가가다   **consume** 소모[소비]하다; *먹다, 마시다

REVIEW TEST

1

주어진 글 다음에 이어질 글의 순서로 가장 적절한 것은?

settler 정착민
governor 지도자
colony 식민지;
집단[거주지]
clue 단서
carve 조각하다
post 기둥
engage 관여하다

In 1587, 115 English settlers arrived on Roanoke Island, off the east coast of North America. Later that year, it was decided that John White, the governor of the colony, would return to England to gather supplies.

(A) The entire Roanoke colony, along with all the people living in it, was gone. The only clue to what might have happened was the word "Croatoan" carved into a post.

(B) Finally, three years later, White was able to sail back to the Roanoke colony, where he had left his family and other settlers. However, he was shocked by what he found when he arrived.

(C) Shortly after White arrived in England, however, the country went to war with Spain. Every English ship was engaged in battle, so he couldn't return to Roanoke Island as planned.

① (A) – (C) – (B)　　　　　　② (B) – (A) – (C)
③ (B) – (C) – (A)　　　　　　④ (C) – (A) – (B)
⑤ (C) – (B) – (A)

2

다음 글의 밑줄 친 부분 중, 어법상 틀린 것은?

phenomenon 현상
philosopher 철학자
nevertheless 그럼에도 불구하고
demonstrate 증명하다
for sure 확실히
variable 변수
combination 결합
evaporation 증발
application 지원; *적용, 응용

A strange phenomenon says ① that warm water can freeze faster than cold water. This must have been known to ancient philosophers, ② who described it in their writings. Nevertheless, it is named after the Tanzanian student who first demonstrated it and ③ is called the Mpemba effect. It is still not fully understood. No one knows for sure why, under certain conditions, hot or warm water can freeze faster than cool water. There are simply too many variables involved. However, most scientists believe it happens ④ because a combination of factors such as evaporation, convection, conduction, and supercooling. One practical application of the Mpemba effect ⑤ is seen in ice cream making, where warm milk is used to help it freeze faster.

*convection: 대류 **conduction: (열) 전도 ***supercooling: 과냉각

3

밑줄 친 부분이 가리키는 대상이 나머지 넷과 <u>다른</u> 것은?

frantically 미친 듯이
constantly 끊임없이
criticize 비판하다
questionable 의심스러운
vaccine (예방) 백신
inject 주사하다
infection 감염
anxiously 근심하여, 걱정
스럽게
recover (건강이) 회복되다
fame 명성
numerous 많은

One morning in the summer of 1885, a boy named Joseph Meister was brought to a hospital in Paris by his mother. A rabid dog had bitten him 14 times. Joseph's mother was frantically searching for a Parisian scientist, according to rumors, who might be able to treat rabies. ① <u>His</u> name was Louis Pasteur. He was constantly criticized for ② <u>his</u> questionable ideas and he had never used his vaccines for rabies on a human. Nevertheless, Joseph's mother begged ③ <u>him</u> to help, and he was persuaded to inject the boy with a vaccine and treat any possible infection. Pasteur waited anxiously to see if the boy would survive. Finally, after three weeks, ④ <u>he</u> had recovered. This success brought Pasteur international fame, and ⑤ <u>his</u> vaccine has prevented numerous cases of rabies.

*rabid: 광견병에 걸린 **rabies: 광견병

직독직해 REVIEW

다음 문장을 끊어 읽고, 해석하시오.

1 Later that year, it was decided that John White, the governor of the colony, would return to England to gather supplies.

2 One practical application of the Mpemba effect is seen in ice cream making, where warm milk is used to help it freeze faster.

3 He was constantly criticized for his questionable ideas and he had never used his vaccines for rabies on a human.

4

글의 흐름으로 보아, 주어진 문장이 들어가기에 가장 적절한 곳은?

> For example, audio texts for blind people, music boxes, and a telephone recording device were among his first ideas.

Thomas Edison must have been excited when he invented the phonograph in 1877. (①) This device had the ability to record sound vibrations, such as those of a person's voice, and play them back for others to hear. (②) Edison found it easy to imagine possible applications for his new machine. (③) But the use of the phonograph he was proudest of came during World War I. (④) He produced a special version of the machine capable of playing popular music and sold it to the army. (⑤) The soldiers greatly enjoyed listening to the music, because it reminded them of home.

*phonograph: 축음기

5

Samuel Langhorne Clemens에 관한 다음 글의 내용과 일치하지 <u>않는</u> 것은?

One of the most famous figures in American literature was born with the name Samuel Langhorne Clemens. From his birthplace in Florida, Missouri, his family moved to Hannibal, Missouri, where Clemens spent his childhood. Five years after the publication of his first major work, he began using the more familiar pen name of Mark Twain. Twain is best known for his novels *The Adventures of Huckleberry Finn* and *The Adventures of Tom Sawyer*, both of which feature elements of his childhood years in Hannibal. However, he was also a journalist, humorist, and traveling lecturer. After he had made a name for himself, he journeyed around the globe giving witty and entertaining talks to fascinated audiences.

① Hannibal에서 어린 시절을 보냈다.
② Mark Twain이란 필명으로 첫 작품을 출간했다.
③ 어린 시절의 요소들이 작품에 나타난다.
④ 기자이자 순회 강연자이기도 했다
⑤ 작품 성공 후 세계 여행을 했다.

6

adjust 조정[조절]하다
refer to ~라고 부르다
attitude 태도, 사고방식
definitely 분명히, 틀림
없이
reject 거부하다
embrace (껴)안다;
*받아들이다
approach 다가가다;
*접근법

(A), (B), (C)의 각 네모 안에서 문맥에 맞는 낱말로 가장 적절한 것은?

For years, the fashion industry has been using images of extremely thin models. Photos of women with different body types are often adjusted to fit this (A) narrow / broad idea of beauty. However, things are finally starting to change. Heavier women, often referred to as "plus-size models," have become more (B) common / uncommon on fashion runways around the world. There are many possible reasons for this change in cultural attitudes, but one of them is definitely the Internet. Social networking sites have made it easier to share opinions with large numbers of people. Many people are joining the efforts to (C) reject / embrace the fashion industry's traditional approach to body image.

(A)		(B)		(C)
① narrow	……	common	……	reject
② narrow	……	uncommon	……	reject
③ narrow	……	common	……	embrace
④ broad	……	uncommon	……	embrace
⑤ broad	……	uncommon	……	reject

직독직해 REVIEW

다음 문장을 끊어 읽고, 해석하시오.

4 Edison found it easy to imagine possible applications for his new machine.

5 After he had made a name for himself, he journeyed around the globe giving witty and entertaining talks to fascinated audiences.

6 For years, the fashion industry has been using images of extremely thin models.

PART 3

구의 이해

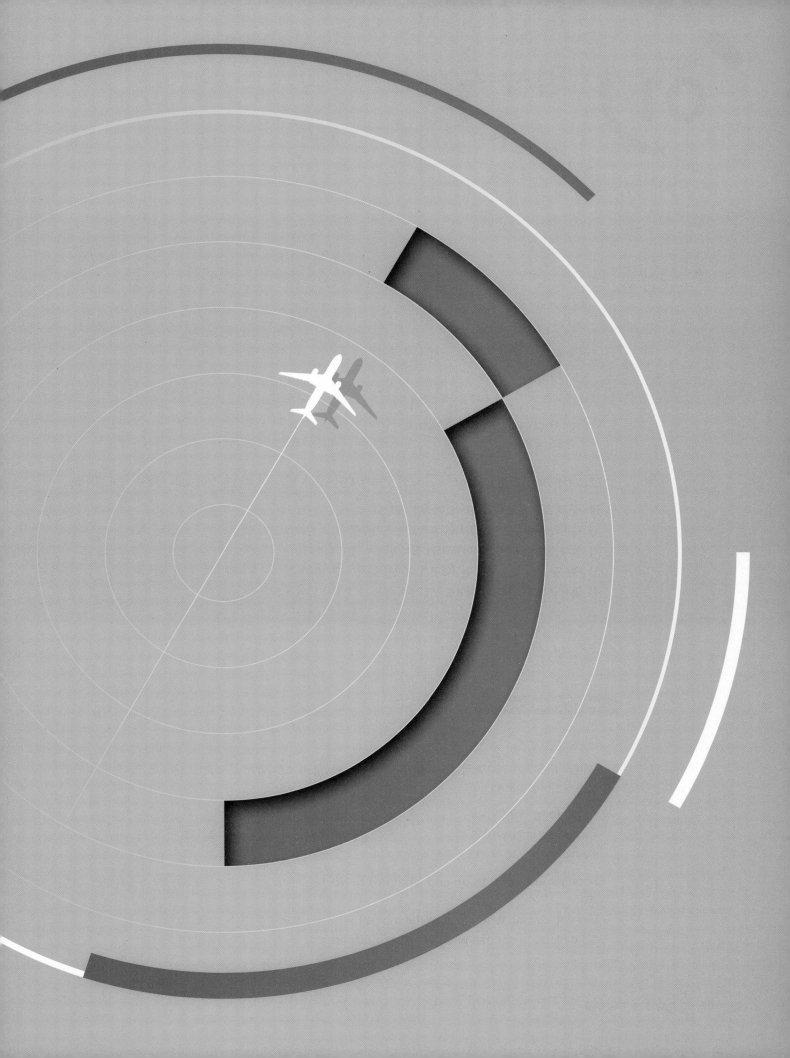

명사구

‘~하는 것’ 또는 ‘~하는지’로 해석하라!

필수 문법   명사구는 문장에서 주어, 목적어, 보어로 쓰이는 구로, 동명사구와 to부정사구 등이 있다.

직독직해 전략

a Changing the proportions of the materials / created a new type of metal.
물질들의 비중을 변경하는 것이   새로운 유형의 금속을 만들어냈다

b After I had finished / working in the café, / my friend called me.
내가 끝마친 후에   까페에서 일하는 것을   내 친구가 내게 전화했다

c My plan is / to improve my math grade / on the midterm exam.
내 계획은 ~이다   내 수학 점수를 높이는 것   중간고사에서

d The technology is effective / in analyzing patients' medical conditions.
그 기술은 효과적이다   환자들의 의학적 상태를 분석하는 데

❶ 문장에서 명사구인 동명사구 **a, b, d** 와 to부정사구 **c** 에 해당하는 부분을 찾아 의미 단위로 끊어 읽는다.

❷ 명사구가 있는 문장은 다음과 같이 끊어 읽는다.
   1) 주어가 동명사나 to부정사로 시작하면 동사를 찾아 그 앞에서 끊어 읽는다. **a**
   2) 동사 뒤에 명사구가 이어질 때는 동사 뒤에서 끊어 읽는다. **b, c**
   3) 명사구 안에 부사구나 수식어구가 이어져 길이가 길 경우에는 의미 단위에 따라 끊어 읽는다. **c**
   4) 명사구가 전치사의 목적어로 쓰인 경우에는 그 전치사 앞에서 끊어 읽는다. **d**

+ GRAMMAR PLUS

「의문사+to-v」

「의문사+to-v」는 명사구 역할을 하며, 주로 동사 know, tell, ask, show, learn, decide, choose 등의 목적어로 사용된다.

- how to-v: 어떻게 ~할지
- when to-v: 언제 ~할지
- which+명사+to-v: 어느 ~을 …할지
- what to-v: 무엇을 ~할지
- where to-v: 어디에서[어디로] ~할지

I don't know **what to do** and **what not to do**. 나는 <u>무엇을 해야</u> 하고 <u>무엇을 하지 말아야 할지</u> 모르겠다.
Did you decide **when to film** the movie? 당신은 영화를 <u>언제 촬영할지</u> 결정했나요?
It's difficult to choose **which event to attend**. <u>어느 행사에 참석할지</u> 선택하기가 어렵다.

EXERCISE

STEP 1 명사구를 찾아 밑줄을 긋고, 다음 문장을 끊어 읽어 해석하시오.

1 Watching boring sitcoms was all I did on the plane.

2 To lose weight is my goal this year.

3 My hope is to make friends from all over the world.

4 Kevin stopped talking to his children and looked out the window.

5 Some people want to have a car more than a house.

6 My teacher is good at listening to students.

7 The important question is where to locate a nuclear power plant in the region.

8 These days, high-tech tools tell farmers when to harvest.

STEP 2 다음 문장을 끊어 읽고, 해석하시오.

1 It originated from old rules against drawing on the walls.

2 To buy a new computer is the first thing on my list.

3 Happiness is not about being rich, but about being with someone whom you love.

4 My hobby was taking pictures, but now I don't like it any more.

5 Sticking to the speed limit can save you not only money but also your life.

6 She expected to graduate at the top of her class.

7 The man regretted ignoring his parents' advice about his job.

8 My boss doesn't understand how to encourage good teamwork.

STEP 1 sitcom 시트콤 locate ~의 위치를 찾다; *(~에) 두다, 설치하다 nuclear power plant 원자력 발전소 region 지방, 지역 high-tech 첨단 기술의 STEP 2 originate 비롯되다 against ~에 반대하여 stick to ~을 계속하다; *~을 고수하다, 지키다 speed limit 제한 속도 graduate 졸업하다 regret 후회하다 encourage 격려하다; 장려하다

적용독해

1 다음 글의 제목으로 가장 적절한 것은?

The brain contains two separate internal clocks — one is light-activated and regulates our sleep-wake cycles, and the second keeps track of meal times. The first clock normally controls our bodies, but traveling by plane across time zones confuses it, resulting in jet lag. Adjusting to a new time zone takes most people about a week. However, this problem can be overcome by not eating. Research has shown that when food is scarce for animals, the need to find food becomes more important than sleep, even during the night. When we don't eat for approximately 16 hours, our second internal clock is activated in the same way. Thus, avoiding eating until you land should help you adjust to a new time zone and prevent jet lag.

① How Animals Stay Awake
② How to Beat Jet Lag: Don't Eat
③ The Danger of Traveling by Plane
④ Regulate Hunger by Staying Awake
⑤ Why Time Zones Confuse Your Body

직독직해 PLUS

다음 문장을 끊어 읽고, 해석하시오.
The first clock normally controls our bodies, but traveling by plane across time zones confuses it, resulting in jet lag.

---

separate 분리된; *별개의 internal 내부의 activate 활성화시키다 regulate 규제하다; *조절하다 cycle 순환, 주기 keep track of ~에 대해 계속 파악하고 있다 time zone 표준 시간대 result in (결과적으로) ~을 야기하다 jet lag 시차증 adjust 조절하다; *적응하다 overcome 극복하다 scarce 부족한 approximately 대략 land 착륙하다 문제 beat 이기다

2 글의 흐름으로 보아, 주어진 문장이 들어가기에 가장 적절한 곳은?

> Additionally, as time went on, women also used them for making political statements.

Smallpox was a deadly disease that caused many deaths in the 1700s. Survivors had visible scars on their faces. Because of this, applying a lead-based face powder became a common way to hide these scars. (①) However, the powder itself caused skin damage as well. (②) Women then began to use beauty patches for covering up their worst facial flaws. (③) Made from silk or velvet, they came in various shapes, like stars or hearts, and became popular beauty items. (④) They could show which party they supported by putting a patch on the left or right side of their faces. (⑤) Putting patches on both sides meant that the person was neutral.

*lead-based: 납을 주성분으로 한

직독직해 PLUS

다음 문장을 끊어 읽고, 해석하시오.
Women then began to use beauty patches for covering up their worst facial flaws.

독해 PLUS

윗글을 읽고, 괄호 안에서 적절한 말을 고르시오.
Beauty patches were used not only to cover up the scars but also to [display / discover] one's political views.

---

political 정치와 관련된, 정치적인 statement 성명, 진술; *표현 smallpox 천연두 deadly 치명적인 survivor 생존자 visible (눈에) 보이는 scar (피부에 생긴) 흉터 apply 지원하다; *(약·크림 등을) 바르다 patch 부분; *조각, 패치 cover up ~을 덮어 가리다 flaw 결함, 흠 party 정당 neutral 중립적인 독해 PLUS display 보여주다

형용사구

괄호로 묶고, 수식 표시를 하라!

필수 문법 형용사구는 명사를 뒤에서 수식하는 구로, 수식어가 붙은 형용사, 분사구, to부정사구, 전치사구 등이 있다.

직독직해 전략

a Several beaches / [famous for having black sand] / are located in Hawaii.
   몇몇 해변들은   검은 모래가 있는 것으로 유명한 (몇몇 해변들)   하와이에 위치해 있다

b The golden box / [buried in the sand] / was filled with treasure.
   그 금으로 만든 상자는   모래에 묻힌 (그 금으로 만든 상자)   보물로 가득 찼다

c Beethoven's symphonies use / many instruments / [working together].
   베토벤의 교향곡은 사용한다   여러 악기들을   협업하는 (여러 악기들)

d Everybody has a responsibility / [to make the world better].
   모든 사람들은 책임이 있다   세상을 더 좋게 만들 (책임)

e The man / [from Manhattan, New York] / majored in material engineering.
   그 남자는   뉴욕, 맨해튼에서 온 (그 남자)   재료 공학을 전공했다

문장에서 형용사구에 해당하는 수식어가 붙은 형용사 a , 과거분사구 b , 현재분사구 c , to부정사구 d , 전치사구 e 를 찾아 의미 단위로 끊어 읽는다.

❶ 명사 뒤에 형용사구가 이어지면 명사 뒤에서 끊는다.

❷ 형용사구의 시작과 끝을 찾아 형용사구 전체를 괄호로 묶는다.

❸ 괄호로 묶은 형용사구가 수식하는 명사에 수식 표시한다.

❹ 형용사구 뒤에 앞의 명사를 넣어 해석하면 이해하기 쉽다.

+ GRAMMAR PLUS

분사와 동사의 구별

앞의 명사를 수식하는 분사를 종종 문장의 동사로 오해하는 경우가 있다. 문장에서 명사 뒤에 v-ing나 v-ed 형태가 이어지면 문장 전체 또는 절에 동사가 있는지 확인한다.

The boy [**sitting** next to Sandra] **is** her brother. Sandra 옆에 앉아 있는 소년은 그녀의 남동생이다.
        └ 현재분사(앉아 있는)   V

I **want** to buy a smartphone [**made** in Korea]. 나는 한국에서 만들어진 스마트폰을 사고 싶다.
   V   └ 과거분사(만들어진)

EXERCISE

정답 및 해설 p.41

STEP 1   밑줄 친 부분을 수식하는 어구를 찾아 괄호로 묶고, 다음 문장을 끊어 읽어 해석하시오.

1   The woman smiling at the camera is auditioning for the role of the queen.

2   Winter is the best season to visit Sydney.

3   Lydia has many friends to rely on in hard times.

4   People usually trust products manufactured by big companies.

5   Sadly, she threw away the letter from Jason.

6   English is the language most widely used as a second language.

7   I heard that Jeju-do has many interesting museums worthy of a visit.

8   The boy wearing a blue jacket and jeans shared his snacks.

STEP 2   다음 문장을 끊어 읽고, 해석하시오.

1   Medicine developed by our medical team can cure the virus.

2   Students interested in the advanced math class are asked to fill out this form.

3   We got on the plane taking off at gate 14 at 5:30 p.m.

4   We don't have a seminar room available for your purpose tonight.

5   The cooperation between the citizens and animal protection groups helped the endangered animals.

6   Lots of superstars will participate in the charity concert scheduled to be held next week.

7   I have much work to finish by tomorrow, so I cannot go to the gym tonight.

8   People from different regions got together to protest the government's policy.

STEP 1 audition 오디션을 보다   rely on ~에 의지하다   manufacture 제조하다, 생산하다   worthy of ~할 만한 가치가 있는
STEP 2 advanced 선진의; *상급의   fill out 작성하다   take off 이륙하다   available 이용할 수 있는
endangered 멸종 위기에 처한   charity 자선   protest 항의하다   policy 정책

63

적용독해

1 다음 빈칸에 들어갈 말로 가장 적절한 것은?

We all know about the importance of a smile when meeting someone new. New research, however, shows that _____. The study, which was conducted by a business support group in Scotland, examined how people react to different types of smiles. Based on the results, the researchers say there are three kinds of smiles to avoid. The first, nicknamed 'the Enthusiast,' is when you smile widely, exposing all of your teeth. Apparently, this is a case of "too much of a good thing." Next is 'the Big Freeze,' an unmoving smile that doesn't seem natural. And finally, there is 'the Robot.' This is a small smile lacking in friendliness. The researchers further suggest that you avoid smiling too quickly. People react best to a smile that forms slowly and naturally.

① it's important how you smile, not just that you smile
② it's wise to use different smiles in different situations
③ people from different cultures smile in different ways
④ smiling is actually not helpful when meeting someone
⑤ there are better ways to show friendliness than a smile

직독직해 PLUS

다음 문장을 끊어 읽고, 해석하시오.
Based on the results, the researchers say there are three kinds of smiles to avoid.

---

conduct (특정한 활동을) 하다 examine 조사하다 react 반응하다 nickname 별명을 붙이다 enthusiast 열광자 expose 드러내다
apparently 분명히, 명백히 freeze 동결; 한파 unmoving 움직이지 않는 lack 부족하다 friendliness 우정, 친절 further 더 나아가서

EXERCISE

정답 및 해설 p.44

STEP 1   부사구를 찾아 밑줄을 긋고, 다음 문장을 끊어 읽어 해석하시오.

1   They went to the sports shop to buy ski helmets.

2   Susan bought theater tickets at half-price online.

3   The herd of horses started jumping over a fence in the yard.

4   I have to get a report done by tomorrow afternoon.

5   They close their restaurant for a break at 3 p.m.

6   You must be out of your mind to ask such stupid things.

7   He was too ashamed to tell the truth about his math grade.

8   She grew up to be one of the most famous modern physicists.

STEP 2   다음 문장을 끊어 읽고, 해석하시오.

1   In the forest, you must be careful not to cause a fire.

2   To get a good seat, he has been waiting in line for five hours.

3   What would you be willing to give up to be ten years younger?

4   Some birds build their nests in secret in dense evergreens in the early spring.

5   Mr. Thomas came from behind the curtain to accept his award.

6   In order to impress his boss, he always works hard.

7   All these games are free to play online and some of them can even be downloaded to play on your PC.

STEP 1 herd (짐승의) 떼   fence 울타리   out of one's mind 제정신이 아닌   ashamed 부끄러운, 창피한   physicist 물리학자
STEP 2 cause a fire 화재를 내다   in secret 비밀리에   dense 빽빽한   evergreen 상록수

적용독해

1   다음 글의 제목으로 가장 적절한 것은?

In recent years, many theaters have made an effort to attract blind people to their plays. They provide these audience members with detailed descriptions of the action that can be heard through a special earpiece. However, the Everyman Theatre in Baltimore, Maryland offers blind guests even more, allowing them to experience the theater in a whole new way. It's called a "Touch Tour," and it gives them a chance to walk around the stage before the performance and feel the set. The theater has been offering these tours for several years, although they're not available for every play. Usually, there is a Touch Tour for one play each season. These tours allow the theater to share its performances with physically challenged members of the local community who don't usually attend plays.

① Acting Classes Help the Blind
② Touch Tours: A New Way to Travel
③ Allowing the Blind to "Feel" a Play
④ Why Are Plays Less Popular than Movies?
⑤ A Theater Where All the Actors Are Blind

직독직해 PLUS

다음 문장을 끊어 읽고, 해석하시오.
It's called a "Touch Tour," and it gives them a chance to walk around the stage before the performance and feel the set.

---

detailed 상세한   description 묘사   earpiece 수화기; *이어폰   performance 공연   set 세트; *무대 장치[세트]   available 이용할 수 있는
season 계절; *공연[상영] 기간   challenged 장애가 있는   community 주민, 지역사회

2 Centralia mine fire에 관한 다음 글의 내용과 일치하지 <u>않는</u> 것은?

Centralia was an old coal mine town in Pennsylvania. Now it is a ghost town. It began when they set fire to a large pile of trash in 1962. Rural communities often burn their trash, but Centralia's landfill happened to be located above the coal mine. Consequently, burning the trash led to a coal fire underneath the town. Centralia's coal mine was very deep and large. Firefighters tried eight times to put the fire out, but failed each time. Toxic smoke and gas came up from the ground, so almost all of the 1,400 residents had to move to neighboring towns. Most of the buildings have been destroyed to stop people from moving in. The fire has been burning for almost 60 years and could continue to burn for at least 250 more years!

① 쓰레기를 태운 것이 원인이 되었다.
② 마을 아래 탄광으로 불길이 번졌다.
③ 화재를 진화하려는 시도가 여덟 차례 있었다.
④ 화재로 마을의 인구가 1,000명 이상 감소했다.
⑤ 자연 진화되는 데 약 60년이 더 소요될 것으로 보인다.

직독직해 PLUS

다음 문장을 끊어 읽고, 해석하시오.
Most of the buildings have been destroyed to stop people from moving in.

---

coal mine 탄광 set fire to ~을 태우다, ~에 불지르다 pile 포개 놓은 것, 더미 rural 시골의, 지방의 landfill 쓰레기 매립지 happen to-v 우연히 [공교롭게도] ~하다 underneath ~의 밑에 put out (불을) 끄다 toxic 유독성의 resident 거주자, 주민 neighboring 이웃의

REVIEW TEST

1

다음 글에서 필자가 주장하는 바로 가장 적절한 것은?

assume 추정하다, 가정하다
scold 야단치다, 꾸짖다
meanwhile 그동안
irresponsible 무책임한
trap 덫
admit 인정하다

Most of us try to avoid thinking about being wrong. Instead, we prefer to always assume that we are right. Part of the problem is that we often don't know that we're wrong until someone tells us. But there's another reason as well. In school, teachers often scold students who get low scores or make mistakes. Meanwhile, we are taught what to think about such classmates — that they are lazy, irresponsible, or not smart enough. This makes us believe that the key to success is never to make any mistakes. But this is false. In order to truly experience life, you need to escape the trap of always thinking you have to be right. Take a long look at the world around you and admit to yourself, "You know, sometimes I might be wrong."

① 타인의 비판을 수용하라.
② 학생들의 개성을 존중하라.
③ 틀릴 수 있음을 받아들여라.
④ 같은 실수를 반복하지 않도록 노력하라.
⑤ 자기주장을 설득시킬 수 있는 방안을 찾아라.

2

다음 글의 밑줄 친 부분 중, 어법상 틀린 것은?

mass 대량의
extinction 멸종
link 관련시키다
volcanic eruption
화산 분출
climate shift 기후 변화
humanity 인류, 인간
livestock 가축
biodiversity 생물 다양성
relocate 이전시키다
destruction 파괴
ecosystem 생태계
fragile 부서지기 쉬운;
*취약한

There have been five mass extinction events in the earth's history. Most of them have been linked to natural disasters like volcanic eruptions or extreme climate shifts. But now we are facing a new kind of mass extinction, one ① generated by humanity. Humans and livestock consume more than a quarter of the energy produced by plants, ② leaving less for biodiversity. Our long history of relocating species around the world ③ have also caused unexpected destruction. A harmless species in one environment can destroy whole ecosystems ④ that were unable to adapt in time. This isn't just a problem for animals. The loss of biodiversity could leave our own food supply extremely ⑤ fragile to disaster.

3

다음 글의 주제로 가장 적절한 것은?

material 재료, 물질
lead 납
mercury 수은
valuable 소중한; *값비싼
copper 구리, 동
recover 회복되다; *되찾다
mine 캐다, 채굴하다
electronics 전자 공학; *전자제품
conserve 아끼다; *보호하다
dispose of ~을 없애다, 처분하다
annually 매년, 한해에

What do people do with their old cell phones when they upgrade to the latest model? In the U.S., only about 27% of this "e-waste" is recycled. The rest goes into landfills, including dangerous materials such as lead and mercury. Cell phones also contain valuable materials that can be reused. Large amounts of copper, silver and gold can be recovered by recycling cell phones. This means new material doesn't need to be mined. Therefore, recycling electronics both prevents pollution and conserves natural resources. Recycling just half of the cell phones Americans dispose of annually would allow us to save enough energy to power 24,000 homes for a year. Think about this the next time you're shopping for a new phone!

① dangerous heavy metals in cell phones
② the benefits of recycling used cell phones
③ how to choose the best cell phones for you
④ the environmental problems caused by e-waste
⑤ the valuable materials needed to make cell phones

직독직해 REVIEW

다음 문장을 끊어 읽고, 해석하시오.

1 Most of us try to avoid thinking about being wrong.

2 Most of them have been linked to natural disasters like volcanic eruptions or extreme climate shifts.

3 Large amounts of copper, silver and gold can be recovered by recycling cell phones.

4

track 추적하다, 뒤쫓다
customized 개개인의
요구에 맞춘
advertisement 광고
satisfy 만족시키다
annoying 짜증스러운
response 대답; *대응
profit 이익, 수익

주어진 글 다음에 이어질 글의 순서로 가장 적절한 것은?

These days, most people read newspapers online rather than buying them in stores. To earn money, newspaper companies track their online readers in order to provide them with customized advertisements.

(A) To solve this problem, newspapers need to offer online readers a way to pay for articles without being tracked. This would satisfy their online readers and allow them to earn enough money to continue publishing their newspapers.

(B) Unfortunately, many readers find this kind of system annoying and upsetting. They don't like having to look at ads on every article they read, and they don't want companies to know everything they do online.

(C) Often, their response is to use ad-blocking programs. This protects their privacy but reduces newspaper companies' profits.

① (A) – (C) – (B)   ② (B) – (A) – (C)
③ (B) – (C) – (A)   ④ (C) – (A) – (B)
⑤ (C) – (B) – (A)

5

memorial 기념관, 기념비
emotionally 감정적으로
associate 관련짓다
suffering 고통, 괴로움
entertainment 여흥
feed 먹이다; *충족시키다
curiosity 호기심
fire 사격하다, 발포하다
deepen 깊어지게 하다
compassion 연민,
동정심
empathy 공감, 감정이입
inhumanity 비인도적
행위(처우)
agent 대리인; *행위자

다음 글의 요지로 가장 적절한 것은?

There are many things to see and do in a city like New York. However, visiting the 9/11 Memorial is very different emotionally than most other experiences. This is an example of dark tourism: visiting sites associated with loss and suffering. What do we get from visiting such places? If our purpose is entertainment, then we do it only to feed our curiosity about suffering. For example, some famous battlefields are happy to let you fire guns for fun. On the other hand, traveling to gain understanding can deepen our compassion and empathy. When we really see and feel what poet Robert Burns called "man's inhumanity to man," we can be agents for healing and change.

① 역사적 현장에서 직접 체험하는 교육이 효과적이다.
② 역사의 다양한 측면을 보여주는 관광 상품 개발이 필요하다.
③ 비극적 역사를 상업화하는 다크 투어리즘은 금지되어야 한다.
④ 다크 투어리즘은 비극적인 역사에 대한 지적 호기심을 떨어뜨린다.
⑤ 다크 투어리즘은 역사에 대한 이해와 공감을 길러주는 취지여야 한다.

다음 글의 밑줄 친 부분 중, 문맥상 낱말의 쓰임이 적절하지 <u>않은</u> 것은?

individual 개인
therapy 치료
grunt 끙 앓는 소리를 내다
growl 으르렁거리다
put together 모으다
random 임의의
make sense 말이 되다
nonverbal 비언어적인
clap 손뼉을 치다
hum 콧노래를 부르다
echo 메아리치다; *그대로
따라하다
instructor 교사, 강사
imitate 모방하다
confidence 자신감
open up 마음을 터놓다

Autistic children, as well as older autistic individuals, can ① <u>improve</u> their communication skills through musical therapy. People with autism have a variety of speech problems. Some can only grunt or growl, while others put together random words to create sentences that don't make any sense. Some actually have the ability to make themselves ② <u>understood</u> through speech, although they can't communicate their emotions well. But no matter how serious the patients' speech problems are, musical therapy gives them a chance to use ③ <u>nonverbal</u> sounds to express themselves. They're able to ④ <u>follow</u> the beat of the music by clapping, humming, or echoing the sounds of an instructor. The music gives them something to imitate, but it also ⑤ <u>removes</u> their confidence to open up and try to communicate.

*autistic: 자폐증의 **autism: 자폐증

직독직해 REVIEW

다음 문장을 끊어 읽고, 해석하시오.

4 To earn money, newspaper companies track their online readers in order to provide them with customized advertisements.

5 If our purpose is entertainment, then we do it only to feed our curiosity about suffering.

6 But no matter how serious the patients' speech problems are, musical therapy gives them a chance to use nonverbal sounds to express themselves.

PART 4

절의 이해

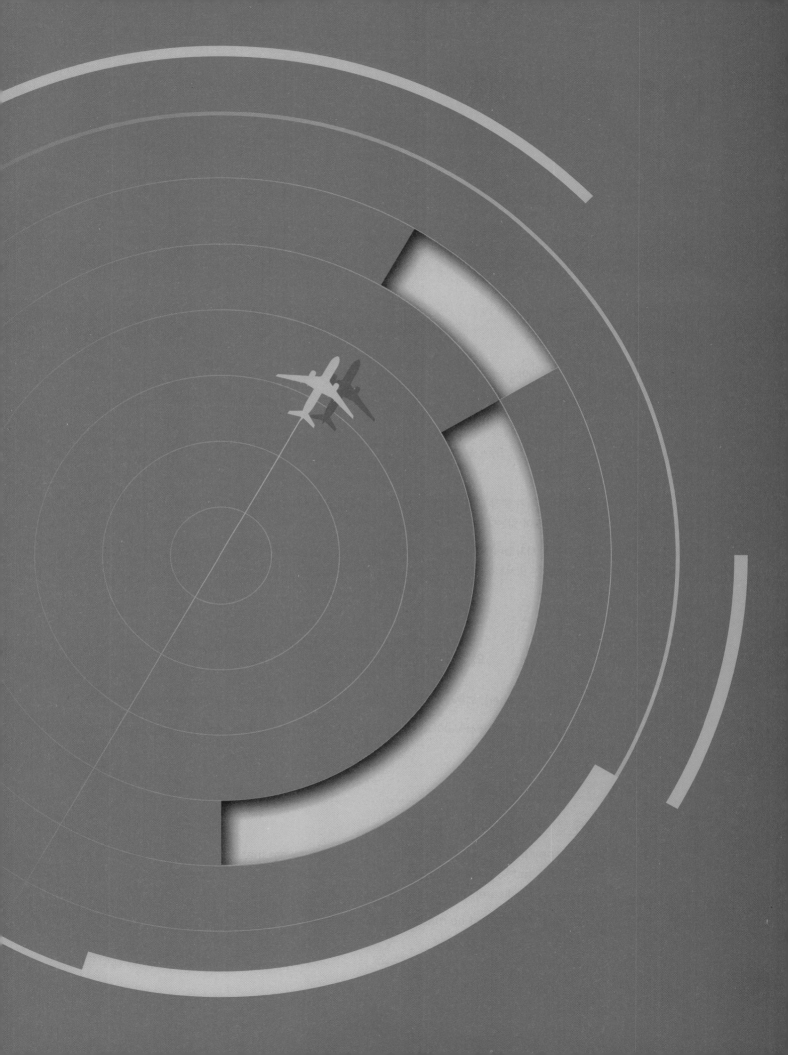

명사절

문장 전체의 「주어+동사」와 절의 「주어+동사」를 구분하라!

필수 문법　명사절은 문장에서 주어, 목적어, 보어로 쓰이며, 접속사, 의문사, 관계사 등이 명사절을 이끈다.

직독직해 전략

a She said / (that) the meeting / should be put off until Monday.
그녀는 말했다　회의가　　　　　월요일까지 연기되어야 한다는 것을

b The question is / who brought the laptop.
의문은 ~이다　　　　누가 노트북 컴퓨터를 가지고 왔는가

c What happened to Chris / made me so sad.
Chris에게 일어난 것은　　　　　나를 매우 슬프게 했다

명사절이 문장의 목적어나 보어로 사용된 경우 **a, b**

$$S_{문장} + V_{문장} + \begin{bmatrix} 접속사\ that/whether[if] + S_절 + V_절 \\ 의문사/관계사\ (+ S_절) + V_절 \end{bmatrix}$$

❶ 먼저 나온 동사가 문장 전체의 동사(V_문장)이고, 뒤에 나온 동사(V_절)는 명사절의 동사이다. 먼저 나온 동사 뒤에서 한 번 끊어 읽는다. **a, b**

❷ 먼저 나온 동사가 be동사나 2형식 동사인 경우 명사절이 문장의 보어이므로 '~이다'로 **b** 해석하고, 그 외에는 뒤따르는 명사절이 목적어이므로 '~을'로 **a** 해석한다.

명사절이 주어로 사용된 경우 **c**

$$\begin{bmatrix} 접속사\ that/whether[if] + S_절 + V_절 \\ 의문사/관계사\ (+ S_절) + V_절 \end{bmatrix} + V_{문장}$$

❶ 접속사(that/whether), 의문사, 관계사로 문장이 시작하면 대개 문장의 주어로 사용된 명사절이다.

❷ 먼저 나온 동사가 절의 동사(V_절)이고, 뒤에 나오는 동사는 문장 전체의 동사(V_문장)이다. 뒤에 나온 동사 앞에서 한 번 끊어 읽는다.

+ GRAMMAR PLUS

뒤에 명사절이 올 수 있는 형용사

- be happy that ~: ~라서 행복하다
- be sorry that ~: ~라서 유감스럽다
- be convinced[sure] that ~: ~임을 확신하다
- be aware that ~: ~임을 알다
- be afraid that ~: ~할까 봐 걱정이다

Jack **was aware that** he made a mistake.
Jack은 자신이 실수를 했음을 알았다.

EXERCISE

정답 및 해설 p.55

STEP 1 문장의 동사를 찾아 밑줄을 긋고, 다음 문장을 해석하시오.

1 Flight attendants know the pilot can make an emergency landing.

2 What he told me was his opinion on the educational policy.

3 Scientists wonder if the ice on Mars has ever melted.

4 I'm sorry that I won't be meeting you this weekend.

5 Please make sure that your seat belt is securely fastened.

6 Whether you succeed or not is totally up to you.

7 This museum is where you can learn about the city's history.

8 Ken explained to us why he acted so strange.

STEP 2 다음 문장을 끊어 읽고, 해석하시오.

1 Your evidence will help the court to decide whether he is guilty or not.

2 The reason for the renovation is that the building is too old.

3 Whatever you want can be put on top of your birthday cake.

4 That birds communicate by singing songs was already proven.

5 The issue is how this complex idea can be explained to the students in an easy way.

6 The police officers finally found out who was behind the bank robbery.

7 What I know for sure is that this book is going to make a difference in the lives of its readers.

STEP 1 **flight attendant** (비행기) 승무원　**landing** 착륙　**educational policy** 교육 정책　**Mars** 화성　**melt** 녹다
securely 단단히　**fasten** 매다　**be up to** ~에 달려 있다　STEP 2 **evidence** 증거; *증언　**court** 법정, 법원　**guilty** 유죄의
renovation 수선, 수리　**prove** 입증하다　**complex** 복잡한　**robbery** 강도 (사건)

적용**독해**

1 글의 흐름으로 보아, 주어진 문장이 들어가기에 가장 적절한 곳은?

> It claims that hands-only CPR is just as effective as standard CPR in such cases.

Mouth-to-mouth breathing isn't always the most effective way to save someone's life. (①) The American Heart Association is suggesting a major change in how people deal with sudden heart attacks. (②) Quick, strong presses to the victim's chest should be performed until help arrives. (③) Experts hope that this will encourage more people to help when they see someone suddenly collapse. (④) Performing hands-only CPR is simpler and removes an obstacle for people who don't want to give mouth-to-mouth to strangers. (⑤) However, mouth-to-mouth is still the best method for treating children who have stopped breathing as a result of choking.

*CPR: 심폐소생술 **mouth-to-mouth breathing: 입대입인공호흡(법)

직독직해 PLUS

다음 문장을 끊어 읽고, 해석하시오.

It claims that hands-only CPR is just as effective as standard CPR in such cases.

---

claim 주장하다　effective 효과적인　standard 일반적인　association 협회　deal with ~을 다루다　heart attack 심근 경색, 심장마비
press 압박　victim 희생자, 환자　chest 가슴, 흉부　collapse 붕괴되다; *쓰러지다　obstacle 장애, 장애물　choke 숨이 막히다, 질식하다

2 다음 글의 내용을 한 문장으로 요약하고자 한다. 빈칸 (A), (B)에 들어갈 말로 가장 적절한 것은?

Many dog owners believe that their pets can understand what they say. Now, scientific research suggests that this might actually be true. In an experiment at the University of Budapest, the brains of dogs were scanned while they listened to their trainers speak. The results showed that the dogs were processing words with the left side of their brains and intonation with the right side. This is the same way that the human brain works. In addition, the researchers found that the dogs understood praise only when meaningful words were spoken with a positive intonation. Neither meaningless words with a positive intonation nor meaningful words with a neutral intonation had the same effect.

⇩

Research shows that dogs use a combination of _____(A)_____ and vocabulary to _____(B)_____ the purpose of human speech.

	(A)		(B)		(A)		(B)
①	tone	······	explain	②	tone	······	recognize
③	memory	······	transform	④	memory	······	mimic
⑤	behavior	······	avoid				

🖊 직독직해 PLUS

다음 문장을 끊어 읽고, 해석하시오.
Many dog owners believe that their pets can understand what they say.

🖊 독해 PLUS

윗글을 읽고, 괄호 안에서 적절한 말을 고르시오.
Scientists found that dogs' brains [process / produce] words and intonation as our brains do.

---

scan (엑스레이, 초음파 등으로) 정밀 촬영하다　intonation 억양　praise 칭찬, 찬사　neutral 중립적인, 감정을 드러내지 않는　문제 combination 조합　tone 어조, 말투　transform 변형시키다　mimic 모방하다

형용사절

명사 뒤의 관계사절을 괄호로 묶고, 수식 관계를 표시하라!

필수 문법 형용사절은 (대)명사를 뒤에서 수식하는 절로, 관계대명사절이나 관계부사절이 있다.

직독직해 전략

a Inuits are people / [who live in regions / near the North Pole].
이누이트족은 사람들이다   지역에 사는 (사람들)   북극 근처에 있는

b The seashells / [which were collected on the beach] / are beautiful.
그 조개껍데기들은   해변에서 수집된 (그 조개껍데기들)   아름답다

c Salmon return to the place / [where they were born] / to lay eggs.
연어는 장소로 되돌아간다   그들이 태어난 (장소)   알을 낳기 위해서

d She was the person / [(whom) I had dinner with / on Christmas Day].
그녀는 사람이다   내가 저녁을 함께 먹은 (사람)   크리스마스에

e There are some countries / [whose resources are scarce].
몇몇 국가들이 있다   자원이 희박한 (몇몇 국가들)

❶ 명사 뒤의 관계사 앞에서 한 번 끊고 관계사절이 끝나는 곳을 찾아 전체를 괄호로 묶는다. 괄호로 묶은 관계사절이 수식하는 명사에 수식 표시한다. **a, b, c, e**

❷ 관계사절 앞에 나온 명사(선행사)를 한 번 더 넣어 해석하면 이해하기 쉽다.

❸ 선행사인 명사 뒤에 접속사나 관계사 없이 바로 「주어+동사」가 나온다면 관계사가 생략된 것이므로, 명사와 관계사절의 주어 사이를 끊어 읽는다. **d**

+ GRAMMAR PLUS

관계사 that vs. 접속사 that

• 관계사 that: 대개 선행사인 명사 뒤에 이어지며, that 이하에는 주어나 목적어 등의 문장 성분이 빠져 있다.

He is the person [**that** gave us the tickets to the concert].
그가 우리에게 콘서트 표를 준 사람이다.
⇨ that절에 주어가 없으므로, that은 관계사이다.

• 접속사 that: that 이하가 빠져 있는 문장 성분 없이 완전하다.

He told me [**that** he wanted to become a good role model].
그는 훌륭한 롤모델이 되고 싶다고 내게 말했다.
⇨ that절에 빠져 있는 문장 성분이 없으므로, that은 접속사이다.

EXERCISE

STEP 1 밑줄 친 부분을 수식하는 절을 찾아 괄호로 묶고, 다음 문장을 끊어 읽어 해석하시오.

1 They were immigrants who came to work on the farm.

2 Tomorrow is the day when many stores launch their biggest sale.

3 Kate is the employee whom we are most proud of.

4 The fashion website my sister recommended is very useful.

5 Never trust a doctor whose office plants have died.

6 People are against any company that destroys the environment.

7 Social networking services changed the way people communicate.

8 Venice is a beautiful port city many tourists visit.

STEP 2 다음 문장을 끊어 읽고, 해석하시오.

1 We need a special wax that is used to make candles.

2 Visitors who want to climb the mountain in winter are required to register here.

3 I clearly remember the day when I first met him.

4 My father gave me his bicycle because it is the thing he most cherishes.

5 Environmental pollution is now a huge global crisis for which we are not yet prepared.

6 The gases that are used at the factory are regulated by law.

7 I want to know the reason why he got a better score than me.

8 Her books get good reviews from readers whose ages range from 20 to 30.

STEP 1 **immigrant** 이민자, 이주민 **launch** 시작하다 **employee** 직원, 종업원 **against** ~에 반대하여 **port** 항구
STEP 2 **wax** 밀랍 **register** 등록하다 **cherish** 소중히 여기다, 아끼다 **pollution** 오염 **crisis** 위기 **regulate** 규제하다
range (범위가 ~에서 …에) 이르다

1   다음 글의 제목으로 가장 적절한 것은?

Quest to Learn is a middle school and high school in New York City. It's special because it is the first public school whose curriculum is based on game design. Students who attend the school have the task of completing one "mission" in each subject every semester. These missions are divided into "quests." For the quests, teachers try to assign tasks that involve real-world examples. For example, ninth-grade biology students pretend to be workers at an imaginary company that clones dinosaurs and manages ecosystems. Digital games are also used, but the school usually selects ones that have educational value. In the first two years of operation, the students at the school maintained average test scores. However, they showed improvement in thinking skills that are valuable for life, such as systems thinking.

*quest: 퀘스트(게임에서 이용자가 수행해야 하는 임무)

① How to Learn Life Skills Through Games
② Factors That Lead to Better Thinking Skills
③ Game Design in Education: A New Approach
④ How to Stop Students from Wasting Time on Games
⑤ Why Schools Should Use More Games for Education

직독직해 PLUS

다음 문장을 끊어 읽고, 해석하시오.
It's special because it is the first public school whose curriculum is based on game design.

---

curriculum 교육과정 semester 학기 assign 맡기다. 배정하다 involve 포함하다 biology 생물학 clone 복제하다 ecosystem 생태계
operation 수술; *운영 maintain 유지하다 improvement 향상 systems thinking 시스템 사고

2   다음 글의 목적으로 가장 적절한 것은?

Dear Hailey Jensen,

Thank you for taking the time to come to our office last week. We appreciate that you applied for the position we posted on the online job site. We have drawn the conclusion that, given your abilities and work experience, you are a perfect fit for the position. Therefore, I am pleased to report that we are officially offering you the position of marketing manager at our Ottawa branch. If you accept this offer, we will expect you to report to the Human Resources office at our company headquarters by September 1 at 10 a.m. Please let us know the exact date when you can start; at that time, we will inform you of your exact work schedule. To officially reply to this offer or to ask any questions you may have, please call me directly at 216-9929.

Sincerely,
Tom Masterson
Hiring Specialist

① 일자리를 제안하려고
② 지원자를 추천하려고
③ 근로 기간을 조정하려고
④ 회사 건물 이전을 공지하려고
⑤ 구직 사이트에 올린 공고를 수정하려고

🖋 직독직해 **PLUS**

다음 문장을 끊어 읽고, 해석하시오.
We appreciate that you applied for the position we posted on the online job site.

---

apply for ~에 지원하다   **position** (일)자리   **draw a conclusion** 결론을 내다   **fit** 적합한[알맞은] 것[상태]   **officially** 공식적으로   **headquarters** 본사

PART 4 03 부사절
접속사를 찾아 절의 앞뒤를 끊어 읽어라!

필수 문법　부사절은 주절의 앞이나 뒤에서 <시간·이유·조건·양보·대조> 등의 부가적인 정보를 제공한다.

직독직해 전략

a If I speak to my students, / they always listen carefully. 〈조건〉
　　내가 학생들에게 이야기하면　　　　　그들은 항상 귀 기울인다

b Though Ellie is young, / she has plenty of common sense. 〈양보〉
　　비록 Ellie는 어리지만　　　　　그녀는 상식이 풍부하다

c He was listening to music / when I knocked on the door. 〈시간〉
　　그는 음악을 듣고 있었다　　　　　내가 방문을 두드렸을 때

d Maria went to bed early / as she was tired from work. 〈이유〉
　　Maria는 일찍 잠자리에 들었다　　　그녀가 일 때문에 지쳐서

❶ 부사절이 문장 앞으로 나왔을 때는 콤마 뒤에서 끊어 읽는다.　a, b

❷ 부사절이 주절 뒤에 나왔을 때는 부사절을 이끄는 접속사 앞에서 끊어 읽는다.　c, d

❸ as나 while 등의 여러 뜻을 지닌 접속사는 문맥상 가장 적절한 뜻으로 해석한다.　d

❹ 부사절을 이끄는 주요 접속사는 다음과 같다.
- 시간: when, while(~하는 동안), before, after, since(~한 이래로), as(~할 때), until(~할 때까지)
- 이유: because, since(~이기 때문에), as(~이기 때문에), for(~이기 때문에)
- 조건: if, unless, once(일단 ~하면), as long as(~하는 한, ~하기만 하면)
- 양보: though, although, even if(~라 하더라도), even though(~에도 불구하고)
- 대조: while(~인 반면에)

+ GRAMMAR PLUS

「no matter + 의문사 + S + V」

「no matter + 의문사 + S + V」는 부사절의 일종으로, '아무리 ~하더라도'의 뜻이다.
「no matter what」은 「S + V」 없이 사용되어 '무슨 일이 있더라도'의 의미를 나타내기도 한다.

No matter how angry you are, think rationally.
네가 아무리 화가 나더라도, 이성적으로 생각해라.
I'll climb Mt. Everest, **no matter what**.
무슨 일이 있더라도, 나는 에베레스트산에 오를 것이다.

EXERCISE

정답 및 해설 p.62

STEP 1 부사절을 찾아 밑줄을 긋고, 다음 문장을 끊어 읽어 해석하시오.

1 I'm going to complain to the chef because the potato soup was bad.

2 The rumor had already spread online when I first heard it.

3 There are things that you have to do even if you don't want to.

4 I don't even have time to have a cup of tea since I'm so busy.

5 I will hire him if he has good skills in English and Spanish.

6 When the English soccer team scored a goal, Steven was very excited.

7 What will you do after you see that movie?

8 Unfortunately, Natalie failed even though she tried hard to pass the exam.

STEP 2 다음 문장을 끊어 읽고, 해석하시오.

1 The concert was postponed as a fire had suddenly broken out in the hall.

2 Patients must stay in the waiting room until their names are called.

3 I'll keep the promise as long as I remember it.

4 Andrew won't go to sleep unless you sing him a song or tell a story.

5 It's not easy to calm things down once a political issue comes to the surface.

6 While my mother is very good at cooking, I'm a bad cook.

7 Although she was supposed to return to England, she decided to stay in America for one more year.

STEP 1 complain 불평하다, 항의하다 chef 요리사 rumor 소문 spread 펼치다; *퍼지다 hire 고용하다
unfortunately 불행하게도, 유감스럽게도 STEP 2 postpone 연기하다 break out 발생하다 keep a promise 약속을 지키다
calm down ~을 진정시키다 political 정치와 관련된, 정치적인 surface 표면 be supposed to-v ~하기로 되어 있다

1

밑줄 친 it이 가리키는 대상이 나머지 넷과 다른 것은?

Findings on the sea rocket, a marine plant, show that it can distinguish between plants that are related to ① it and those that are not. And not only does this plant recognize its relatives, but ② it also treats them better than other plants. For example, if an unrelated plant starts growing next to the sea rocket, ③ it will send out roots to suck up all the nutrients and kill the stranger. But if ④ it detects a relative, those roots will not appear. Scientists were shocked to make these discoveries about the sea rocket because plants typically lack the ability to recognize related organisms. In fact, only three other plant species are known to do ⑤ it.

*sea rocket: 시로켓(겨자과 식물)

직독직해 PLUS

다음 문장을 끊어 읽고, 해석하시오.
But if it detects a relative, those roots will not appear.

독해 PLUS

윗글을 읽고, 괄호 안에서 적절한 말을 고르시오.
The sea rocket has a(n) [favorable / unfavorable] reaction to its relatives.

---

finding (주로 《pl.》) 조사[연구] 결과물   marine 바다의, 해양의   distinguish 구별하다   related ~에 관련된; *동족[동류]의(↔ unrelated)   relative 친척; *동족[동류]   suck 빨아들이다   nutrient 영양소   detect 발견하다, 감지하다   typically 보통, 일반적으로   organism 유기체   독해 PLUS favorable 우호적인(↔ unfavorable)

2

다음 글의 밑줄 친 부분 중, 어법상 틀린 것은?

Do you find ① <u>that</u> no matter how often you brush your teeth, you just can't get a sparkling white smile? Well, the natural color of your teeth is actually something you were ② <u>born with</u>. Unless you get an expensive teeth whitening treatment, there's little you can do about the color. However, teeth stains from plaque, food, and beverages can be controlled ③ <u>easily enough</u>. These stains are only on the surface of your teeth and can be prevented. ④ <u>To avoid</u> stains, brush your teeth and floss regularly. Stains can also ⑤ <u>keep</u> to a minimum by using a straw when you drink staining beverages like coffee. In this way, the beverage does not touch your teeth.

*plaque: 치석 **floss: 치실로 닦다

직독직해 PLUS

다음 문장을 끊어 읽고, 해석하시오.
Unless you get an expensive teeth whitening treatment, there's little you can do about the color.

독해 PLUS

윗글을 읽고, 괄호 안에서 적절한 말을 고르시오.
This passage explains how to [prevent / remove] teeth stains.

---

rkling 반짝거리는 whiten 하얗게 만들다 stain 얼룩; 얼룩지게 하다 beverage 음료 surface 표면 keep to a minimum ~을 최소로 해 straw 빨대

여러 개의 절로 이루어진 문장

접속사나 관계사 앞을 끊어 읽어라!

필수 문법 하나의 문장 안에서 접속사나 의문사, 관계사로 절과 절이 연결될 수 있다.

직독직해 전략

a City officials tried to persuade / local residents / [who live near farmland] /
시 공무원들은 설득하려고 노력했다　　　　지역 주민들을　　　농지 주변에 사는 (지역 주민들)

　to move to a new place, / but they didn't accept / their proposal.
　새로운 곳으로 이사할 것을　　　하지만 그들은 수용하지 않았다　　그들의 제안을

b If you're staying in a hotel, / ask / if the hotel has a coupon book / [that is
　당신이 호텔에 묵고 있다면　　　물어 봐라　그 호텔에 쿠폰 책자가 있는지　　　　손님들에게

　given to guests / when they check in].
　제공되는 (쿠폰 책자)　　그들이 체크인할 때

❶ 절과 절을 연결하는 접속사나 관계사 앞에서 끊고, 절 안에서 다시 의미 단위로 끊는다. `a, b`
　※ 명사 뒤에 바로 「주어+동사」가 나온다면 관계사가 생략된 것이므로, 그 주어 앞에서 끊어 읽는다.

❷ and, but, or, so 등의 등위접속사가 절과 절을 연결할 때는, 접속사에 유의하며 순서대로 해석한다. `a`

❸ 부사절과 명사절은 앞뒤를 각각 끊어 읽고, 형용사절은 앞뒤로 끊은 후 괄호로 묶고 앞의 명사에 수식 표시를
　한다. `a, b`

a City officials tried to persuade local residents / [who live near farmland] / to move to
　　　　　　　　　　　　　　　　주절1　　　　　　　　　　형용사절
　new place, but they didn't accept their proposal.
　　　　　　　　주절2

b If you're staying in a hotel, / ask / if the hotel has a coupon book / [that is given
　　부사절(조건)　　　V문장　　　　명사절(ask의 목적어)　　　　형용사절
　guests / when they check in].
　　　부사절(시간)

+ GRAMMAR PLUS

여러 가지 뜻을 가진 접속사

- if ① ~이라면 ② ~인지 (아닌지)
- once ① ~하자마자 ② 일단 ~하면
- as ① ~할 때, ~하면서 ② ~이기 때문에 ③ ~하는 대로 ④ ~함에 따라, ~할수록
- while ① ~하는 동안 ② ~인 반면에
- since ① ~이기 때문에 ② ~한 이래로

I went home early **since** I was feeling ill. 나는 몸이 좋지 않아서 집에 일찍 갔다.
Since she woke up, she has been working. 그녀는 일어난 이후로, 계속 일하고

spa
두다

EXERCISE

정답 및 해설 p.65

STEP 1 접속사와 관계사를 찾아 밑줄을 긋고, 다음 문장을 끊어 읽어 해석하시오.

1   The author who wrote the tale liked rabbits, so they often appear in her stories.

2   She will get angry because you broke this vase, which is an 18th-century antique.

3   The bedroom my sister and I shared until I went to university was not spacious enough.

4   John told me that he's going to propose to Jessy once he gets back from his business trip.

5   His mother, who was a math teacher, tutored him diligently, so he excelled in school.

STEP 2 다음 문장을 끊어 읽고, 해석하시오.

1   I heard that the doctor who lives next door is writing a column for the local newspaper
      that we get delivered.

2   I don't care where you're from or what you do, as long as you are here with me.

3   This is the customer service number at which you can contact us anytime if you
      have questions.

4   Natalie had no idea that Cathy, who is one of her best friends, had been suffering from
      depression since she was 15.

5   David had a big argument with his father when they had dinner, and he is still upset
      about the things that his father said.

STEP 1 author 작가 antique 골동품 spacious 넓은 propose 제안하다; *청혼하다 business trip 출장
tutor (가정과외 교사로서) 가르치다 diligently 부지런히, 열심히 excel 뛰어나다 STEP 2 suffer from ~을 앓다
depression 우울증 argument 논쟁, 말다툼

적용독해

1 (A), (B), (C)의 각 네모 안에서 어법에 맞는 표현으로 가장 적절한 것은?

According to some reports, not exercising causes as much damage to people's health as smoking or drinking (A) does / is. Some British researchers even estimate that a lack of exercise leads to 5.3 million deaths each year in the UK. Although this sounds (B) extreme / extremely, the key point is that exercise is very important. According to the researchers, adults should exercise for at least 150 minutes each week. However, the problem is a lack of exercise environments. To deal with this, experts request that government officials help out, since they have the power to create proper conditions for exercising. They can make parks cleaner, create bike share programs, and provide places (C) where / which people can swim or lift weights. In other words, they can make cities into active places.

	(A)		(B)		(C)
①	does	……	extreme	……	where
②	does	……	extremely	……	where
③	does	……	extremely	……	which
④	is	……	extreme	……	where
⑤	is	……	extremely	……	which

직독직해 **PLUS**

다음 문장을 끊어 읽고, 해석하시오.

To deal with this, experts request that government officials help out, since they have the power to create proper conditions for exercising.

독해 **PLUS**

윗글을 읽고, 괄호 안에서 적절한 말을 고르시오.

The writer believes that government officials should [encourage / demand] exercise by creating environments for exercising.

---

damage 손상, 피해; *악영향   **lack** 부족, 결핍   **extreme** 극도의; 극단적인 (*ad.* extremely)   **official** (고위) 공무원, 관리   **condition** (*pl.*) 환경, 상황
weight 역기   독해 PLUS   **demand** 요구하다

2 다음 글의 제목으로 가장 적절한 것은?

There are nine different species of honeybees in the world, and each has developed a different "dance language" to explain the location of flowers. Bees perform these dances inside the nest, using the direction and length of each dance to describe how to get to the food source. Researchers combined two of these species, Asian and European bees, in one hive and trained the European bees to travel to a feeder located at varying distances from the hive. Their Asian counterparts were able to figure out the European bees' dances and find where the feeder was located. The same result occurred when the bees' roles were reversed, indicating that they could understand each other even though they communicate by using different languages.

① Bees Can Learn a New Language
② How to Train Bees to Live Together
③ Common Misconceptions about Bees
④ The Meanings of Different Bee Dances
⑤ Teaching Bees New Ways to Find Food

 직독직해 PLUS

다음 문장을 끊어 읽고, 해석하시오.

The same result occurred when the bees' roles were reversed, indicating that they could understand each other even though they communicate by using different languages.

---

length 길이 describe 묘사하다 combine 결합하다 hive 벌집 feeder ~을 먹는 동물; *먹이통 varying 다양한 counterpart 상대(방), 대응되는 사람[것] figure out 이해하다 reverse 뒤바꾸다 indicate 나타내다, 보여주다 문제 misconception 오해

91

1

다음 글의 요지로 가장 적절한 것은?

spellchecker 맞춤법
검사기(spell-check)
available 이용할 수 있는
rely on ~에 의지하다
run 작동시키다
document 서류, 문서
combination 조합
detect 발견하다
phrase 구, 구절

Since spellcheckers became available in the 1980s, they have saved many people from typing mistakes. However, many of us are likely to rely too much on the spellchecker. We think the spellchecker will fix everything, but it actually can't fix many common grammar mistakes. Although it is helpful to run a spell-check on an email or document, the spellchecker is not perfect. It can tell you if there is a combination of letters that doesn't form a word. For example, if you type *cgange* instead of *change*, the spellchecker will quickly detect that *cgange* is not a real word. However, if the phrase *lend me the email tomorrow* was written, the spellchecker wouldn't help you see that *send* makes more sense and *lend* is a typing mistake.

① 맞춤법 검사기로 오탈자를 찾는 것은 효과적이다.
② 맞춤법 규칙이 언어의 변화에 맞추어 발전하고 있다.
③ 맞춤법 검사기에 대한 지나친 의존은 어휘력을 떨어뜨린다.
④ 맞춤법 검사기로 문서의 모든 오류를 찾는 것은 한계가 있다.
⑤ 이메일을 보내기 전 맞춤법 검사기를 사용하는 것이 바람직하다.

2

다음 글에서 전체 흐름과 관계 <u>없는</u> 문장은?

weapon 무기
tackle 다루다
hydrogen 수소
oxygen 산소
ratio 비율
suspect 용의자
whereabouts 소재, 행방
commit (죄를) 저지르다
lie detector 거짓말 탐지기
criminal 범죄자, 범인
anthropologist 인류학자
archaeologist 고고학자
employ 고용하다; *쓰다,
이용하다
migrate 이주하다

The police have a weapon to help them tackle crime — chemical traces left in human hair by local drinking water. ① University of Utah researchers have discovered that hydrogen and oxygen ratios in local drinking water differ according to region across the U.S. ② These traces can be used to reveal where a person has recently been. ③ This means that police can use this approach to check a suspect's whereabouts when a crime was committed. ④ Lie detectors are generally considered to be the most effective way to catch criminals. ⑤ This method may also prove useful for anthropologists and archaeologists, who could employ it to analyze hair samples to reveal how ancient groups migrated.

3

(A), (B), (C)의 각 네모 안에서 어법에 맞는 표현으로 가장 적절한 것은?

divide into ~으로 나누다
delay 미루다, 연기하다
fit 맞다; *들어맞게 하다
fixed 고정된
time window 시간대
restriction 제한
participant 참가자
consumption 소비(량)
appetite 식욕
slight 약간의, 조금의

When you eat — and not just what you eat — might affect your body weight. In a recent 10-week study, "time-restricted feeding" was shown to reduce body fat. In the study, people were divided into two groups. The group (A) tried / trying time-restricted feeding was asked to delay breakfast by 90 minutes, have dinner 90 minutes earlier than usual, and fit all eating into fixed time windows. The other group kept their normal meal schedules and (B) was allowed / allowed to eat anytime. Neither group had any restrictions on what they ate. After the study, 57 percent of the time-restricted participants reported (C) that / what their consumption had decreased because of a smaller appetite or less time to eat. Although this study is small, it helps us to see how slight changes to our meal schedules might have surprising health benefits.

*time-restricted feeding: 시간제한섭식

	(A)		(B)		(C)
①	tried	......	was allowed	......	that
②	tried	......	allowed	......	what
③	trying	......	allowed	......	what
④	trying	......	was allowed	......	that
⑤	trying	......	was allowed	......	what

직독직해 REVIEW

다음 문장을 끊어 읽고, 해석하시오.

1 It can tell you if there is a combination of letters that doesn't form a word.

2 These traces can be used to reveal where a person has recently been.

3 Although this study is small, it helps us to see how slight changes to our meal schedules might have surprising health benefits.

4

다음 빈칸에 들어갈 말로 가장 적절한 것은?

If you have tried to train a dog, you know that it can be quite a time-consuming challenge. It's a hard task and most dog training mistakes are usually the result of _____. No matter how smart your dog is, it's highly unlikely that he will learn a trick the first time. It takes repetition and encouragement for an animal to learn what to do. By being in a hurry, you will simply confuse and discourage your dog. If you change the rules too often, don't expect your dog to follow them. This also applies to the use of commands. For example, just say "come" every time; don't start saying "come here," or "come quickly." It's best to be careful and take your time so that the dog can learn the commands more easily.

① the owner's rules

② the dog's intelligence

③ the owner's impatience

④ the trainer's interference

⑤ the owner's poor language skills

5

다음 글의 주제로 가장 적절한 것은?

The art of storytelling is one of humankind's oldest creations. Long ago, before writing developed, stories were the only means of teaching lessons and sharing news. They helped people understand who they were, where they came from, and how they should behave. Storytelling as an art form includes long traditions of myths, folk tales, creation stories, epic tales, and historical stories from cultures around the world. It is important to remember that each story is not simply memorized or read from a book. Rather, it is retold again and again by different tellers, leading to many unique interpretations. Today, stories are often told for entertainment, but they still have the power to educate, heal, and inspire us.

① advantages of reading aloud

② the world's first written story

③ the importance of storytelling

④ why people no longer tell stories

⑤ how illustrated storybooks began

6

purchase 구매하다
experimenter 실험자
mental 정신적인
fatigue 피로
present A with B A에게 B를 주다
demonstrate 입증하다 문제
remind 상기시키다

In an experiment at a mall, individual shoppers were questioned about the number of purchasing decisions they'd made during the day. They were then given a series of simple math problems and asked to solve them. Shoppers who'd made more choices while they were shopping were worse at solving the problems. The experimenters were testing the idea that making decisions causes mental fatigue and affects our intellectual abilities. According to this idea, the choices we are presented with cause changes in our mental programming. Even everyday choices, such as deciding what clothes to wear, can have this effect. And, as the mall shoppers in the experiment demonstrated, making such choices can limit our performance on even the simplest of mental tasks.

⇩

The act of _____(A)_____ tires the mind and makes it harder to _____(B)_____.

	(A)		(B)
①	solving	......	communicate
②	shopping	......	express opinions
③	deciding	......	solve problems
④	choosing	......	learn new skills
⑤	reminding	......	make decisions

직독직해 REVIEW

다음 문장을 끊어 읽고, 해석하시오.

4   If you change the rules too often, don't expect your dog to follow them.

5   They helped people understand who they were, where they came from, and how they should behave.

6   In an experiment at a mall, individual shoppers were questioned about the number of purchasing decisions they'd made during the day.

PART 5

분사구문

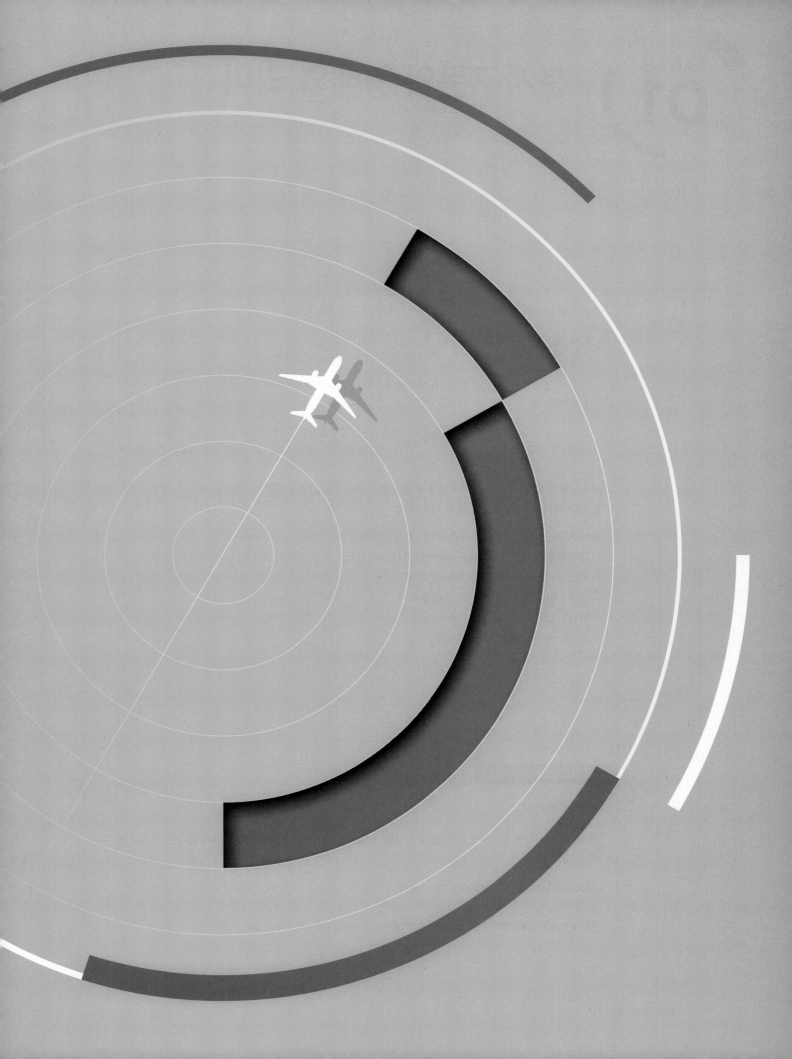

분사구문의 형태와 의미
숨어 있는 접속사의 의미를 파악하라!

필수 문법 현재분사(v-ing)와 과거분사(v-ed)로 시작하는 분사구문은 주절에 부가적인 정보를 제공하는 부사구 역할을 한다.

직독직해 전략

a **Walking down the street**, / I took pictures of the scenery. 〈동시동작〉
　　거리를 걸으면서　　　　　　　　　　나는 풍경 사진을 찍었다

b He approached her, / **asking the way to the post office**. 〈연속동작〉
　　그는 그녀에게 다가갔다　　　　(그리고) 우체국으로 가는 길을 물었다

c **Arriving home**, / she noticed / she had lost her purse. 〈시간〉
　　집에 도착했을 때　　　　그녀는 알았다　　그녀가 그녀의 지갑을 잃어버렸다는 것을

d **(Being) Scared to go to bed**, / they passed a night / without sleep. 〈원인·이유〉
　　잠들기 무서워서　　　　　　　　　　그들은 밤을 보냈다　　　　잠을 자지 않고

❶ 분사구문이 있는 문장은 분사구문과 주절을 분리하는 콤마(,)를 기준으로 끊어 읽고, v-ing나 v-ed 앞에 생략된 접속사의 의미를 문맥을 통해 유추한다.

❷ 분사구문은 문맥에 따라 다음과 같이 다양한 의미로 해석한다.
　－ 부대상황(동시동작·연속동작): ～하면서(동시동작) **a** , 그리고[그래서] ～하다(연속동작) **b**
　－ 시간: ～할 때, ～하는 동안, ～한 후에 **c**
　－ 원인·이유: ～이므로, ～이기 때문에 **d**
　－ 조건: (만약) ～한다면, (만약) ～라면
　－ 양보: ～이지만, 비록 ～일지라도

+ GRAMMAR PLUS

수동형 분사구문

v-ed로 시작하는 분사구문은 수동의 의미로, 앞에 Being 또는 Having been이 생략된 것으로 볼 수도 있다.

(Being) Used throughout the world, English is an important language.
전 세계적으로 <u>쓰이기 때문에</u>, 영어는 중요한 언어이다.

(Having been) Invited to the party, I dressed up and put on makeup.
파티에 <u>초대되어서</u>, 나는 옷을 차려 입고 화장을 했다.

EXERCISE

정답 및 해설 p.76

STEP 1   분사구문을 찾아 밑줄을 긋고, 다음 문장을 끊어 읽어 해석하시오.

1   Finishing our lunch, we took a walk in the park.

2   Tom walked towards me, staring into my eyes.

3   Smiling on the outside, he felt sad inside.

4   The flight departs at 10 a.m., arriving in New York at 10 p.m. local time.

5   Weakened by successive storms, the bridge was no longer safe.

6   The crowded bus left the station suddenly, releasing black smoke.

7   Feeling cold, she closed all the windows in her house.

8   Sitting in the sun, you'll feel the burning heat of the desert.

STEP 2   다음 문장을 끊어 읽고, 해석하시오.

1   Surrounded by tropical fish, the diver swam through the reef.

2   Graduating from high school, he moved to Boston.

3   Loving to cook, she hates washing the dishes.

4   Exposed to chilly wind for a couple of days, the shirts and pants were frozen.

5   Looking after the baby in the park, he was also keeping an eye on the main entrance of the building.

6   She cannot decide whether or not to study abroad, being afraid of living alone.

7   Going up to the fourth floor, you'll find a Chinese restaurant next to the bakery.

STEP 1 **stare** 응시하다   **depart** 출발하다   **weaken** 약화시키다, 약하게 만들다   **successive** 연속적인, 연이은   **crowded** 붐비는
release 방출하다   **burning** 불타는   STEP 2 **reef** 암초   **expose** 드러내다; *노출시키다   **chilly** 쌀쌀한, 추운   **a couple of** 둘의
look after ~을 맡다, 돌보다   **keep an eye on** ~을 계속 지켜보다

적용독해

1 (A), (B), (C)의 각 네모 안에서 어법에 맞는 표현으로 가장 적절한 것은?

At 8,848 meters tall, Mt. Everest is a breathtaking natural wonder. But few people realize that it's fast becoming one of the world's largest garbage dumps. Hoping to reach the top, hundreds of enthusiastic climbers visit the mountain each year. Sadly, too many of them are so concerned with conquering Mt. Everest (A) [that / which] they forget to take their trash with them when they leave. Consequently, there is over 100 tons of litter currently on the mountain. (B) [Finding / Found] mostly around the five main camp areas, much of the trash could be removed with relatively little effort. However, unless something (C) [is done / will be done] soon, Mt. Everest will be covered in garbage.

(A)		(B)		(C)
① that	......	Finding	......	is done
② that	......	Found	......	is done
③ that	......	Found	......	will be done
④ which	......	Finding	......	will be done
⑤ which	......	Found	......	is done

직독직해 PLUS

다음 문장을 끊어 읽고, 해석하시오.
Hoping to reach the top, hundreds of enthusiastic climbers visit the mountain each year.

---

breathtaking 숨이 (턱) 막히는[멎는 듯한] garbage dump 쓰레기 처리장 enthusiastic 열정적인 be concerned with ~에 관심이 있다
conquer 정복하다 consequently 결과적으로 litter 쓰레기 currently 현재 relatively 비교적 be covered in ~로 덮이다

2

Sahel에 관한 다음 글의 내용과 일치하지 <u>않는</u> 것은?

A region called the Sahel divides the Sahara desert from central Africa's tropical forests. Today, the diverse peoples of the Sahel are engaged in conflict with one another. It can be easy to assume the fighting is over differences in religion and culture, but, in fact, the real causes are shortages of water and farmland. In the past, different groups tried to find ways to share crops and farmland, resolving arguments in meetings and making fair trades. But since the 1960s, the Sahel has been experiencing a terrible drought. There are few crops or animals, and little water. In addition, regional governments have encouraged conflict as a way of maintaining power, favoring one side over another.

① 사하라 사막과 열대림 사이에 있다.
② 다양한 민족들이 살고 있다.
③ 종교와 문화의 차이로 분쟁이 일어난다.
④ 심한 가뭄을 겪고 있다.
⑤ 지역 정부들이 의도적으로 분쟁을 조장하고 있다.

직독직해 PLUS

다음 문장을 끊어 읽고, 해석하시오.
In the past, different groups tried to find ways to share crops and farmland, resolving arguments in meetings and making fair trades.

독해 PLUS

윗글을 읽고, 괄호 안에서 적절한 말을 고르시오.
This passage explains the [causes / effects] of conflicts in the Sahel.

---

region 지역 (a. regional) divide 나누다 diverse 다양한 be engaged in ~에 관여되다 conflict 갈등, 분쟁 assume 추정하다 religion 종교
shortage 부족 farmland 농지, 경지 crop 농작물 resolve (문제를) 해결하다 fair trade 공정 거래 drought 가뭄 favor 호의, 친절; *편들다

주의해야 할 분사구문 (1)
특수한 형태의 분사구문을 파악하라!

필수 문법 분사구문의 의미를 분명하게 하기 위해 주어나 접속사를 생략하지 않거나, 주절보다 앞선 시제를 나타내는 완료형 분사구문을 쓴다.

직독직해 전략

a His bicycle being broken, / he had to go / to the repair shop.
그의 자전거가 고장 나서   그는 가야만 했다   수리점에

b While studying French in college, / Sue tried to make French friends.
대학에서 불어를 공부하는 동안   Sue는 프랑스인 친구들을 사귀려고 노력했다

c Having trained for five years, / the astronauts boarded the spaceship.
5년간 훈련을 받고 나서   우주 비행사들은 우주선에 탑승했다

주어가 있는 분사구문 a
❶ 분사구문의 의미상 주어가 주절의 주어와 일치하지 않을 경우 분사 앞에 의미상 주어를 쓴다. 이때, 의미상 주어와 분사를 주어와 동사의 관계로 해석한다.

❷ 분사구문과 주절 사이를 끊어 읽으며, 생략된 접속사의 의미를 유추하여 해석한다.

접속사를 생략하지 않은 분사구문 b
❶ 분사구문의 의미를 명확하게 하기 위해 접속사를 생략하지 않고 남겨둘 수 있다.

❷ 분사구문과 주절 사이를 끊어 읽으며, 주어진 접속사의 뜻에 맞게 해석한다.

완료형 분사구문 c
❶ 분사구문의 시제가 주절의 시제보다 앞선 때임을 나타낼 때 「having v-ed」 형태로 쓴다.

❷ 분사구문과 주절 사이를 끊어 읽으며, 분사구문을 주절보다 앞선 시제로 해석한다.
ex) **Having eaten** too much fast food during the trip, she gained weight.
= As she had eaten too much fast food during the trip, she gained weight.
여행하는 동안 패스트푸드를 너무 많이 먹어서, 그녀는 살이 쪘다.

+ GRAMMAR PLUS

분사구문의 부정

분사구문의 부정은 분사 바로 앞에 not이나 never를 붙인다.

Not knowing how to solve the problem, he asked his boss for help.
그 문제를 어떻게 해결할지 몰라서, 그는 상사에게 도움을 요청했다.
Never having read the book, he asked his friend what it was about.
그 책을 읽어 보지 않아서, 그는 그의 친구에게 그것이 무엇에 관한 것인지 물었다.

STEP 1 분사구문을 찾아 밑줄을 긋고, 다음 문장을 끊어 읽어 해석하시오.

1 While shopping at the mall, I totally forgot what time it was.

2 The last subway train having left, I had to take a taxi.

3 There being no other questions, he continued his presentation.

4 When grilling meat, you should always open a window.

5 Although being very sick, he didn't miss a day of school.

6 Having written the lab report, the scientist realized his data was wrong.

7 Not having enough money to buy a house, she rented an apartment.

8 His car having been stolen last night, he had to visit the police station.

STEP 2 다음 문장을 끊어 읽고, 해석하시오.

1 All things considered, the police felt George was the prime suspect.

2 While talking on the phone, she turned on the TV to watch her favorite program.

3 Weather permitting, the baseball game between Korea and Japan will be held
   in Seoul this Sunday.

4 Having lost my bag on my way home, I felt so depressed that I could not concentrate
   on my studies.

5 Although not finishing her math homework, she went out to play.

6 He was watching the soap opera, his young daughter playing with toys beside him.

7 Not knowing the way back to the hotel, she asked the taxi driver for directions.

STEP 1 **presentation** 발표 **grill** 불에 굽다 **lab** 실험실; *실험 (= laboratory) **rent** 임대하다 STEP 2 **prime** 주요한; 기본적인
suspect 용의자 **permit** 허락하다 **depressed** 우울한 **soap opera** 연속극, 드라마

적용**독해**

1 다음 글의 내용을 한 문장으로 요약하고자 한다. 빈칸 (A), (B)에 들어갈 말로 가장 적절한 것은?

Researchers studied two classes of six-year-old children for six months to find out the effect of musical improvisation on creative thinking. The first class received music lessons that focused on improvisation, the other receiving traditional music training. After six months, the children in the first class scored higher on creative-thinking tests. What's more, both their musical creativity and musical flexibility increased significantly. Meanwhile, the musical flexibility of the children in the second group worsened and their musical creativity either stayed the same or decreased. Judging from the researchers' findings, the positive effects of improvisation may extend to other school subjects as well.

*musical improvisation: 즉흥 연주

⇩

Children whose music lessons _____(A)_____ improvisation tend to be more _____(B)_____ than children who receive traditional music lessons.

	(A)		(B)
①	alter	……	satisfied
②	ignore	……	satisfied
③	explain	……	troubled
④	emphasize	……	imaginative
⑤	discourage	……	imaginative

 직독직해 PLUS

다음 문장을 끊어 읽고, 해석하시오.
The first class received music lessons that focused on improvisation, the other receiving traditional music training.

---

flexibility 유연성　significantly 상당히　meanwhile 그 동안에; *한편　worsen 악화되다　extend to ~까지 미치다[이르다]　문제 alter 바꾸다
emphasize 강조하다　imaginative 창의적인

2 다음 빈칸에 들어갈 말로 가장 적절한 것은?

According to researchers, one reason young sunflowers grow quickly is their growth genes. These genes are what cause the sunflowers to follow the sun's daily motion. At different times of the day, the growth genes are activated to varying degrees on either side of the sunflowers' stems. During the daylight hours, the east side of their stems grows more rapidly than the west, causing the flowers to move with the sun. During the night, this process is reversed, returning the flowers to their original position by sunrise. Having observed this, the researchers determined that sunflowers have an internal clock, similar to the one that regulates human sleep cycles, that helps control their behavior. They came to this conclusion after noting that the sunflowers' motion continued to take place even when

_____.

① they were with other plants
② they lost their internal clock
③ their stems stopped growing
④ their light source didn't move
⑤ their growth genes were damaged

직독직해 PLUS

다음 문장을 끊어 읽고, 해석하시오.

Having observed this, the researchers determined that sunflowers have an internal clock, similar to the one that regulates human sleep cycles, that helps control their behavior.

독해 PLUS

윗글을 읽고, 괄호 안에서 적절한 말을 고르시오.

Researchers claim that sunflowers' growth genes explain why they follow the sun's [movement / regulation].

---

gene 유전자 **motion** 운동, 움직임 **activate** 작동시키다; 활성화시키다 **varying** 변화하는 **degree** 정도 **stem** 줄기 **reverse** 뒤바꾸다, 역전시키다 **observe** ~을 보다, 관찰하다 **internal** 내부의, 체내의 **regulate** 규제하다; *조절하다 (*n.* regulation) **note** 주목하다; ~을 알아차리다

PART 5

03 주의해야 할 분사구문 (2)

특수한 형태의 분사구문을 파악하라!

필수 문법 「with + (대)명사 + 분사」 또는 관용 표현으로 분사구문을 나타낼 수 있다.

직독직해 전략

a She hung up the phone / with tears running / down her face.
그녀는 전화를 끊었다   눈물이 흐르는 채로   그녀의 얼굴에

b Stella was leaning against the wall / with her arms crossed.
Stella는 벽에 기대어 있었다   그녀의 팔짱을 낀 채로

c Considering that it was his first time, / his acting was really good.
그것이 그의 처음이었다는 것을 고려하면   그의 연기는 매우 훌륭했다

d Judging from your hairstyle, / you must be playing the role of a princess.
너의 헤어스타일로 판단하자면   너는 공주 역할을 연기하는 것이 틀림없다

「with + (대)명사 + 분사」

❶ 「with + (대)명사 + 분사」는 〈동시상황〉을 나타내며, 한 덩어리로 끊어 읽는다.

❷ (대)명사와 분사를 주어와 동사의 관계로 해석한다.

❸ 「with + (대)명사 + v-ing」: (대)명사와 분사가 능동의 관계이며, '～가 …한 채로[…하면서]'라고 해석한다. a
「with + (대)명사 + v-ed」: (대)명사와 분사가 수동의 관계이며, '～가 …된 채로[…되면서]'라고 해석한다. b

관용적인 분사구문

하나의 숙어처럼 쓰이는 분사구문은 한 덩어리로 끊어 읽는다. c, d

• considering (that) ~: ~을 고려하면
• seeing that ~: ~인 것을 보니
• judging from ~: ~로 판단하건대
• speaking of ~: ~에 관해서 말한다면, ~의 이야기라면
• strictly/frankly/generally speaking: 엄밀히/솔직히/일반적으로 말하자면

+ GRAMMAR PLUS

「with + (대)명사 + 형용사(구)/부사(구)」

「with + (대)명사 + 형용사(구)/부사(구)」의 형태로도 〈동시상황〉을 나타낼 수 있다.

He talked **with** his mouth **full**. 그는 입에 음식이 가득 찬 채로 말했다.
My sister fell asleep **with** the light **on**. 내 여동생은 불을 켜 놓은 채로 잠들었다.

EXERCISE

정답 및 해설 p.82

STEP 1 분사구문을 찾아 밑줄을 긋고, 다음 문장을 끊어 읽어 해석하시오.

1   He is listening to the radio with his eyes closed.

2   I don't want to ride my bike with my clothes soaked in sweat.

3   Judging from the couple's photos, they must have visited Europe.

4   With everyone in the stadium standing, the concert started.

5   She was sitting in the sunshine with her hair blowing in the wind.

6   Generally speaking, low-fat milk is more expensive.

7   With his finger pointing at a shop, he screamed that a fire had broken out.

8   Strictly speaking, it is not your fault.

STEP 2 다음 문장을 끊어 읽고, 해석하시오.

1   Generally speaking, newly constructed buildings are more energy efficient.

2   They went out with the air conditioner turned on last night.

3   Frankly speaking, I prefer not to travel in a group with a guide.

4   Gloria worked in her office, with her boyfriend waiting for her in a coffee shop.

5   I think he should retire, considering his health condition, though his colleagues still want him around.

6   He talked to older people with his right hand in his pocket, which shows he is impolite.

7   Judging from his accent, he seems to come from the southern part of the U.S.

STEP 1 **soak** 적시다 **blow** (바람이) 불다; *(바람에) 날리다 **low-fat milk** 저지방 우유 **point at** ~을 가리키다 **break out** 발생하다 **fault** 잘못 STEP 2 **construct** 건설하다 **efficient** 효율적인 **retire** 은퇴하다 **colleague** 동료 **impolite** 무례한 **accent** 말씨; 억양 **southern** 남쪽[남부]에 위치한

1 다음 빈칸에 들어갈 말로 가장 적절한 것은?

You might think that pop-up books are a recent invention that was intended to make children's books more fun. However, having been developed in the 11th century, these books actually have a long history. It is also surprising that, at first, they were used as _____. They offered 3D visualizations of concepts that were otherwise difficult to learn. One example is Euclid's book *The Elements of Geometrie*. Having been written for adults and published in 1570, it uses pop-ups to help readers learn about shapes. Another old pop-up was Johann Remmelin's German translation of the 1613 medical book *Captoptrum Microcosmicum*. This is far from being a children's book, with images showing the layers of the human body in accurate detail.

*pop-up: 그림이 입체적으로 튀어나오는 (책)

① proof of scientific theories
② instructional tools for adults
③ a way of keeping accurate records
④ reference books for mathematicians
⑤ more dramatic media for telling stories

직독직해 **PLUS**

다음 문장을 끊어 읽고, 해석하시오.
This is far from being a children's book, with images showing the layers of the human body in accurate detail.

---

intend 의도하다 visualization 시각화 concept 개념 otherwise 그렇지 않으면; *다른 방법으로, 달리 element 요소, 성분 translation 번역 layer 막, 층 accurate 정확한 <u>문제</u> theory 이론 instructional 교육용의 reference 언급; *참고, 참조 dramatic 극적인

2 다음 글의 요지로 가장 적절한 것은?

A team of researchers observed 30 cancer patients who decided not to receive standard medical treatment. They didn't get any surgery or radiation therapy. Instead, they made changes in their lifestyles for a period of three months. They ate lots of fruit, vegetables, and grains and spent time each day exercising and managing their stress levels. After the three months, the researchers examined the patients. All of them looked healthier. Analyzing the test results, researchers were amazed to see that the patients showed great changes in their genetic activity. With their lifestyles changed, the activity of their disease-preventing genes had increased while many of their disease-promoting genes had shut down. Thus, judging from these results, simple lifestyle changes may be almost as effective in treating disease as medical treatment.

① 유전자는 단시간에 변하지 않는다.
② 생활 방식은 유전자에 의해 결정된다.
③ 스트레스가 없는 삶이 건강한 삶이다.
④ 생활 방식의 변화가 질병을 치료할 수 있다.
⑤ 생활 방식을 바꾸기 위해서는 오랜 시간이 필요하다.

직독직해 PLUS

다음 문장을 끊어 읽고, 해석하시오.
With their lifestyles changed, the activity of their disease-preventing genes had increased while many of their disease-promoting genes had shut down.

---

cancer 암 standard 기준; *일반적인 surgery 수술 radiation 방사선 therapy 치료, 요법 grain 곡물 examine 조사하다, 검사[진찰]하다
analyze 분석하다 genetic 유전자의 (*n.* gene) promote 촉진하다 shut down 멈추다

1

다음 글의 밑줄 친 부분 중, 문맥상 낱말의 쓰임이 적절하지 <u>않은</u> 것은?

hold 잡다; *보유[소유]하다
artwork 미술품
architect 건축가
restore 회복시키다; *복구
[복원]하다
column 기둥
decoration 장식(품)
go against ~에 반대하다
enhance 향상시키다
atmosphere 공기, 대기;
분위기
blend 섞다; *조화되다
integrate 통합시키다

Located in Vienna, Austria, KunstHausWien is a museum that holds artwork from artist and architect Friedensreich Hundertwasser. The building was originally a furniture factory. In 1892, it was ① restored in Hundertwasser's style. The structure does not follow ② common design standards. The walls, floors, and columns have curves or decorations instead of straight lines. This is because Hundertwasser believed that straight lines go against nature, ③ enhancing our creativity and our connection with the environment. KunstHausWien also has trees that grow out of its windows, providing fresh air, maintaining comfortable temperatures, and ④ improving the building's atmosphere. According to Hundertwasser, this is a way to balance nature. In his view, such structures blend with the environment, ⑤ integrating our living space with the natural spaces around it.

2

다음 글에서 전체 흐름과 관계 <u>없는</u> 문장은?

referee 심판
competitor 경쟁자;
*(시합) 참가자
specifically 명확하게;
*특히
martial art 무술, 무도
opponent 상대
competition 경쟁; *경기
digitally 디지털 방식으로
switch 바꾸다
award 수여하다
indeed 정말, 사실

According to a recent experiment, the decisions of referees are influenced by what colors competitors are wearing. Specifically, the color red seems to play a major role in this. ① Referees watched tapes of martial arts contests with one opponent wearing red and the other wearing blue. ② Having seen the matches, they were asked to give points to each opponent. ③ All referees are required to have at least 5 years' experience of judging martial arts competitions. ④ Next, the process was repeated, but this time the opponents' uniforms were digitally switched to the other color. ⑤ The referees awarded 13% more points to opponents wearing red, proving that color did indeed affect their decisions.

3

다음 글의 요지로 가장 적절한 것은?

highly 대단히, 매우
capable ~을 할 수 있는;
*유능한
on one's own 혼자서,
단독으로
discussion 논의
argument 논쟁, 말다툼
agreement 합의
(↔ disagreement)
ego 자아

It is easy to think you would always win with a team of the best people. But according to Dr. Meredith Belbin, this is not true. He formed teams of people who were highly capable on their own and studied their teamwork. However, they performed terribly as a group. He calls this the "Apollo Syndrome." Considering that everyone on such a team knows they are smart, each person is likely to think they know best. Discussions can quickly become arguments over who has the best idea, with little agreement reached. Some of these teams realize the problem, but correct too much by avoiding any kind of disagreement. Dr. Belbin found that these teams need a leader who can focus team energy toward the task and away from their egos in order to work well.

① 구성원들의 능력은 집단의 성과에 영향을 준다.
② 협력을 하지 않으면 집단의 성과를 달성하기 어렵다.
③ 가장 좋은 아이디어를 제시한 사람이 리더가 되어야 한다.
④ 뛰어난 인재들이 모인 집단의 성과가 반드시 높은 것은 아니다.
⑤ 집단의 성과를 높이기 위해서는 구성원 개인의 능력을 키워야 한다.

직독직해 REVIEW

다음 문장을 끊어 읽고, 해석하시오.

1 In his view, such structures blend with the environment, integrating our living space with the natural spaces around it.

2 Having seen the matches, they were asked to give points to each opponent.

3 Discussions can quickly become arguments over who has the best idea, with little agreement reached.

4

electronic device
전자기기
analyze 분석하다
route 길; *노선
official 공무원
public transportation
대중교통

다음 글의 밑줄 친 부분 중, 어법상 틀린 것은?

As the number of electronic devices ① <u>increases</u>, so does the amount of data that is collected from calls, text messages, e-mails, videos, and social networking sites. ② <u>Known</u> as "big data," this information can be useful when it is analyzed. A good example of this is Seoul's night bus project. The city wanted to create a bus route ③ <u>that</u> ran from midnight to 5 a.m. So officials looked at the data ④ <u>collecting</u> from 5 million late-night taxi rides. This showed them how many people needed to use public transportation late at night. This also showed where they were, and where they were going. ⑤ <u>Using</u> this information, the government created a night bus route, which was a big success.

[5-6]

remote 외진, 외딴
farmhouse 농가
surround 둘러싸다
get a ~ start ~한 출발을
하다
sunrise 일출, 동틀 녘
(↔ sunset)
porch 현관
neighboring 이웃의
in the distance 저 멀리
stare 빤히 보다, 응시하다
set 놓다, 차리다; *(해 · 달
이) 지다
turn around 돌아서다

다음 글을 읽고, 물음에 답하시오.

(A) A small boy lived in a remote farmhouse surrounded by fields. There was a lot of work to do on his family's farm. (a) <u>He</u> woke up every morning before the sun rose in order to get an early start.

(B) On the morning of the boy's birthday, his father told him to stay home and relax. The boy knew this was his chance. After his father left, (b) <u>he</u> started walking towards the house with the golden windows. Soon it was late afternoon, but he kept walking. As he got closer, however, he could see that the windows were not made of gold. In fact, the house was small and old.

(C) At sunrise, he would take a break. Sitting on his front porch, he would look across the fields at a neighboring house in the distance. As the sun rose, its windows shone like gold. Believing them to be made of real gold, the boy would stare at the house and imagine all the wonderful things inside it. (c) <u>He</u> promised himself that he would visit it someday and see for himself.

(D) Thinking he must have reached the wrong house, the boy knocked on the door. A boy his age opened it. He asked him if (d) <u>he</u> knew where the house with the golden windows was. The boy said he did. With the sun beginning to set, he pointed back the way the boy had come. Turning around, (e) <u>he</u> saw the windows of his own home shining like gold.

5 주어진 글 (A)에 이어질 내용을 순서에 맞게 배열한 것으로 가장 적절한 것은?

① (B) – (D) – (C)　　　　　② (C) – (B) – (D)
③ (C) – (D) – (B)　　　　　④ (D) – (B) – (C)
⑤ (D) – (C) – (B)

6 밑줄 친 (a)~(e) 중에서 가리키는 대상이 나머지 넷과 <u>다른</u> 것은?

① (a)　　　　② (b)　　　　③ (c)
④ (d)　　　　⑤ (e)

직독직해 REVIEW

다음 문장을 끊어 읽고, 해석하시오.

4 Using this information, the government created a night bus route, which was a big success.

[5-6]-1) With the sun beginning to set, he pointed back the way the boy had come.

[5-6]-2) Turning around, he saw the windows of his own home shining like gold.

PART 6

기타 구문

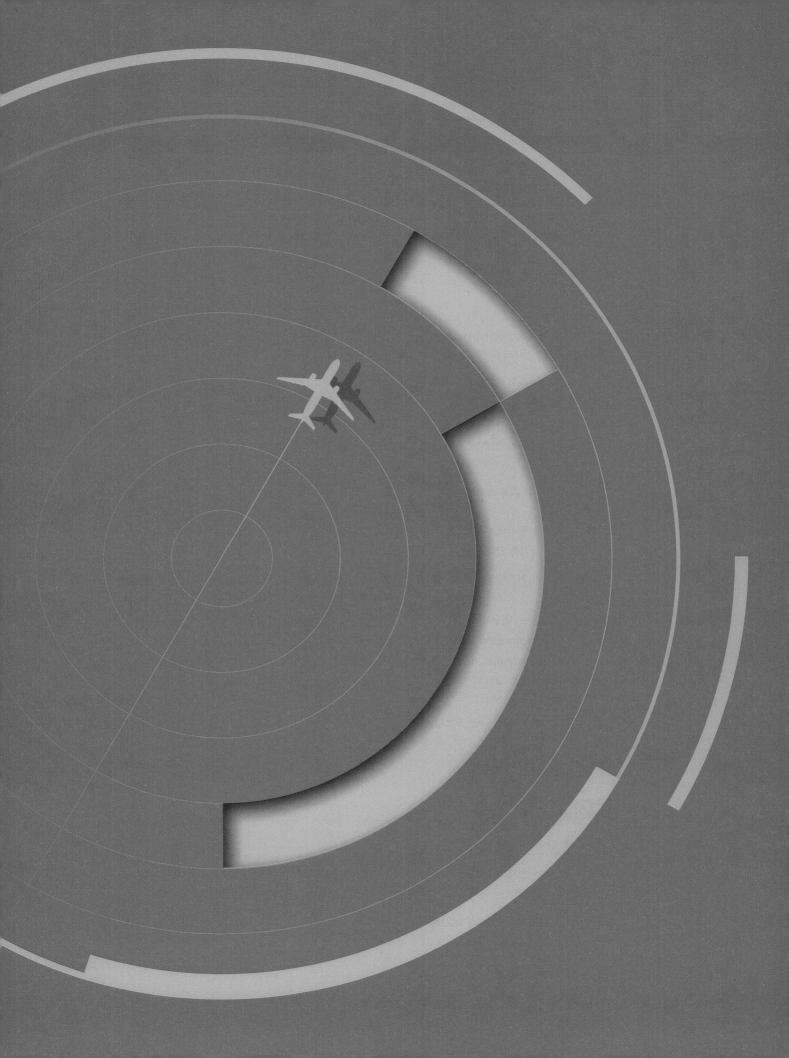

가정법

if절과 주절의 동사 형태에 주목하라!

필수 문법

- 가정법 과거는 현재 사실과 반대되는 일이나 실현 가능성이 희박한 일을 가정할 때 쓴다.
「If + S + 동사의 과거형, S + 조동사의 과거형 + 동사원형」: 만약 ~라면 …할 텐데
- 가정법 과거완료는 과거 사실과 반대되는 일이나 실현하지 못한 일을 가정하거나 상상할 때 쓴다.
「If + S + had v-ed, S + 조동사의 과거형 + have v-ed」: 만약 ~했더라면 …했을 텐데

직독직해 전략

a **If I had** enough money, / I **would buy** the whole series of books.
　내가 충분한 돈이 있다면　　　　　　　나는 책의 전 시리즈를 살 텐데

b **If I had taken** the subway, / I **would have got** there on time.
　내가 지하철을 탔다면　　　　　　　　나는 그곳에 제시간에 도착했을 텐데

c **Without** your idea, / he **couldn't have planned** such a wonderful trip.
　당신의 아이디어가 없었다면　　　그는 그렇게 멋진 여행을 계획하지 못했을 것이다

d I **would have lent** you my car. // Why didn't you ask me?
　나는 너에게 내 차를 빌려줬을 텐데　　　　왜 내게 부탁하지 않았니?

❶ if절과 주절의 동사의 시제와 형태를 살펴보고 가정법 과거인지 **a** 가정법 과거완료인지 **b** 확인한 후,
if절과 주절 사이를 끊어 읽는다.

❷ 주절의 동사가 가정법 형태인데 if절이 없다면, if나 if절을 대신하는 어구가 있는지 확인하고 한 덩어리로 해석
한다. **c, d**
1) if를 대신하는 어구
- suppose[supposing] (that) ~: 만일 ~라면
- (just) in case ~: ~할 경우를 대비하여
- otherwise: 그렇지 않다면
- provided[providing] (that) ~: 만일 ~라면
- unless ~: 만일 ~가 아니라면
2) if절을 대신하는 어구
- with ~: ~이 있다면[있었다면]
- without ~: ~이 없다면[없었다면]

+ GRAMMAR PLUS

__소망을 나타내는 「I wish ~」__

「I wish ~」는 현재의 실현 불가능한 소망이나 과거에 이루지 못한 소망을 나타내는 가정법이다. wish
뒤에 이어지는 절에는 동사의 과거형(가정법 과거)이나 「had v-ed」(가정법 과거완료)가 온다.

I **wish** I **were** a grown-up like him. 내가 그분처럼 성인이라면 좋을 텐데. (가정법 과거)
I **wish** I **had asked** you out. 내가 네게 데이트 신청을 했더라면 좋을 텐데. (가정법 과거완료)

EXERCISE

정답 및 해설 p.93

STEP 1 가정법에 유의하여 다음 문장을 끊어 읽어 해석하시오.

1 If Jeff had more money, he could donate more to charity.

2 If I weren't so sick, I could go to the beach as I had planned.

3 I would have been disappointed if they hadn't invited me.

4 With my camera with me, I could have taken pictures of the scenery.

5 I wouldn't have moved in if I had known that this area was so noisy.

6 If Brad hadn't arrived late, we wouldn't have missed the movie.

7 I wish I had an opportunity to shake hands with Dr. Joe.

STEP 2 다음 문장을 끊어 읽고, 해석하시오.

1 Supposing you had a friend who had gone through a bad experience, what would you say to encourage him?

2 You should double-check your flight schedule in case you miss your flight.

3 He would have stopped smoking if his doctor had told him about the condition of his lungs.

4 Without their safety helmets, the rescue workers wouldn't have survived.

5 I'm fed up with my job. I wish I had chosen a different job.

6 It would have been much easier for you to get a student visa, provided that you had shown a bank statement proving you had over $2,000.

STEP 1 donate 기부[기증]하다 charity 자선 단체 shake hands 악수하다 STEP 2 go through (고난·경험을) 겪다
double-check 다시 한번 확인하다 lung 폐 rescue worker 구조 대원 be fed up 물리다, 싫증나다
bank statement 입출금 내역서

1 다음 글의 제목으로 가장 적절한 것은?

Recent scientific research has shown that women evolved curvier spines in order to prevent them from falling over during pregnancy. Apparently, without that extra spinal bend, women would be falling all over the place while pregnant or at least be disabled by back pain. This research reveals that spines have evolved in such a way to make pregnancy safer and less painful than it might have been if these developments had not occurred. Though both sexes have curves in their lower spines, women's are longer. Without this, pregnancy would have placed more stress on women's back muscles, causing considerable pain and fatigue and possibly limiting their ability to escape danger.

*spine: 척추

① What Causes Lower Back Pain
② Why Women Have Curvier Spines
③ How the Human Skeleton Develops
④ Effects of Pregnancy on Women's Bodies
⑤ The Secrets to Preventing Women's Fatigue

직독직해 PLUS

다음 문장을 끊어 읽고, 해석하시오.

Apparently, without that extra spinal bend, women would be falling all over the place while pregnant or at least be disabled by back pain.

---

evolve 진화시키다, 진화하다   curvy 굴곡이 많은 (n. curve)   fall over 엎어지다, 넘어지다   pregnancy 임신 (a. pregnant)   apparently 명백하게   bend 굴곡, 굽이   disabled 장애를 가진   reveal 드러내다   considerable 상당한   fatigue 피로, 피곤   escape 달아나다; *모면하다
문제 skeleton 해골; *골격

2 다음 글에 드러난 'I'의 심경으로 가장 적절한 것은?

If I had a chance to go back to university, I'd be willing to do it. I wish I could change how I spent my time there. I chose English Literature as my major because it's something I was genuinely interested in. But I hardly studied at all and considered other things more important. I spent most of my time playing sports, socializing, and sleeping. When it came to academics, I just did the bare minimum — skipping lectures, rarely studying for exams, and writing essays at the last minute. In the end, I passed all my classes and got my degree, but I wish I had taken advantage of all the things that were available to me. Looking back on my university days, I now realize that they were a rare opportunity to read lots of great novels and learn about famous writers. Nowadays, I'm too busy to read anything.

① calm and relieved
② reflective and regretful
③ eager and confident
④ satisfied and comfortable
⑤ miserable and hopeless

직독직해 PLUS

다음 문장을 끊어 읽고, 해석하시오.
I wish I could change how I spent my time there.

독해 PLUS

윗글을 읽고, 괄호 안에서 적절한 말을 고르시오.
During her university years, the writer did the [most / least] studying that she could do.

---

literature 문학 major 주요한; *전공 genuinely 진정으로 socialize (사람들과) 사귀다, 어울리다 when it comes to ~에 관해서라면
academic ((pl.)) 학업 bare 헐벗은; *가장 기본적인 skip 깡충깡충 뛰다; *(일을) 빼먹다 at the last minute 임박해서 degree 정도; *학위
take advantage of ~을 이용하다 문제 reflective 생각에 잠기는; 반성하는 eager 열렬한, 열심인 miserable 비참한 hopeless 절망적인

도치

강조 어구 뒤에 동사가 나오면, 주어는 동사 뒤에 있다!

필수 문법   도치는 문법상의 이유나 특정 어구의 강조를 위해 일반적인 「주어＋동사」의 어순을 「동사＋주어」의 어순으로 바꿔 쓰는 것이다.

직독직해 전략

a
do동사 S   V
Not only did I check out the price of the car, / but I also took it / for a
나는 그 차의 가격을 알아봤을 뿐만 아니라   나는 또한 그것을 탔다   시승을 위해서

test drive!

b
       V   S
So helpful / were most of the participants / that a solution was soon found.
매우 도움이 되어서   대부분의 참석자들이   해결책이 금방 도출되었다

c
       V   S
At the top of the screen / are popular names for boys / last year.
화면 맨 위에   남자아이에게 인기 있는 이름들이 있다   작년에

문장이 부정어나 형용사(구), 부사(구) 등으로 시작되면 주어와 동사의 순서가 바뀌는 도치가 일어난다. 도치된 주어와 동사를 찾아 일반 문장과 같이 해석한다.

❶ not, no, never, hardly, seldom, little, few 등의 부정어가 문장 맨 앞으로 나오면 「동사＋주어」 어순으로 도치된다. **a** 이때 동사에 be동사나 조동사가 있으면 be동사나 조동사가 주어 앞으로 나오며, 동사가 일반동사이면 「do[does/did]＋주어＋동사원형」 어순으로 온다.

❷ 보어가 문장 맨 앞으로 나온 경우 「동사＋주어」 어순으로 도치된다. **b** 단, 주어가 대명사일 경우에는 보통 도치가 일어나지 않는다.

❸ 방향과 장소의 부사(구)가 문장 맨 앞으로 나온 경우 「동사＋주어」 어순으로 도치된다. **c** 단, 주어가 대명사일 경우에는 보통 도치가 일어나지 않는다.

+ GRAMMAR PLUS

So do I. & Neither am I.

「So＋do동사[be동사/조동사]＋S」는 긍정문인 앞 절의 내용을 받아 '~도 역시 그렇다'의 의미를, 「Neither ＋do동사[be동사/조동사]＋S」는 부정문인 앞 절의 내용을 받아 '~도 역시 그렇지 않다'의 의미를 나타낸다.

Tom loves Italian food, and **so does his wife**.
Tom은 이탈리아 음식을 매우 좋아하고, 그의 부인도 역시 그렇다.

He is not joking at all, and **neither am I**.
그는 전혀 농담을 하는 것이 아니고, 나 역시 그렇지 않다.

EXERCISE

정답 및 해설 p.96

STEP 1 주어와 동사가 도치된 부분을 찾아 밑줄을 긋고, 다음 문장을 끊어 읽어 해석하시오.

1 At the bottom of the boat were invaluable treasures.

2 Seldom have I laughed so hard while watching a comedy show.

3 Never in her life had she been so embarrassed.

4 So dirty was his room that it took three hours to clean it.

5 On the doorstep of Tina's house was a bunch of flowers.

6 He showed his ticket to the staff, and so did I.

7 Hardly had I taken my seat when two goals were scored.

8 Never has she realized that we are planning a surprise party for her.

STEP 2 다음 문장을 끊어 읽고, 해석하시오.

1 Not only did he forget to lock the door, he also opened all the windows.

2 So tired was the man that he fell straight into bed without taking off his wet clothes.

3 No sooner had she heard her dog bark than she noticed a person outside her window.

4 All of a sudden, around the corner came a wild-looking black cat.

5 Little did they know that the cost of the gym membership would drop.

6 At the end of the road is Lombard Street, which is in the movie.

7 On the table were the chocolates he had received from his girlfriend on Valentine's Day.

STEP 1 **invaluable** 귀중한 **seldom** 좀처럼[거의] ~않는 **doorstep** 현관 계단 **bunch** 다발 **hardly ~ when ...** ~하자마자 ...하다 STEP 2 **straight** 똑바로; *곧바로 **take off** (옷 등을) 벗다 **no sooner ~ than ...** ~하자마자 ...하다 **bark** 짖다 **all of a sudden** 갑자기 **membership** 회원 (자격)

적용독해

1   다음 글의 요지로 가장 적절한 것은?

Every democracy needs a free press. It enables people to write freely and criticize the government. But it also allows news outlets to publish false news. The term *fake news* is new, but the problem itself is not. In fact, false reports have been around as long as news itself. Today, however, there are many forms of news. Along with traditional media such as newspapers and TV broadcasts, social media platforms deliver news directly. So fast and abundant is news on social media that no central authority can control or verify all of it. Thus, people need to be more careful. Never has it been so important for each person to think critically and be informed about current events. In this way, people can separate real news from fake.

① 언론의 자유가 보장되어야 한다.
② 다양한 매체를 통한 정보 습득이 필요하다.
③ 정보에 대해서 비판적으로 사고할 수 있어야 한다.
④ 소셜 네트워크 서비스가 소통 방식에 영향을 미친다.
⑤ 신문과 TV 방송에 대한 의존도가 점점 낮아지고 있다.

⌐ 직독직해 PLUS

다음 문장을 끊어 읽고, 해석하시오.
Never has it been so important for each person to think critically and be informed about current events.

---

democracy 민주주의 free press 자유 언론 enable ~을 할 수 있게 하다 criticize 비판하다 news outlet 언론 매체 fake 가짜의; 가짜, 사기
broadcast 방송 platform 발판, 기반; *플랫폼 abundant 풍부한 authority 지휘권; 권한 verify 확인하다, 입증하다 critically 비판적으로
inform 알리다; (정보를) 알아내다

2 lacrosse에 관한 다음 글의 내용과 일치하지 <u>않는</u> 것은?

The game of lacrosse is a team sport, and each team consists of 10 or 12 players. It is similar to hockey, but it is played using a different kind of stick. At the top of the stick is a loose net, which the player uses to catch, hold, and throw the lacrosse ball. A team must move the ball up the field and get it into the opponents' goal, while preventing the other team from scoring. Lacrosse was originally played by Plains Indians of the United States and Canada. Since then, the continent's European immigrants have modernized the game, giving it its current form.

*Plains Indians: 평원 인디언

① 팀 스포츠이다.
② 하키와 유사하나 채가 다르다.
③ 채로 공을 잡아서 던질 수 있다.
④ 상대팀 골대에 공을 넣어 득점한다.
⑤ 유럽 이민자들이 북미의 평원 인디언들에게 전파했다.

직독직해 PLUS

다음 문장을 끊어 읽고, 해석하시오.

At the top of the stick is a loose net, which the player uses to catch, hold, and throw the lacrosse ball.

---

consist of ~로 구성되다   **stick** 나뭇가지; *(스포츠용) 스틱, 채   **loose** 헐거운   **opponent** 상대   **continent** 대륙   **immigrant** 이민자, 이주민
modernize 현대화하다   **current** 현재의, 지금의

생략·삽입·동격
특수한 형태의 구문을 이해하라!

필수 문법

- 생략: 반복되는 부분이나 의미 파악에 꼭 필요하지 않은 부분은 종종 생략된다.
- 삽입: 완곡하게 표현하거나 강조해서 말할 때 특정 문구를 삽입한다.
- 동격: 앞에 언급된 (대)명사를 달리 말하거나 그 의미를 보충하기 위해 구나 절을 삽입한다.

직독직해 전략

a He did / as his mom told him / to ^. (^에 do 생략)
그는 했다　그의 엄마가 그에게 말한 대로　하라고

b If ^ left / untouched for a minute, / the sponge will absorb / all the water /
만약 둔다면　1분간 손대지 않고　스폰지가 흡수할 것이다　모든 물을

in the bottle. (^에 it is 생략)
병에 있는

c Enjoyment, / believe it or not, / is the key ingredient / of any exercise plan.
즐거움은　믿거나 말거나　중요한 요소이다　어떤 운동 계획에서도

d She showed me the new car / which I thought / had good performance.
그녀는 내게 신차를 보여줬다　내가 생각하기에　성능이 좋은

e Venus, / the nearest planet to us, / is referred to / as Earth's "sister" planet.
금성은　우리에게 가장 가까운 행성인 (금성)　불린다　지구의 '자매' 행성이라고

f There is no hope / that they will be able / to repay the debt.
희망은 없다　그들이 ~을 할 수 있을 것이라는 (희망)　빚을 갚는 것을

생략

❶ 반복되는 어구는 주로 생략된다. **a**

❷ 〈시간 · 조건 · 가정 · 양보〉를 나타내는 접속사 when, while, if, though 등이 이끄는 부사절에서, 부사절의 주어가 주절의 주어와 일치할 때 부사절의 「주어+be동사」는 생략할 수 있다. **b**

삽입

❶ 삽입을 나타내는 콤마(,)나 대시(—)가 있으면 끊어 읽는다. **c**

❷ 「주어+think/believe/guess/know 등」이 삽입되는 경우에는 그 뒤에서 바로 끊어 읽는다. 이때 문장 전체의 주어와 동사는 따로 있다는 것에 유의한다. **d**

동격

❶ (대)명사 뒤에 콤마(,), of, or, that절을 사용해서 의미를 덧붙일 수 있다. 이때 뒤에 오는 명사구[절]가 앞의 (대)명사를 수식하는 것처럼 해석한다. **e**

❷ fact, idea, hope, thought, doubt 등의 명사 바로 뒤에 of나 that절이 이어질 경우, 이는 그 명사의 내용을 설명하는 동격 어구나 동격절일 확률이 높다. 이때는 of나 that 앞에서 끊어 읽는다. **f**

EXERCISE

정답 및 해설 p.99

STEP 1 생략·삽입·동격 어구에 유의하여 다음 문장을 끊어 읽어 해석하시오.

1 The Moon circles the Earth, and the Earth the Sun.

2 My mom was, and still is, interested in French food.

3 You should find out how many errors are in this report, if any.

4 All the interns, I guess, are passionate about their work.

5 The ukulele, a traditional Hawaiian musical instrument, is beloved all around the world.

6 I knew the fact that the company had discharged a dangerous chemical material in a river.

7 Psychology, or the science of the mind, can help businesses grow.

8 The new mayor, I think, will improve the surroundings of the city during his office.

STEP 2 다음 문장을 끊어 읽고, 해석하시오.

1 While recording a song, he never wears his shoes in the studio.

2 Some researchers thought that lions were scared of moving lights, but others didn't.

3 That's what I believe we need to do for the successful presentation.

4 There was doubt that he could have survived the car crash, but hope remained that he might have.

5 The rumor that he had trouble with his boss — which later turned out to be true — made him quit his job.

STEP 1 circle 원; *~의 둘레를 돌다 passionate 열정적인 beloved 인기 많은 discharge 해고하다; *(에너지를) 방출하다 psychology 심리학 surroundings 환경 office 사무실; *지위, 공직 STEP 2 car crash 교통사고 turn out to-v ~로 밝혀지다 quit 그만두다

1 다음 빈칸에 들어갈 말로 가장 적절한 것은?

E-Prime, which is short for English Prime, is a dialect of English with all forms of the verb 'be' removed. It is based on the idea that this verb is responsible for a great deal of lazy thinking. By forcing people to find and use more precise verbs, E-Prime can help them become _____. When faced with a difficult question, you cannot say "There *is* no answer" in E-Prime. Instead, you can say "I haven't found the answer yet." What's more, E-Prime helps you avoid generalizations and focus on facts you may have initially overlooked. Instead of just saying "This question is stupid," you may end up saying something like "This question confused me because I misunderstood a basic concept."

① careful listeners
② helpful advisors
③ powerful speakers
④ efficient multi-taskers
⑤ creative problem solvers

> **직독직해 PLUS**
>
> 다음 문장을 끊어 읽고, 해석하시오.
> When faced with a difficult question, you cannot say "There *is* no answer" in E-Prime.

> **독해 PLUS**
>
> 윗글을 읽고, 괄호 안에서 적절한 말을 고르시오.
> The purpose of E-Prime is to encourage people to use appropriate verbs by [adding / eliminating] the verb 'be.'

---

dialect 방언; *표현 형식 **precise** 정확한 **generalization** 일반화 **initially** 처음에 **overlook** 못 보고 넘어가다, 간과하다 **end up v-ing** 결국 ~하게 되다 **concept** 개념 문제 **efficient** 유능한 **multi-tasker** 동시에 여러 가지 일을 하는 사람 독해 PLUS **appropriate** 적절한 **eliminate** 없애다, 제거하다

2   noma에 관한 다음 글의 내용과 일치하지 <u>않는</u> 것은?

Noma — an infection that spreads in areas where food is scarce and hygiene is poor — starts out as a simple mouth sore, but it can eventually cause a large hole to develop in a person's face. Most of the victims of noma are children; globally, more than 100,000 children suffer from the disease each year. The rates in sub-Saharan Africa are especially high. The exact cause of noma is unknown, and more than 70 percent of these children eventually die from it. However, the disease can be treated if caught in time and prevented altogether with proper nutrition and health care. Sentinelles, a Swiss NGO, specializes in the treatment of this terrible disease and provides surgery to help affected children live normal lives.

*sub-Saharan: 사하라 사막 이남의

① 식량이 부족한 지역에서 확산된다.
② 얼굴에 커다란 구멍을 남길 수 있다.
③ 환자의 대부분이 어린이들이다.
④ 어린이 환자들에게 70% 이상의 치사율을 보인다.
⑤ 치료법은 아직 발견되지 않았다.

🖋 직독직해 PLUS

다음 문장을 끊어 읽고, 해석하시오.
Sentinelles, a Swiss NGO, specializes in the treatment of this terrible disease and provides surgery to help affected children live normal lives.

---

infection 감염; *전염병   scarce 부족한   hygiene 위생   sore 상처; *종기   develop 발달하다; *(병 · 문제가) 생기다   victim 피해자, 환자
catch 잡다, 붙잡다; *발견하다   in time 늦지 않게   altogether 완전히   NGO 비정부기구(= non-governmental organization)   specialize in
~을 전문으로 하다   affected 영향을 받은; *(병에) 걸린

PART 6

04 비교 표현

비교 대상을 파악하고, 주요 비교 표현을 익혀라!

비교 표현은 대상의 성질, 상태, 수량, 정도를 비교하기 위해 사용한다.
- 원급 비교: 「as + 형용사/부사의 원급 + as ~」 '~만큼 …한[하게]'
- 비교급: 「-(e)r/more - + than ~」 '~보다 더 …한[하게]'
- 최상급: 「the + -(e)st/most -」 '가장 ~한[하게]'

직독직해 전략

a A café mocha has / as many calories / as a meal (has).
　카페모카 한 잔은 가지고 있다　　　많은 칼로리를　　　한 끼 식사(가 가진)만큼

b This air conditioner is more effective / than the old one / in saving electricity.
　이 에어컨은 더 효율적이다　　　　　　　　이전 것보다　　　전기 절감 면에서

c Sally can speak Spanish more fluently / than any other student / in our class.
　Sally는 스페인어를 더 유창하게 말할 수 있다　　　다른 어떤 학생보다　　　우리 반의
　= No (other) student in our class can speak Spanish as fluently as Sally can.
　= Sally can speak Spanish the most fluently in our class.

❶ 문장에서 「as + 형용사/부사의 원급」이나 비교급 형태가 나오면 표시하고, 뒤에 이어지는 as나 than을 찾아 그 앞에서 끊어 읽는다. a, b, c

❷ 원급 비교나 비교급 표현에서 as나 than 뒤에 비교 대상이 이어지며 중복되는 부분은 흔히 생략된다. a

❸ 원급 및 비교급을 이용해 최상급의 의미를 나타낼 수 있다. c
- 「비교급 + than any other + 단수명사」: 다른 어떤 ~보다 더 …한[하게]
- 「부정 주어 ~ as[so] + 원급 + as …」, 「부정 주어 ~ 비교급 + than …」: …만큼[보다] ~한 것이 없다

❹ 기타 주요 비교 표현들은 다음과 같다.
- 「the + 비교급 ~, the + 비교급 …」: ~하면 할수록 더 …하다
- 「비교급 + and + 비교급」: 점점 더 ~한[하게]
- 「not so much A as B」: A라기보다는 오히려 B
- 「no longer …」, 「not ~ any longer …」: 더 이상 … 아닌
- 「배수사 + as + 원급 + as A」, 「배수사 + 비교급 + than A」: A보다 몇 배 더 ~한[하게]
- 「as + 원급 + as possible」, 「as + 원급 + as one can」: 가능한 한 ~한[하게]

The more you analyze the results, / **the better** you'll understand them.
당신이 더 많이 결과를 분석하면 할수록　　　당신은 더 잘 그것들을 이해하게 될 것이다.

The Earth is getting / **warmer and warmer** / each year.
지구는 ~해지고 있다　　　점점 더 더워지는　　　매년

This wallet is **twice** / **as big as** mine.
이 지갑은 두 배이다　　　내 것보다 큰

※ 부사 even, much, a lot, far 등은 비교급을 강조하여 '훨씬 더'의 의미를 나타낸다.

STEP 1 비교 표현을 찾아 밑줄을 긋고, 다음 문장을 끊어 읽어 해석하시오.

1 Those bloggers aren't as influential as they used to be.

2 I feel that he is not so much a boss as a friend.

3 Children are more sensitive and cleverer than we think.

4 He taught me the easiest way to remove a computer virus.

5 You'll find that the more you give, the more you receive.

6 Nothing is more important than the safety of our passenger.

7 This doughnut has a bigger hole in the middle than any I've seen before!

8 Black tea contains almost twice as much caffeine as green tea.

STEP 2 다음 문장을 끊어 읽고, 해석하시오.

1 The staff explained how the system works as kindly as possible.

2 The seasonal flu is spreading faster and faster.

3 According to research, children who are regularly exposed to sunlight are healthier than those who are not.

4 It was much more expensive than any other room I stayed in while in Europe.

5 When cycling, the lighter you are and the harder you pedal, the faster you're going to go.

6 No one knows about their customers' needs better than those who work with them daily.

7 Cars cannot use the road any longer on weekends.

STEP 1 **influential** 영향력 있는 **sensitive** 세심한 **clever** 영리한 **doughnut** 도넛 **black tea** 홍차 **caffeine** 카페인
STEP 2 **work** 일하다; *작동되다[기능하다] **seasonal** 계절적인 **flu** 독감 **expose** 드러내다; *노출시키다 **pedal** 페달을 밟다

적용독해

1 다음 글의 밑줄 친 부분 중, 문맥상 낱말의 쓰임이 적절하지 <u>않은</u> 것은?

In many action films, spies must have their fingerprints scanned in order to ① <u>access</u> secret documents. In the future, however, they may be more likely to have their knees scanned. This is because a professor recently discovered that people's knees are as unique as fingerprints. He examined knee MRIs performed on thousands of patients, using a program that analyzes each scan's texture and ② <u>compares</u> it to other scans in the database. The program is much more reliable than the naked eye, matching two scans from the same person with 93 percent ③ <u>inaccuracy</u>. The professor believes knee scans have the potential to be more effective against people trying to ④ <u>fool</u> the system. This is due to the fact that it is much harder to ⑤ <u>modify</u> a person's knees than other body parts.

직독직해 PLUS

다음 문장을 끊어 읽고, 해석하시오.

This is because a professor recently discovered that people's knees are as unique as fingerprints.

독해 PLUS

윗글을 읽고, 괄호 안에서 적절한 말을 고르시오.

In the future, a knee scan might be [required / prohibited] before secure information is given.

---

fingerprint 지문 **access** 접근하다 **examine** 조사[검토]하다 **texture** 질감 **reliable** 믿을 수 있는, 신뢰할 만한 **naked** 벌거벗은; *육안의 **inaccuracy** 부정확 **potential** 가능성 **fool** 속이다, 기만하다 **modify** 수정하다, 바꾸다 독해 PLUS **prohibit** 금지하다 **secure** 안전한, 보안이 철저한

2 다음 글의 제목으로 가장 적절한 것은?

The term "paradox of thrift" refers to a theory about a problem that can occur during difficult economic times. According to this theory, if everyone tries to save as much money as possible, the demand for goods will fall. This, in turn, means that the economy will stop growing. There are two things, however, that prevent this paradox from happening. The first is the fact that the more demand drops, the lower prices fall, causing people to spend more. It's also true that putting money in a savings account doesn't keep it out of the economy. Banks use this money to make loans to businesses. Therefore, the more money people save, the more loans banks can make. This gives businesses a chance to thrive, which is, of course, good for the economy.

① Stop Saving to Help the Economy
② The Secret Force behind the Economy
③ Banks: How They Support Companies
④ A Theory on Why Prices Become So High
⑤ Who Says Saving Money Hurts the Economy?

🔖 직독직해 PLUS

다음 문장을 끊어 읽고, 해석하시오.
The first is the fact that the more demand drops, the lower prices fall, causing people
to spend more.

---

term 용어 paradox 역설, 모순 thrift 절약 refer to ~라고 칭하다, ~와 관련 있다 theory 이론 save 살려주다, 구해주다; *저축하다 demand 수요 in turn 차례로; *결국 savings account 저축 계좌 keep ~ out of ~가 …에 관련되지 않게 하다 loan 대출 thrive 번성하다

부정 표현
부정 표현이 부정하는 대상을 찾아라!

필수 문법 부정 표현으로 문장 전체 또는 일부를 부정할 수 있다.

직독직해 전략

a It's not always a good idea / to listen to music / when studying.
(그것이) 항상 좋은 생각은 아니다   음악을 듣는 것이   공부할 때

b Neither of the two missiles fired / successfully.
두 개의 미사일 모두 발사되지 않았다   성공적으로

c There was no one / who didn't have an invitation.
아무도 없었다   초대장을 갖고 있지 않은 (사람)

d Few people know / how mobile phones are assembled / by machines.
사람들은 거의 모른다   휴대전화가 어떻게 조립되는지   기계에 의해서

❶ 「not+all/every/both/always/necessarily ~」는 '모두/모든/둘 다/항상/반드시 ~한 것은 아니다'의 의미로 부분 부정을 나타낸다. a

❷ 「none ~」은 '아무(것)도 ~ 않다', 「never ~」은 '결코 ~ 않다', 「neither of ~」은 '둘 다 ~ 아니다'의 의미로 전체 부정을 나타낸다. b

❸ 한 문장에 부정 표현이 두 번 나오는 이중 부정은 긍정을 나타낸다. c

❹ 부정의 뜻을 가진 주요 어구는 다음과 같다.
  1) 「few+셀 수 있는 명사」, 「little+셀 수 없는 명사」는 '~이 거의 없는'의 의미를 나타낸다. d
    ※ 「a few+셀 수 있는 명사」, 「a little+셀 수 없는 명사」는 '~이 조금 있는'의 의미로 부정 표현이 아님에 유의한다.
  2) hardly, scarcely, rarely, seldom은 '거의 ~ 아니다[않다]'의 의미를 나타낸다.

+ GRAMMAR PLUS

부정 표현이 포함된 주요 관용 표현

• 「not ~ until ...」: …하기까지 ~않다, …해서야 비로소 ~하다
• 「never ~ without v-ing」: …하지 않고는 ~않다, ~하면 반드시 …한다

Fiona did **not** recognize Colin **until** he spoke to her.
Fiona는 Colin이 그녀에게 말을 걸고 나서야 비로소 그를 알아봤다.

Ed **never** goes out **without** bringing his Mickey Mouse backpack.
Ed는 외출하면 그의 미키마우스 배낭을 반드시 가져간다.

EXERCISE

STEP 1 부정 표현을 찾아 밑줄을 긋고, 다음 문장을 끊어 읽어 해석하시오.

1 Mason can hardly afford a new car on his income.

2 None of the displayed cups are on sale since they're new.

3 As you haven't worn both shirts, take one back to the store.

4 A higher fee does not necessarily mean better service.

5 I've contacted three hotels in Hawaii but none of them was available.

6 Not all fruit and vegetables contain nutritional benefits.

7 People nowadays never go anywhere without bringing their smartphones.

8 It was not until Friday that we got the first draft from the writer.

9 There was little understanding of the technology, which caused the company to fail.

STEP 2 다음 문장을 끊어 읽고, 해석하시오.

1 He seldom ever met a person who could teach him yoga.

2 There were many campsites in the mountains, but few of them were affordable.

3 I asked both Robert and Keith for advice, but neither of them has responded yet.

4 For flight attendants, flying and being abroad are not always wonderful, as many of them suffer from serious jet lag.

5 There are no parents who don't love their baby.

6 Not until the end of that year did the soldiers finish the battle training.

STEP 1 **afford** 여유[형편]가 되다 **income** 소득, 수입 **fee** 요금 **available** 구할[이용할] 수 있는 **contain** ~이 들어[함유되어] 있다
nutritional 영양상의 **draft** 원고 STEP 2 **affordable** 입수 가능한; *(가격이) 알맞은 **respond** 대답하다
flight attendant (비행기) 승무원 **jet lag** 시차증

133

1 다음 글의 요지로 가장 적절한 것은?

Unfinished works of music are attractive because they give us a closer view of the creative process. However, not everyone can read music on a paper and "hear" it in their head. Therefore, over the years, people have completed pieces of music that were left unfinished. For example, *Mahler's Tenth* has been completed several times by many composers. But this practice is not always encouraged. Musicologist Paul Henry Lang criticized a colleague for completing one work. He said that an archaeologist would never restore a damaged statue in any way he liked. It may be true that not all abandoned works should be reconstructed. However, we should not let a nearly-finished piece sit silently. We have a duty to share it with its intended audience.

*musicologist: 음악학 연구가, 음악학자

① 미완성곡의 복원에는 오랜 시간이 걸린다.
② 복원 기술의 발달은 악보 복원에 기여한다.
③ 곡의 리듬을 상상하는 것은 창의력 향상에 도움이 된다.
④ 청중들을 위해 미완성곡을 완성하려는 시도가 필요하다.
⑤ 음악학자들은 새로운 곡의 창작에 더 관심을 기울여야 한다.

직독직해 PLUS

다음 문장을 끊어 읽고, 해석하시오.
However, not everyone can read music on a paper and "hear" it in their head.

---

unfinished 완료되지 않은, 미완성인 attractive 매력적인, 멋진 complete 완료하다, 끝마치다 piece (글·미술·음악 등 작품) 한 점 composer 작곡가
practice 실천; *관행 criticize 비판하다, 비난하다 colleague 동료 archaeologist 고고학자 restore 회복시키다; *복원하다 abandon 버리다
reconstruct 복원하다, 재구성하다 silently 아무 말 없이, 잠자코 intend 의도하다

2 SJS에 관한 다음 글의 내용과 일치하지 <u>않는</u> 것은?

In rare cases, a person's body may experience a severe adverse reaction to a medicine. This is called Stevens-Johnson Syndrome (SJS), and its symptoms include skin rashes and fever. Not everyone experiences the same reactions, but in extreme cases the rashes can become so serious that the patient's skin begins to fall off. Vision can also be damaged for life. Few adults suffer from SJS; it usually affects children. There is no way to predict who will get SJS, and there is no test that can tell which medicines will cause the condition. Parents are advised to give their children only the medicine they absolutely need and to watch closely for warning signs of rash and fever.

*rash: 발진

① 약물에 대한 심각한 부작용을 일컫는다.
② 증상으로 발열을 동반하기도 한다.
③ 시력이 손상될 수도 있다.
④ 성인보다는 주로 아이들이 걸린다.
⑤ SJS를 유발하는 약물의 종류는 정해져 있다.

직독직해 PLUS

다음 문장을 끊어 읽고, 해석하시오.
Few adults suffer from SJS; it usually affects children.

---

severe 극심한, 심각한 adverse reaction 역반응, 부작용 syndrome 증후군 symptom 증상 fever 열, 발열 fall off (분리되어) 떨어지다
affect 영향을 미치다; 병이 나게 하다 predict 예측하다 condition 상태; *질환, 질병 absolutely 절대적으로

1

fluently 유창하게
assume 추정하다
time-consuming 시간이
걸리는
intellectual 지능의, 지적
인
multiple 많은, 다수의
involve 수반하다, 포함하
다

다음 글의 밑줄 친 부분 중, 어법상 틀린 것은?

I am proud to say that I can speak several languages fluently. People often assume ① that I have spent years and years taking classes and studying books. They believe that learning how ② to speak a new language is a time-consuming and intellectual task. This, however, is completely untrue. I don't live my life in order to learn new languages. I learn new languages in order to live a better life. Learning multiple languages, I believe, mostly ③ involve traveling to new, exciting places and meeting interesting people. Of course, some studying is also required. But it is these travel experiences ④ that really make language-learning possible. So, if you want to learn a new language, get out there and start ⑤ taking a trip.

2

sustainable 지속 가능한
come up with (해답을)
찾아내다
output 생산(량)
input 투입(량)
ingredient 재료, 성분
processed food 가공식
품
edible 먹을 수 있는
agriculture 농업

다음 글의 요지로 가장 적절한 것은?

Scientists have been trying to find sustainable ways to feed the Earth's population. But coming up with a solution has been difficult. There has been a problem finding food-production processes that produce more output while requiring less input. 3D food printing with food-like ingredients seems to fit this concept — creating processed foods with a long life is one way to make materials edible. Until recently, many people viewed 3D printed food as nothing more than an interesting idea. However, some scientists support the idea that 3D food printing might be the key to feeding the Earth's growing population. Although 3D food printing is unlikely to replace traditional agriculture, it could help make food production more efficient.

① 가공식품은 자연식품보다 영양가가 높다.
② 3D 음식 인쇄술의 안전성을 증명해야 한다.
③ 지속 가능한 식량 수급 대책을 마련해야 한다.
④ 3D 음식 인쇄술은 전통 농업을 대체할 것이다.
⑤ 3D 음식 인쇄술은 미래 식량 수급에 도움이 될 수 있다.

3

(A), (B), (C)의 각 네모 안에서 문맥에 맞는 낱말로 가장 적절한 것은?

capital 수도; *자본(금)
cooperation 협력
productivity 생산성
locate 찾아내다
efficiency 효율, 능률
profit 이익
accelerate 촉진하다
demonstrate 입증하다
distribution 분배
identify (신원 등을) 확인
하다; *찾다, 발견하다
arise 발생하다
shrink 줄어들다

"Social capital" is the valuable network of cooperation within a business. It increases both productivity and creativity, making it (A) | easier / harder | to locate and request help. This may not sound very important, but it is. Studies have shown that the helpfulness of a group can directly affect productivity, efficiency and profits. Groups with social capital (B) | accelerate / demonstrate | the distribution of information. They help coworkers who experience difficulties, and they identify and solve problems before the problems even arise. Unlike most forms of capital, social capital increases as it is spent. And the more social capital a business gets, the more its benefits (C) | grow / shrink |.

	(A)		(B)		(C)
①	easier	······	accelerate	······	grow
②	easier	······	demonstrate	······	grow
③	easier	······	demonstrate	······	shrink
④	harder	······	demonstrate	······	grow
⑤	harder	······	accelerate	······	shrink

직독직해 REVIEW

다음 문장을 끊어 읽고, 해석하시오.

1 Learning multiple languages, I believe, mostly involves traveling to new, exciting places and meeting interesting people.

2 However, some scientists support the idea that 3D food printing might be the key to feeding the Earth's growing population.

3 This may not sound very important, but it is.

4

diagnose 진단하다
surgery 수술
undergo 겪다, 받다
medication 약, 약물
pass away 사망하다
surround 둘러싸다
문제
regretful 후회하는
confused 혼란스러운

다음 글에 드러난 'I'의 심경으로 가장 적절한 것은?

Last spring, my elderly mother was diagnosed with a serious form of cancer. She had emergency surgery and was given six months to live. Three weeks later, the doctor said that she needed to undergo more surgery because she could no longer swallow her medication. After the operation, she suffered terribly for five weeks before finally passing away. I wish I had known that the second operation would cause her so much pain; had I known, I would have brought her home as soon as she got weaker. That way, she could have passed away in peace, resting comfortably in her own bed and surrounded by her friends and family members. Instead, she spent her last few weeks alone in a gloomy hospital room.

① excited and pleased 　　　② sad and regretful

③ bored and uninterested 　　④ surprised and confused

⑤ comfortable and relieved

5

assure 장담하다
(*n.* assurance)
make a purchase 구매
하다
pushy 지나치게 밀어붙이
는
strategy 전략

다음 글의 목적으로 가장 적절한 것은?

My wife recently bought me an expensive watch at your jewelry shop. She wasn't sure if I'd like it, but your clerk assured her that she could return it if I wasn't happy with it. Without this assurance, she wouldn't have bought the watch. When I got it, I decided that I didn't need such an expensive watch, so we went to return it. That's when we found out that your store doesn't give refunds on returned items — it only gives store credit! Had my wife known this, she wouldn't have risked buying me such an expensive gift. I'm shocked that she wasn't told about this policy when she was making the purchase. I feel like she was tricked by pushy sales strategies into spending a lot of money. I've never been treated this way in any other store.

*store credit: (특정 매장에서 쓸 수 있는) 상품 교환권

① 새로 나온 시계를 홍보하려고

② 선물용 시계의 추천을 부탁하려고

③ 상점 판매원의 서비스를 칭찬하려고

④ 상품 교환권 사용의 불편함을 호소하려고

⑤ 미흡한 제품 환불 규정 설명에 대해 항의하려고

6

attract 끌어당기다;
*유혹하다
mate 친구; *배우자, 짝
pitch 정점; *음의 높이
dramatic 극적인
widespread 광범위한,
널리 퍼진
uncertain 확신이 없는
population 개체 수
at a distance 멀리서
now that ~이므로
numerous 많은
still 아직; *그런데도,
그럼에도 불구하고

(A), (B), (C)의 각 네모 안에서 어법에 맞는 표현으로 가장 적절한 것은?

Blue whale songs, the noises male blue whales produce to attract mates, are changing. Based on the recordings of researchers, it seems (A) that / what the pitch of the songs is getting lower. So dramatic and widespread is the change that scientists at first had no idea what could be causing it. Though still uncertain, they now think they may have found an explanation. Ever since whale-hunting bans (B) introduced / were introduced in the 1970s, blue whale populations have been increasing. When there were (C) fewer / less whales in the sea, males had to create higher-pitched, louder songs in order to be heard at great distances. But now that females are more numerous, males can produce lower sounds and still be easily heard.

*blue whale: 흰긴수염고래

	(A)		(B)		(C)
①	that	······	introduced	······	fewer
②	that	······	were introduced	······	less
③	that	······	were introduced	······	fewer
④	what	······	introduced	······	less
⑤	what	······	introduced	······	fewer

직독직해 REVIEW

다음 문장을 끊어 읽고, 해석하시오.

4   I wish I had known that the second operation would cause her so much pain.

5   Without this assurance, she wouldn't have bought the watch.

6   So dramatic and widespread is the change that scientists at first had no idea what could be causing it.

 **MEMO**

지은이

NE능률 영어교육연구소

NE능률 영어교육연구소는 혁신적이며 효율적인 영어 교재를 개발하고
영어 학습의 질을 한 단계 높이고자 노력하는 NE능률의 연구 조직입니다.

The 상승 〈직독직해편〉

펴 낸 이	주민홍
펴 낸 곳	서울특별시 마포구 월드컵북로 396(상암동) 누리꿈스퀘어 비즈니스타워 10층
	㈜)NE능률 (우편번호 03925)
펴 낸 날	2024년 1월 5일 개정판 제1쇄 발행

전 화	02 2014 7114
팩 스	02 3142 0356
홈 페 이 지	www.neungyule.com
등 록 번 호	제1-68호
I S B N	979-11-253-4296-0
정 가	15,000원

NE 능률

고객센터

교재 내용 문의 : contact.nebooks.co.kr (별도의 가입 절차 없이 작성 가능)
제품 구매, 교환, 불량, 반품 문의 : 02-2014-7114
☎ 전화문의는 본사 업무시간 중에만 가능합니다.

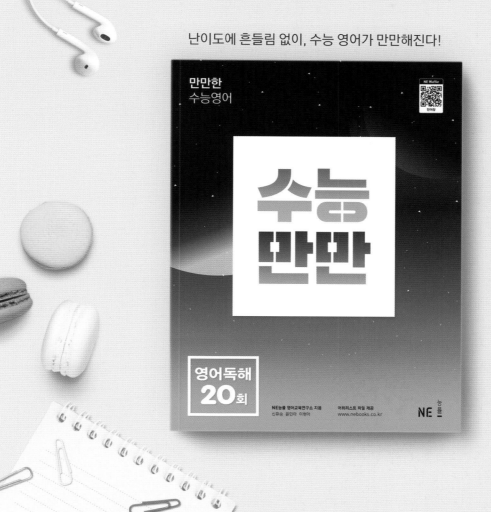

NE능률 교재 MAP

아래 교재 MAP을 참고하여 본인의 현재 혹은 목표 수준에 따라 교재를 선택하세요.
NE능률 교재들과 함께 영어실력을 쑥쑥~ 올려보세요!
MP3 등 교재 부가 학습 서비스 및 자세한 교재 정보는 www.nebooks.co.kr 에서 확인하세요.

수능

초1-2	초3	초3-4	초4-5	초5-6

초6-예비중	중1	중1-2	중2-3	중3
			첫 번째 수능 영어 기초편	첫 번째 수능 영어 유형편 첫 번째 수능 영어 실전편

예비고-고1	고1	고1-2	고2-3, 수능 실전	수능, 학평 기출
기강잡고 독해 잡는 필수 문법	빠바 기초세우기	빠바 구문독해	빠바 유형독해	다빈출코드 영어영역 고1독해
기강잡고 기초 잡는 유형 독해	능률기본영어	The 상승 어법어휘+유형편	빠바 종합실전편	다빈출코드 영어영역 고2독해
The 상승 직독직해편	The 상승 문법독해편	The 상승 구문편	The 상승 수능유형편	다빈출코드 영어영역 듣기
올클 수능 어법 start	수능만만 기본 영어듣기 20회	맞수 수능듣기 실전편	수능만만 어법어휘 228제	다빈출코드 영어영역 어법·어휘
얇고 빠른 미니 모의고사	수능만만 기본 영어듣기 35+5회	맞수 수능문법어법 실전편	수능만만 영어듣기 20회	
10+2회 입문	수능만만 기본 문법·어법·어휘 150제	맞수 구문독해 실전편	수능만만 영어듣기 35회	
	수능만만 기본 영어독해 10+1회	맞수 수능유형 실전편	수능만만 영어독해 20회	
	맞수 수능듣기 기본편	맞수 빈칸추론	특급 듣기 실전 모의고사	
	맞수 수능문법어법 기본편	특급 독해 유형별 모의고사	특급 빈칸추론	
	맞수 구문독해 기본편	수능유형 PICK 독해 실력	특급 어법	
	맞수 수능유형 기본편	수능 구문 빅데이터 수능빈출편	특급 수능·EBS 기출 VOCA	
	수능유형 PICK 독해 기본	얇고 빠른 미니 모의고사	올클 수능 어법 완성	
	수능유형 PICK 듣기 기본	10+2회 실전	능률 EBS 수능특강 변형 문제	
	수능 구문 빅데이터 기본편		영어(상), (하)	
	얇고 빠른 미니 모의고사		능률 EBS 수능특강 변형 문제	
	10+2회 기본		영어독해연습(상), (하)	

수능 이상/ 토플 80-89· 텝스 600-699점	수능 이상/ 토플 90-99· 텝스 700-799점	수능 이상/ 토플 100· 텝스 800점 이상		

The 상승

독해 기본기에서
수능 실전 대비까지 **The 상승**

직독직해편

정답 및 해설

NE 능률

The 상승

독해 기본기에서
수능 실전 대비까지 The 상승

직독직해편

정답 및 해설

01 1형식 끊어 읽기

EXERCISE
p.19

STEP 1

1 The penguins go / to the island / from the sea / before winter.
펭귄들은 간다　　섬으로　　바다에서부터　　겨울 전에

2 One liter of water / will do / for our experiment.
1리터의 물은　　충분할 것이다　　우리 실험을 위해서

3 One second counts / in this game.
1초가 중요하다　　이 시합에서

4 Last night, / my little brother fell / out of the bed.
어젯밤에　　내 남동생은 떨어졌다　　침대 밖으로

5 The plane flew / along the beach / for a while.
비행기는 날았다　　해변을 따라　　잠깐 동안

6 Jake smiled and left / without a word.
Jake는 웃으며 떠났다　　말없이

7 In the clear sky, / the stars shine / brightly.
맑은 하늘에서　　별들이 빛난다　　밝게

8 The sun came out / after the rain.
해가 나왔다　　비 온 후에

STEP 2

1 A serious fire broke out / in the national park / yesterday.
심각한 화재가 발생했다　　국립 공원에서　　어제

2 What type of rose grows / well / in a northern climate?
어떤 종류의 장미가 자라는가　　잘　　북쪽 기후에서

3 When I woke up, / it was snowing / heavily.
내가 일어났을 때　　눈이 내리고 있었다　　심하게

4 Their wedding took place / at a small church / by the sea.
그들의 결혼식은 열렸다　　작은 교회에서　　바닷가에 있는

5 This smartphone sells / very well / in China.
이 스마트폰은 팔린다　　아주 잘　　중국에서

6 Unfortunately, / the double rainbow disappeared / soon.
유감스럽게도　　그 쌍무지개는 사라졌다　　곧

7 The couple died / on the same day / after 60 years of marriage.
그 부부는 숨졌다　　같은 날에　　60년의 결혼 생활 후에

8 The meeting ended / with thanks / from the chairperson / to the participants.
회의는 끝났다　　감사와 함께　　의장으로부터의 (감사)　　참석자들에 대한

1

정답 ④

문제풀이

주어진 글은 영어에서 동물을 가리키는 말과 그 고기를 가리키는 말이 다른 이유가 노르만족이 영국을 정복한 시점으로 거슬러 올라간다는 내용이다. 이어서 앵글로색슨족은 동물을 사냥 대상으로 인식한 반면 노르만족은 동물을 식재료로 접했을 뿐이라는 내용의 (C)가 오고, 그로 인해 노르만족이 쓰는 프랑스어에서 'pork'와 'beef'가 유래하게 됐다는 (A)가 이어진 후, 그 외 닭과 생선을 예로 든 (B)가 이어지는 것이 자연스럽다.

직독직해

① In English, / people don't eat "pig" or "cow." ② Instead, / they eat "pork" or "beef."
영어에서　　　사람들은 'pig(돼지)'나 'cow(소)'를 먹지 않는다　　대신　그들은 'pork(돼지고기)'나 'beef(소고기)'를 먹는다

③ The reason dates back / to the Norman Conquest of England / in 1066. ④ The French-
그 이유는 거슬러 올라간다　　　노르만족의 영국 정복까지　　　　　1066년에 있었던　　프랑스어를

speaking Normans defeated / the English-speaking Anglo-Saxons. ⑤ The Anglo-Saxons
사용하는 노르만족이 패배시켰다　　　영어를 사용하는 앵글로색슨족을　　　　　앵글로색슨족은

were mostly hunters, / so animal names came from them. ⑥ The Normans only saw these
대부분 사냥꾼이었다　　　그래서 동물의 이름이 그들에게서 유래되었다　　노르만족은 이 동물들을 보기만 했다

animals / served as food. ⑦ Therefore, / what the Anglo-Saxons called a "pig" / became
음식으로 나오는 것으로　　그래서　　앵글로색슨족이 'pig(돼지)'라고 불렀던 것은

the French word *porc* / when it was on the dinner table. ⑧ In the same way, / the word "cow"
프랑스어 'porc(돼지고기)'가 되었다　그것이 저녁 식탁에 올라왔을 때　　　같은 방식으로　　'cow(소)'라는 단어는

became *boeuf*. ⑨ Later, / these changed into "pork" and "beef." ⑩ Chicken was also given
'boeuf(소고기)'가 되었다　　후에　　이것들은 'pork'와 'beef'로 바뀌었다　　　닭도 프랑스식 이름을 얻었다

a French name — *poulet*. ⑪ Today, / however, / "pullet" is only used / for young hens.
'poulet(영계)'　　오늘날　　하지만　　'pullet'은 어린 암탉에게만 사용된다

⑫ And fish is only called fish. ⑬ This is probably / because the French word for fish,
그리고 생선은 그냥 생선으로 불린다　　이것은 아마 ~일 것이다　　생선을 의미하는 프랑스어 'poisson'이

poisson, sounds like "poison."
'poison(독)'처럼 들리기 때문에

전문해석

영어에서 사람들은 'pig(돼지)'나 'cow(소)'를 먹지 않는다. 대신, 그들은 'pork(돼지고기)'나 'beef(소고기)'를 먹는다. 그 이유는 1066년 노르만족의 영국 정복으로 거슬러 올라간다. (C) 프랑스어를 사용하는 노르만족이 영어를 사용하는 앵글로색슨족을 패배시켰다. 앵글로색슨족은 대부분 사냥꾼이어서 동물의 이름이 그들에게서 유래되었다. 노르만족은 이 동물들이 음식으로 나오는 것만 보았다. (A) 그래서 그것이 저녁 식탁에 올라왔을 때 앵글로색슨족이 'pig(돼지)'라고 불렀던 것은 프랑스어 'porc(돼지고기)'가 되었다. 같은 방식으로, 'cow(소)'라는 단어는 'boeuf(소고기)'가 되었다. 후에 이것들은 'pork'와 'beef'로 바뀌었다. (B) 닭도 'poulet(영계)'이라는 프랑스식 이름을 얻었다. 하지만 오늘날 'pullet'은 어린 암탉에게만 사용된다. 그리고 생선은 그냥 생선으로 불린다. 이것은 아마 생선을 의미하는 프랑스어 'poisson'이 'poison(독)'처럼 들리기 때문일 것이다.

구문해설

⑥ The Normans only saw these animals served as food.
　　　　　　　　　　　지각동사　　　O　　　O.C.(과거분사)

선행사를 포함하는 관계대명사

⑦ Therefore, **what** the Anglo-Saxons called a "pig" became the French word *porc* ... .
　　　　　　　　S(명사절)　　　　　　　　　　　　　V　　　　　　S.C.

직독직해 PLUS

정답 The reason dates back / to the Norman Conquest of England / in 1066.
　　그 이유는 거슬러 올라간다　　　　노르만족의 영국 정복까지　　　　　　　　1066년에 있었던

독해 PLUS

정답 instead of

해석 1066년 노르만족의 정복 이후, 앵글로색슨족은 'cow'와 'pig' 대신 'beef'와 'pork'라는 단어를 사용하기 시작했다.

2

정답 ④

문제풀이

나이 든 사람들에게 시간이 더 빨리 가는 것처럼 느껴지는 이유를 설명하는 글이므로, 주제로 ④가 가장 적절하다.

① 시간 낭비를 멈추는 방법　　　　　　　　② 어떻게 나이가 정신 건강에 영향을 주는가
③ 우리의 뇌에서 더 오래 지속되는 경험　　④ 왜 나이 든 사람들에게 시간은 더 빠르게 가는 것처럼 보이는가
⑤ 기억력을 향상시키는 방법

직독직해

① Birthdays and other special events / come slowly / for children. ② However, / for adults, /
생일과 다른 특별한 행사들은　　　　　　　　느리게 다가온다　　아이들에게　　그러나　　어른들에게

birthdays pass more quickly. ③ Why do the years fly by / for older people? ④ A recent
생일은 더 빠르게 지나간다　　　왜 해가 빨리 지나가는가　　나이 든 사람들에게는　　최근의 한 연구는

study / [of 500 people from all ages] / investigated people's time perceptions. ⑤ Apparently, /
　　　　　　모든 연령대의 500명을 대상으로 한　　사람들의 시간(에 대한) 지각을 조사했다　　　분명히
(최근의 한 연구)

older people felt / [(that) time went by more quickly]. ⑥ Younger people, / on the other hand, /
나이 든 사람들은 느꼈다　　시간이 더 빨리 지나간다고　　　젊은 사람들은　　　반면에

felt / [(that) time passed slowly]. ⑦ The reason for this difference / lies in / [how our brains
느꼈다　　시간이 느리게 간다고　　　　이 차이점의 이유는　　　　　　～에 있다　우리의 뇌가 어떻게

process information]. ⑧ Our brains take a longer time / to process new information.
정보를 처리하는지에　　　　우리의 뇌는 더 긴 시간이 걸린다　　　새로운 정보를 처리하는 데

⑨ Young people have many new experiences, / and the brain stores more information / [about
젊은 사람들은 많은 새로운 경험을 하고　　　　　뇌는 더 많은 정보를 저장한다

these experiences]. ⑩ For old people, / in contrast, / most time goes to familiar activities.
이 경험에 대한 (정보)　　나이 든 사람들에게는　　반대로　　대부분의 시간이 익숙한 활동이 된다

⑪ The brain does not store detailed information / [about these experiences] / because they
뇌는 자세한 정보를 저장하지 않는다　　　　　　　이 경험에 대한 (자세한 정보)　　왜냐하면 그것들은

are not new. ⑫ Therefore, / time seems to move slower / for younger people / while older
새롭지 않기 때문에　　따라서　　시간은 느리게 가는 것처럼 보인다　　젊은 사람들에게　　반면에 나이 든

people feel the opposite.
사람들은 그 반대로 느낀다

생일과 다른 특별한 행사들은 아이들에게 느리게 다가온다. 그러나 어른들에게, 생일은 더 빠르게 지나간다. 왜 나이 든 사람들에게는 해가 빨리 지나가는가? 모든 연령대의 500명을 대상으로 한 최근의 한 연구는 사람들의 시간(에 대한) 지각을 조사했다. 분명히, 나이 든 사람들은 시간이 더 빨리 지나간다고 느꼈다. 반면에, 젊은 사람들은 시간이 느리게 간다고 느꼈다. 이 차이점의 이유는 우리의 뇌가 어떻게 정보를 처리하는지에 있다. 우리의 뇌는 새로운 정보를 처리하는 데 더 긴 시간이 걸린다. 젊은 사람들은 많은 새로운 경험을 하고, 뇌는 이 경험에 대한 더 많은 정보를 저장한다. 반대로, 나이 든 사람들에게는 대부분의 시간이 익숙한 활동이 된다. 뇌는 이 경험에 대한 자세한 정보를 저장하지 않는데 왜냐하면 그것들은 새롭지 않기 때문이다. 따라서, 시간은 젊은 사람들에게는 느리게 가는 것처럼 보이지만 반면에 나이 든 사람들은 그 반대로 느낀다.

구문해설

⑦ The reason for this difference lies in how our brains process information.
  S　　　　　　　　　　　　　　V　　　「전치사＋O(간접의문문)」

⑫ Therefore, time seems to move slower for younger people **while** older people feel the opposite.
  　　　　　　　　　　　　　　　　　　　　　　　　～하는 반면에　　　　　　　= time seems to move faster

직독직해 PLUS

정답 Birthdays and other special events / come slowly / for children.
　　　 생일과 다른 특별한 행사들은　　　　느리게 다가온다　아이들에게

독해 PLUS

정답 old

해석 시간에 대한 당신의 지각은 당신이 얼마나 나이를 먹었는가에 따라 달라지는 것처럼 보인다.

---

02 2형식 끊어 읽기

EXERCISE

p.23

STEP 1

1 He became famous / because of the article.
　　그는 유명해졌다　　　　그 기사 때문에

2 The store remains open / late at night.
　　그 가게는 문을 연 채로 있다　　밤늦게

3 If it sounds interesting, / please contact us / at any time.
　　만약 그것이 흥미롭게 들린다면　　　언제라도 저희에게 연락 주세요

4 The earth is getting warmer / because of global warming.
　　지구가 점점 더워지고 있다　　　　지구 온난화 때문에

5 All you need is / a little more courage and passion.
　　당신이 필요한 모든 것은 ～이다　좀 더 많은 용기와 열정

6 Wine tastes different / depending on its temperature.
　　와인은 맛이 다르다　　　그것의 온도에 따라

7 The accidents proved / to be related / to each other.
　　그 사고는 ～임이 드러났다　관련된 것(임이)　서로에게

8 We stayed <u>awake</u> / all night / for the new project.
우리는 깨어 있었다　　　　밤새도록　　　새로운 프로젝트를 위해

1 Strangely, / some cows / in the town / grew thin and unhealthy.
이상하게　　　몇몇 소들은　　　이 마을에 있는　　　마르고 건강하지 못하게 자랐다

2 This method appears / to be effective / in lowering blood pressure.
이 방법은 ~처럼 보인다　　　효과가 있는 것(처럼)　　　혈압을 내리는 데 있어

3 The door handle / has come loose / as time goes by.
문 손잡이가　　　헐거워졌다　　　시간이 지나면서

4 When fall comes, / the leaves turn red and yellow / and fall to the ground.
가을이 오면　　　잎들이 빨갛고 노랗게 변한다　　　그리고 땅으로 떨어진다

5 I am worried / about several things / that have happened to you.
나는 걱정이 된다　　몇 가지 일에 대해　　너에게 일어났던 (몇 가지 일)

6 You won't feel disappointed / if you choose these boots / for skiing.
너는 실망하지 않을 것이다　　　네가 이 부츠를 고른다면　　　스키를 타기 위해

7 The artist is becoming popular / among young people.
그 예술가는 인기가 많아지고 있다　　　젊은 사람들 사이에서

적용**독해**

pp.24~25

1　정답 ③

문제풀이

운동을 건강을 위해서 하는 재미없는 노동이라고 여기는 것과는 다른, 성취감을 느끼기 위한 수단이라는 견해를 제시하고 있는 글이다.

① 건강해지고 체력을 유지하는 방법들　　　② 인생의 목표를 성취하는 방법들　　　③ 운동에 관한 다른 견해
④ 규칙적으로 운동하는 것의 중요성　　　⑤ 가장 인기 있는 두 가지 형태의 운동

직독직해

① What is exercise, / and why do people do it? ② Well, / most people exercise / because they
운동은 무엇인가　　　그리고 사람들은 왜 그것을 하는가　　　아마도　　　대부분의 사람들은 운동을 한다　　　그들이 건강하지

feel unhealthy / and have a desire / [to get fit]. ③ For them, / exercise becomes / little more
않다고 느끼기 때문에　　　그리고 욕구가 있기 때문에　　건강해지려는 (욕구)　　　그들에게 있어　　운동은 ~가 된다　　~에 지나지 않은

than / unpleasant work. ④ They just get it done / in order to stay in shape. ⑤ But
재미없는 노동　　　　그들은 그냥 그것을 해버린다　　　건강을 유지하기 위해　　　하지만

in my opinion, / working out isn't / just burning calories, / building muscle, / or losing weight.
내 생각에는　　　운동하는 것은 ~이 아니다　단순히 칼로리를 소모하는 것　　근육을 키우는 것　　또는 체중을 줄이는 것 (이 아니다)

⑥ Instead, / exercise allows us / to test our limits / and (to) achieve things / [(that) we
대신에　　　운동은 우리가 ~하게 해준다　우리의 한계를 시험하게　　그리고 일을 성취하게　　　우리가

never thought possible]. ⑦ Picture yourself / completing a 100-kilometer bicycle ride, /
결코 가능하다고 생각해본 적이 없던 (일)　여러분 자신을 그려보라　　100km 자전거 타기를 끝내는 것을

or swimming the entire length / [of a wilderness lake]. ⑧ When you finish that last part /
또는 전체 거리를 수영하는 것을　　　황무지 호수의 (전체 거리)　　　여러분이 그 마지막 부분을 끝마칠 때

or finally make it to the other side, / everything about that moment / seems perfect. ⑨ All the
또는 마침내 건너편에 도달할 때   그 순간에 대한 모든 것이   완벽해 보인다   모든 땀과

sweat and aching muscles / become worth it / to experience that feeling of accomplishment.
쑤시는 근육은   그럴 만한 가치가 있게 된다   그 성취감을 경험하기 위해서

전문해석

운동은 무엇이며, 사람들은 왜 운동을 하는가? 아마도 대부분의 사람들은 자신이 건강하지 않다고 느끼고 건강해지려는 욕구가 있기 때문에 운동을 한다. 그런 사람들에게 운동은 재미없는 노동에 지나지 않는다. 그들은 건강을 유지하기 위해 그냥 그것을 해버린다. 하지만 내 생각에, 운동하는 것은 단순히 칼로리를 소모하는 것, 근육을 키우는 것 또는 체중을 감량하는 것이 아니다. 그보다도, 운동은 자신의 한계를 시험하고 결코 가능하다고 생각해본 적이 없던 일을 성취할 수 있게 해준다. 여러분 자신이 100km 자전거 타기를 완주하거나 황무지 호수 전체를 수영하는 모습을 상상해보라. 여러분이 그 마지막 부분을 끝마치거나 마침내 건너편에 도달할 때, 그 순간에 대한 모든 것이 완벽해 보인다. 모든 땀과 쑤시는 근육은 그 성취감을 경험하기 위해 그럴 만한 가치가 있게 된다.

구문해설

⑤ ..., working out isn't just burning calories, building muscle, or losing weight.
　　　　　　 S(동명사구)　 V　　 S.C.1(동명사구)　　 S.C.2(동명사구)　　　 S.C.3(동명사구)
⇨ 주격 보어로 쓰인 동명사구 세 개가 등위접속사 or로 병렬 연결됨

⑥ Instead, exercise allows us to test our limits and (to) achieve things [(that) we never ...].　목적격 관계대명사절
　　　　　　　 5형식 동사　 O　 O.C.1(to부정사구)　　　 O.C.2(to부정사구)
⇨ 「allow+O+to-v」는 'O가 ~하는 것을 허락하다'의 뜻이며, 목적격 보어로 쓰인 to부정사구 두 개가 등위접속사 and로 병렬 연결됨

⑦ Picture yourself completing a 100-kilometer bicycle ride, or swimming ... .
　　 5형식 동사　　 O　　　　　 O.C.1(현재분사구)　　　　　 O.C.2(현재분사구)
⇨ 「picture+O+v-ing」는 'O가 ~하는 것을 상상하다'의 뜻이며, 목적격 보어로 쓰인 현재분사구 두 개가 등위접속사 or로 병렬 연결됨

직독직해 PLUS

정답 When you finish that last part / or finally make it to the other side, / everything about that
　　　　 여러분이 그 마지막 부분을 끝마칠 때　　　 또는 마침내 건너편에 도달할 때　　　　　 그 순간에 대한 모든 것이
moment / seems perfect.
　　　　 완벽해 보인다

2 정답 ①

문제풀이

①의 him은 Alberto를 가리키는 반면, 나머지는 모두 Diego를 가리킨다.

직독직해

① Born in 1901, / Alberto Giacometti is / one of Switzerland's most famous artists. ② His
　 1901년에 태어난　　 Alberto Giacometti는 ~이다　 스위스의 가장 유명한 예술가들 중 한 명　　　　　　　 그의

sculptures of people / are unique and instantly recognizable. ③ Throughout Alberto's career,
인물 조각상들은　　　　　 독특하고 즉시 알아볼 수 있다　　　　　 Alberto의 경력 내내

/ his younger brother Diego / supported him / more than any friend or lover ever could.
그의 남동생 Diego는　　　　　 그를 도와주었다　　 어떤 친구나 연인이 할 수 있는 것보다 더

④ Alberto started working / in Paris in 1922 / and Diego followed three years later. ⑤ He
　 Alberto는 일하기 시작했다　　 1922년에 파리에서　　 그리고 Diego는 3년 후에 따라왔다　　　　 그는

lived in the studio / and was Alberto's model / for more than 50 years. ⑥ Even though Diego
스튜디오에서 살았다   그리고 Alberto의 모델이었다   50년 이상   Diego는 공동으로 작업했지만

collaborated / with others / to make furniture and other decorative art, / he never moved out.
          다른 사람들과   가구와 다른 장식 미술품들을 만들기 위해   결코 이사를 나가지 않았다

⑦ Diego was so loyal that during the war years / he remained in Paris / and took care of the
Diego는 매우 헌신적이어서   전쟁 동안   그는 파리에 남았다   그리고 스튜디오를 지켰다

studio / even when Alberto fled to Switzerland. ⑧ Because of his great devotion, / it is hard /
스튜디오   심지어 Alberto가 스위스로 도망갔을 때도   그의 대단한 헌신 덕분에   어렵다

to imagine Alberto / without Diego.
Alberto를 상상하는 것은   Diego가 없는

전문해석

1901년에 태어난 Alberto Giacometti는 스위스의 가장 유명한 예술가들 중 한 명이다. 그의 인물 조각상들은 독특하고 즉시 알아볼 수 있다. Alberto의 경력 내내, 그의 남동생 Diego는 어떤 친구나 연인이 할 수 있는 것보다 더 그를 도와주었다. Alberto는 1922년에 파리에서 일하기 시작했고 Diego는 3년 후에 따라왔다. 그는 스튜디오에서 살았고 50년 이상 Alberto의 모델이었다. Diego는 가구와 다른 장식 미술품들을 만들기 위해 다른 사람들과 공동으로 작업했지만, 결코 이사를 나가지 않았다. Diego는 매우 헌신적이어서 전쟁 동안 심지어 Alberto가 스위스로 도망갔을 때도 그는 파리에 남아서 스튜디오를 지켰다. 그의 대단한 헌신 덕분에, Diego가 없는 Alberto를 상상하는 것은 어렵다.

구문해설

⑦ Diego was **so** loyal **that** during the war years he remained in Paris and ... .
「so+형용사/부사+that ...」 '매우 ~해서 …하다'

⑧ Because of his great devotion, **it** is hard **to imagine** Alberto without Diego.
                                    가주어   진주어(to부정사구)

직독직해 PLUS

정답 His sculptures of people / are unique and instantly recognizable.
     그의 사람 조각상들은   독특하고 즉시 알아볼 수 있다

3형식 끊어 읽기

EXERCISE

p.27

STEP 1   **1**   The restaurant / sent invitations / to their customers.
              그 레스토랑은   초대장을 보냈다   그들의 고객들에게

2   I know / what you hide / and what you disclose.
        나는 안다   네가 무엇을 숨기는지   그리고 네가 무엇을 드러내는지

3   I decided / to cut my hair short.
        나는 결심했다   내 머리카락을 짧게 자르기로

4   The journalist finished / writing his article / late in the morning.
        기자는 끝마쳤다   기사를 쓰는 것을   아침 늦게

5 I received / great benefits / from attending this school.
나는 얻었다   큰 이익을   이 학교를 다니는 것으로부터

6 She brought about / a true musical revolution.
그녀는 불러일으켰다   진정한 음악적 혁명을

7 We lowered / our water heater / to the lowest setting.
우리는 낮추었다   우리의 온수기를   가장 낮은 설정으로

8 I'd like to put off / a final decision / about the contract.
나는 연기하고 싶다   최종 결정을   계약에 관한

9 He took care of / many homeless dogs / until they were adopted.
그는 돌봤다   여러 유기견들을   그들(유기견들)이 입양될 때까지

STEP 2

1 Rebecca says / that the sounds reminded her / of her hometown.
Rebecca는 말한다   그 소리가 그녀에게 생각나게 했다고   그녀의 고향을

2 Nothing can deprive us / of our right to speak our minds.
어떤 것도 우리에게서 빼앗을 수 없다 우리의 생각을 말할 권리를

3 Seoul plans / to replace the gym / with a library for children.
서울시는 계획한다   그 체육관을 교체하는 것을   아이들을 위한 도서관으로

4 The airline / informed the passengers / of a flight delay.
그 항공사는   승객들에게 알렸다   항공편 지연을

5 Jake blamed himself / for not doing the job better.
Jake는 자신을 비난했다   그 일을 더 잘하지 못한 것에 대해

6 What is preventing newspapers / from being successful / in the digital age?
무엇이 신문을 막고 있는가   성공하는 것으로부터   디지털 시대에

적용독해

pp.28~29

1 정답 ④

문제풀이
William Henry Perkin이 말라리아 치료제를 연구하다가 개발한 것은 천연 염료가 아닌 인공 염료라고 했다.

직독직해

① Chemist Sir William Henry Perkin / accidentally made a discovery / [that changed the
화학자 William Henry Perkin 경은   우연히 발견을 했다   염색 산업을 변화시킨 (발견)

dyeing industry]. ② Perkin attended the Royal College of Chemistry / in London / in the
                    Perkin은 왕립화학대학에 다녔다   런던에 있는

1850s / and worked as a laboratory assistant. ③ To find a way / [to produce quinine, / a
1850년대에   그리고 실험실 조교로 일했다   방법을 찾기 위해서   퀴닌을 생산하는 (방법)

medicine for malaria, / cheaply], / he set out to make it artificially. ④ However, / Perkin
말라리아 치료제인   저렴하게   그는 그것을 인공적으로 만들기 시작했다   그러나

ended up creating a chemical / [that was not like quinine at all]. ⑤ It was black and sticky, /
Perkin은 화학 물질을 만들게 되었다   퀴닌과는 전혀 다른 (화학 물질)   그것은 까맣고 끈적거렸다

and it could turn objects purple. ⑥ Perkin saw a huge opportunity. ⑦ At that time, / people
그리고 그것은 물건들을 보라색으로 바꿀 수 있었다   Perkin은 엄청난 가능성을 보았다   그 당시에   사람들은

made dyes / with expensive, natural chemicals / [taken from plants or animals]. ⑧ After
염료를 만들었다   비싼 천연 화학 물질로   식물이나 동물에서 추출된 (비싼 천연 화학 물질)

succeeding in making the first artificial dye / for clothing, / Perkin set up a dyeing factory /
최초의 인공 연료를 만드는 데 성공한 후에   옷을 위한   Perkin은 염색 공장을 세웠다

in London, / and he changed the fashion industry / completely.
런던에   그리고 그는 패션 산업을 변화시켰다   완전히

전문해석

화학자 William Henry Perkin 경은 우연히 염색 산업을 변화시킨 발견을 했다. Perkin은 1850년대에 런던에 있는 왕립화학대학에 다녔고 실험실 조교로 일했다. 말라리아 치료제인 퀴닌을 저렴하게 생산하는 방법을 찾기 위해서, 그는 그것을 인공적으로 만들기 시작했다. 그러나, Perkin은 퀴닌과는 전혀 다른 화학 물질을 만들어냈다. 그것은 까맣고 끈적거렸으며, 물건들을 보라색으로 바꿀 수 있었다. Perkin은 엄청난 가능성을 보았다. 그 당시에, 사람들은 식물이나 동물에서 추출된 비싼 천연 화학 물질로 염료를 만들었다. 옷을 위한 최초의 인공 염료를 만드는 데 성공한 후에, Perkin은 런던에 염색 공장을 세웠고, 패션 산업을 완전히 변화시켰다.

구문해설

to부정사의 형용사적 용법
③ To find a way [to produce quinine, a medicine for malaria, cheaply], he set out to make it
to부정사의 부사적 용법(목적)   =   to부정사의 명사적 용법(목적어)
artificially.

⑦ ..., people made dyes with expensive, natural chemicals [taken from plants or animals].
                                                                과거분사구

직독직해 PLUS

정답 However, / Perkin ended up creating a chemical / that was not like quinine at all.
그러나   Perkin은 화학 물질을 만들게 되었다   퀴닌과는 전혀 다른

2

정답 ③

문제풀이

배꼽 위치에 따라 육상이나 수영에 더 유리하다는 내용의 글이므로, ③의 운동 능력이 환경적 요인에 영향을 받는다는 내용은 글의 흐름과 관련이 없다.

직독직해

① Researchers have discovered / the reason / [why certain athletes do well / in sports / {that
연구원들은 발견했다   이유를   어떤 선수들이 잘하는 (이유)   스포츠에서

take place on a track}, / while others do better / in the pool]. ② Surprisingly, / the secret
트랙에서 일어나는 (스포츠)   반면에 다른 선수들이 더 잘하는 (이유) 수영장에서   놀랍게도   그 비밀은 위치이다

is the position / [of their belly buttons]. ③ This is / because the belly button represents /
                그들의 배꼽의 (위치)   이것은 ~이다   배꼽이 나타내기 때문(이다)

a person's center of gravity, / which affects his or her ability / [to run or (to) swim well].
사람의 무게 중심을   그리고 그것(= 사람의 무게 중심)은   잘 달리거나 잘 헤엄치는 (능력)
                            그 또는 그녀의 능력에 영향을 미친다

④ For instance, / West Africans generally have longer legs / than Europeans, / which means
　예를 들어서　　　　서아프리카인들은 일반적으로 더 긴 다리를 가지고 있다　　　유럽인들보다　　　그리고 그것은 의미한다

/ [(that) their belly buttons are higher up]. ⑤ This higher center of gravity / gives a speed
　그들의 배꼽이 더 높이 있다는 것을　　　　　　　　이런 더 높은 무게 중심은　　　　속도의 이점을 준다

advantage / to them / in running events. ⑥ According to some studies, / athletic ability is
　　　　　그들에게　　육상 종목에서　　　　　몇몇 연구에 따르면　　　　　운동 능력은 영향을 받는다

influenced / by environmental factors. ⑦ Meanwhile, / Europeans have an advantage / in
　　　환경적 요인에 의해　　　　　　　반면에　　　　유럽인들은 유리한 점을 가지고 있다

swimming events. ⑧ Their low belly buttons mean / [(that) they generally have a longer
　수영 종목에서　　　　그들의 낮은 배꼽 위치는 의미한다　　　그들이 일반적으로 더 긴 상반신을 가지고 있다는 것을

upper body], / which makes them faster swimmers.
　　　　　　그리고 그것은 그들을 더 빠른 수영 선수로 만든다

전문해석

연구원들은 어떤 선수들은 트랙에서 하는 스포츠에서 잘하는 반면 다른 선수들은 수영장에서 더 잘하는 이유를 발견했다. 놀랍게도, 그 비밀은 선수들의 배꼽 위치이다. 이는 배꼽이 사람의 무게 중심을 나타내기 때문인데, 그것은 운동선수가 잘 달리거나 잘 헤엄치는 능력에 영향을 미친다. 예를 들어, 서아프리카인들은 일반적으로 유럽인들보다 더 긴 다리를 가지고 있는데, 이는 그들의 배꼽이 더 높이 있다는 것을 의미한다. 이런 더 높은 무게 중심은 육상 종목에서 그들에게 속도의 이점을 준다. (몇몇 연구에 따르면, 운동 능력은 환경적 요인에 영향을 받는다.) 반면에, 유럽인들은 수영 종목에서 유리한 점을 가지고 있다. 그들의 낮은 배꼽 위치는 그들이 일반적으로 더 긴 상반신을 가지고 있다는 것을 의미하는데, 이는 그들을 더 빠른 수영 선수로 만든다.

구문해설

③ ... a person's center of gravity, **which** affects his or her ability [*to run* or (*to*) *swim* well].
　　　　　　　　　선행사　　　　　계속적 용법의　　　　　　　　　　　to부정사의 형용사적 용법
　　　　　　　　　　　　　　　주격 관계대명사

직독직해 PLUS

정답 This higher center of gravity / gives a speed advantage / to them / in running events.
　　　이런 더 높은 무게 중심은　　　　속도의 이점을 준다　　　　그들에게　　육상 종목에서

04 4형식 끊어 읽기

EXERCISE

p.31

STEP 1

1 My mother lent me her car / so that I could go for a drive.
　　나의 어머니는 나에게 자신의 차를 빌려주셨다　　내가 드라이브하러 갈 수 있도록

2 May I ask you / a question about your major?
　　제가 당신에게 물어도 되나요　　당신의 전공에 대한 질문을

3 Mike bought her a book / for her birthday.
　　Mike는 그녀에게 책을 사 주었다　　그녀의 생일 선물로

4 She made me a handmade bag / with my old jeans.
　　그녀는 나에게 수제 가방을 만들어 주었다　　내 오래된 청바지로

5 I will pay him two dollars / for polishing my shoes.
나는 그에게 2달러를 지불할 것이다   내 구두를 닦는 것에 대해

6 This hotel will offer you / the best breakfast.
이 호텔은 당신에게 제공할 것이다   최고의 아침 식사를

7 My grandmother sent me / a nice sweater.
내 할머니는 내게 보내주셨다   좋은 스웨터를

8 The manual will show the customers / how to control the machine.
그 설명서는 고객들에게 보여줄 것이다   그 기계를 제어하는 방법을

STEP 2

1 This time / I will make him an offer / that is hard to refuse.
이번에   나는 그에게 제안을 할 것이다   거절하기 어려운 (제안)

2 Repairing the cell phone / costs me less money / than buying a new one.
휴대전화를 수리하는 것은   내게 더 적은 돈을 들게 한다   새것을 사는 것보다

3 Parker will teach you / why we have followed our traditions.
Parker는 너에게 가르쳐줄 것이다   왜 우리가 우리의 전통을 따르는지를

4 My parents promised me / a laptop computer.
나의 부모님은 나에게 약속해 주셨다   노트북 컴퓨터를

5 It will cause you huge trouble / someday / if you spend too much money.
그것은 너에게 큰 문제를 초래할 것이다   언젠가는   네가 너무 많은 돈을 쓰면

6 He brought me some flowers / from the garden.
그는 나에게 꽃을 조금 가져다 주었다   정원에서

7 The new process / will save us a lot of time / on this project.
그 새로운 절차는   우리에게 많은 시간을 절약하게 해 줄 것이다   이 프로젝트에 드는 (많은 시간)

8 Could you tell me / why you had to leave in a hurry?
내게 말해 줄 수 있겠습니까   왜 당신이 서둘러 떠나야 했는지를

적용독해

pp.32~33

1

정답 ①

문제풀이

아동 구호 단체가 하는 일을 소개한 후 기부를 권유하고 있으므로 글의 목적으로 ①이 적절하다.

직독직해

① As you know, / there are many children / around the world / [who have lost their families].
귀하도 아시다시피   많은 아이들이 있습니다   세계 곳곳에   가족을 잃은 (많은 아이들)

② It may be / because of a war, a natural disaster or an accident. ③ But in all of these cases, /
그것은 ~일 것입니다   전쟁, 자연재해 또는 사고 때문에   하지만 이 모든 경우에

we offer the children our help. ④ Our organization buys them food and clothing / and finds
저희는 아이들에게 도움을 제공합니다   저희 단체는 그들에게 식량과 의류를 사 줍니다   그리고 그들에게

them a safe place / [to live]. ⑤ We do our best / to connect them / with loving families / [who
안전한 장소를 찾아 줍니다   살기에 (안전한 장소)   저희는 최선을 다합니다   그들을 연결해 주기 위해   다정한 가정과

will raise them]. ⑥ But this costs a lot of money. ⑦ We need your help / to ensure [that we
그들을 키워 줄 (다정한 가정)　하지만 이는 자금이 많이 듭니다　저희는 귀하의 도움이 필요합니다　저희가 계속할 수 있는

can continue / with our important work]. ⑧ [Whatever you can afford to give] / will make an
것을 보장하도록　저희의 중요한 일을　　　　　　　귀하께서 주실 수 있는 것은 무엇이든지　중요한 차이를

important difference / in a young person's life.
만들 것입니다　　　아이의 삶에

전문해석

Preston 씨께

귀하도 아시다시피, 세계 곳곳에는 가족을 잃은 많은 아이들이 있습니다. 그것은 아마도 전쟁, 자연재해 또는 사고 때문일 것입니다. 하지만 이 모든 경우에 저희는 아이들에게 도움을 제공합니다. 저희 단체는 그들에게 식량과 의류를 사 주고 살기에 안전한 장소를 찾아 줍니다. 저희는 아이들과 그들을 키워 줄 다정한 가정을 연결해 주기 위해 최선을 다합니다. 하지만 이는 자금이 많이 듭니다. 저희가 중요한 일을 계속할 수 있는 것을 보장하도록 귀하의 도움이 필요합니다. 귀하께서 주실 수 있는 것은 무엇이든지 아이의 삶에 중요한 차이를 만들 것입니다.

진심을 담아,
Michelle Lowe
국제 아동 구호 단체

구문해설

⑤ We do our best **to connect** them with loving families [who will raise them].
　　　　　　　 to부정사의 부사적 용법(목적)　　　　　　　　　　 주격 관계대명사절

　복합관계대명사
⑧ **Whatever** you can afford to give will make an important difference in a young person's life.
　　　　　　 S(명사절)　　　　　　　 V

직독직해 PLUS

정답 Our organization buys them food and clothing / and finds them a safe place / to live.
　　 저희 단체는 그들에게 식량과 의류를 사 줍니다　　　　　 그리고 그들에게 안전한 장소를 찾아 줍니다　살기에

2

정답 ③

문제풀이

상대방의 반응이 긍정적인지 부정적인지에 따라 자신감에 차이가 생기고 그 결과 성과가 달라진다는 내용의 글이다.

직독직해

① In a study, / college students gave the experimenters speeches / and were interviewed
　 한 연구에서　　 대학생들이 실험자에게 연설하였다　　　　　　 그리고 그 후에 면담을 받았다

afterwards. ② The experimenters reacted / to the speeches and interviews / in one of two
　　　　　　　 실험자들은 반응했다　　　　 연설과 면담에　　　　　　 둘 중 한 가지 방식으로

ways: / for the first group of students, / they nodded and smiled; / for the second group, /
　　　 첫 번째 학생 집단에게는　　　　　　 그들은 고개를 끄덕이고 미소를 지었다　두 번째 (학생) 집단에게는

they shook their heads / and crossed their arms. ③ In the final step of the experiment, / the
그들은 고개를 저었다　　　 그리고 팔짱을 꼈다　　　 실험 마지막 단계에서

experimenters asked the students / a series of math questions. ④ The students from the first
실험자들은 학생들에게 물어봤다   일련의 수학 문제를   첫 번째 집단의 학생들은

group, / [who received positive reactions], / answered these questions / more accurately /
긍정적인 반응을 받았던 (첫 번째 집단의 학생들)   이 문제들에 답했다   더 정확하게

than those from the second group. ⑤ It is believed / [that this was caused / by a difference
두 번째 집단의 학생들보다   (그것이) 여겨진다   이는 비롯되었다는 것이   자신감 정도의

in confidence levels]. ⑥ The students from the first group / were feeling confident in their
차이에 의해   첫 번째 집단의 학생들은   자신의 능력에 자신감을 느끼고 있었다

abilities, / while the students from the second group / felt overwhelmed and discouraged.
           반면 두 번째 집단의 학생들은   압도되고 의욕을 잃었다

전문해석

한 연구에서 대학생들이 실험자에게 연설을 하고 그 후에 면담을 받았다. 실험자들은 연설과 면담에 대해 다음 둘 중 한 가지 방식으로 반응했다. 첫 번째 학생 집단에게는 고개를 끄덕이고 미소를 지었고, 두 번째 학생 집단에게는 고개를 저었고 팔짱을 꼈다. 실험 마지막 단계에서 실험자들은 학생들에게 일련의 수학 문제를 물어봤다. 긍정적인 반응을 받았던 첫 번째 집단의 학생들은 두 번째 집단의 학생들보다 이 문제들에 더 정확하게 답했다. 이는 자신감 정도의 차이에서 비롯된 것이라 여겨진다. 첫 번째 집단의 학생들은 자신의 능력에 자신감을 느끼고 있었던 반면 두 번째 집단의 학생들은 압도되고 의욕을 잃었다.

구문해설

③ ..., the experimenters asked the students a series of math questions.
                    4형식 동사   I.O.   D.O.

④ The students from the first group, **who** received positive reactions, answered these questions
           선행사   계속적 용법의 주격 관계대명사

more accurately than those from the second group.
                      (= the students)

앞 문장의 내용 전체

⑤ **It** is believed **that** this was caused by a difference in confidence levels.
   가주어   진주어(명사절)

직독직해 PLUS

정답 In the final step of the experiment, / the experimenters asked the students / a series of math
실험 마지막 단계에서   실험자들은 학생들에게 물어봤다   일련의 수학 문제를
questions.

독해 PLUS

정답 confidence

해석 학생들의 자신감은 수학 문제에 답하는 그들의 능력에 영향을 미쳤다.

EXERCISE p.35

STEP 1

1 My friends called / my little sister a princess.
내 친구들은 불렀다　　내 여동생을 공주님이라고

2 I named my dog Choco / because of its color.
나는 내 개에게 Choco라는 이름을 지어주었다　그 개의 색깔 때문에

3 They colored the cloth / purple and brown.
그들은 그 천을 물들였다　　보라색과 갈색으로

4 Her new hairstyle / made her look much older.
그녀의 새 머리 모양은　　그녀를 훨씬 더 나이 들어 보이게 했다

5 I want all the students / to feel a sense of fulfillment.
나는 모든 학생들에게 원한다　성취감을 느끼기를

6 The music teacher considers Chopin / the greatest composer.
음악 선생님은 Chopin을 여긴다　　가장 위대한 작곡가로

7 The tourists saw a bear / crossing the river.
관광객들은 곰을 보았다　　강을 건너고 있는 것을

8 August asked his friend / to walk with him.
August는 그의 친구에게 요청했다　그와 함께 걸을 것을

9 This website helps its visitors / find the best price for products.
이 웹사이트는 방문객들을 도와준다　　상품들의 가장 좋은 가격을 찾도록

10 His teacher advised him / to take part in the English contest.
그의 선생님은 그에게 조언했다　영어 대회에 참가하라고

STEP 2

1 Since there was no reply, / I pushed the door open.
대답이 없어서　　나는 문을 열리게 밀었다

2 Critics expect the book / to be released soon.
비평가들은 그 책을 기대한다　곧 출간될 것으로

3 The video clip let me know / how to tune a piano.
그 비디오 클립은 나에게 알려주었다　피아노를 조율하는 방법을

4 The police officer / made him ride in a police car / and come to the police station.
그 경찰관은　　그가 경찰차에 타게 했다　　그리고 경찰서로 오게 (했다)

5 We found the documentary film / charming, entertaining, / and well worth watching.
우리는 그 다큐멘터리 영화가 ~임을 발견했다　매력적이고 재미있다는 것을　　그리고 상당히 볼 가치가 있다는 것을

1   정답 ④

문제풀이

인공 감미료의 건강상의 해로운 점에 대한 내용이므로, ④ 천연 설탕에 대한 내용은 글의 흐름과 관련이 없다.

직독직해

① Many people eat sugar-free products / when they are dieting. ② However, / most of
많은 사람들이 무설탕 제품을 먹는다   그들이 다이어트를 할 때   그러나

these products contain / artificial sweeteners. ③ According to the researchers, / eating just
이들 제품 대부분은 함유한다   인공 감미료를   연구원들에 따르면

an average amount of these sweeteners / changes the composition of the bacteria / [that
이러한 감미료를 단지 보통의 양으로 먹는 것이   박테리아의 구성을 변화시킨다

live in our intestines]. ④ This can cause us to have / too much sugar in our blood, /
우리 장에 사는 (박테리아)   이는 우리가 갖게 할 수 있다   혈액 속에 너무 많은 당을

which sometimes leads to type 2 diabetes. ⑤ The study also showed / [that artificial
이는 때때로 제2형 당뇨병으로 이어진다   연구는 또한 보여줬다

sweeteners might be contributing / to the increase in obesity rates]. ⑥ This is / because
인공 감미료가 원인이 될지도 모른다는 것을   비만율 증가의   이것은 ~이다

their extreme sweetness makes us need / more and more sweet things / in order to feel
그것들의 과도한 단맛이 우리가 필요로 하게 만들기 때문에   점점 더 많은 단 것을   만족을 느낄 수 있게
(= 인공 감미료의)

satisfied. ⑦ Natural sugar can be addictive / and increase our levels of body fat. ⑧ Above
           천연 설탕은 중독성이 있을 수 있다   그리고 체지방 수치를 높일 수 있다   무엇보다도

all, / there is no proof / that eating sugar-free products / [that contain artificial sweeteners] /
증거가 없다   무설탕 제품을 먹는 것이   인공 감미료를 함유한 (무설탕 제품)

helps people lose weight.
사람들이 체중을 감량하는 것을 돕는다는 (증거)

전문해석

많은 사람들이 다이어트를 할 때 무설탕 제품을 먹는다. 그러나 이들 제품 대부분은 인공 감미료를 함유한다. 연구원들에 따르면, 이러한 감미료를 단지 보통의 양으로 먹는 것이 우리 장에 사는 박테리아의 구성을 변화시킨다. 이는 혈액 속 당이 너무 많아지게 할 수 있는데, 이는 때때로 제2형 당뇨병으로 이어진다. 또한 연구는 인공 감미료가 비만율 증가의 원인이 될지도 모른다는 것을 보여줬다. 이것은 감미료의 과도한 단맛이 우리가 만족을 느낄 수 있게 점점 더 많은 단 것을 필요로 하게 만들기 때문이다. (천연 설탕은 중독성이 있을 수 있고 체지방 수치를 높일 수 있다.) 무엇보다도, 인공 감미료가 함유된 무설탕 제품을 먹는 것이 사람들이 체중을 감량하는 것을 돕는다는 증거가 없다.

구문해설

                   앞 문장의 내용 전체
④ This can cause us to have too much sugar in our blood, **which** sometimes leads to type 2
            V   O   O.C.(to-v)   계속적 용법의 주격 관계대명사
diabetes.

⑥ This is because their extreme sweetness makes us need more and more sweet things ... .
                                          사역동사 O O.C.(동사원형)

⑧ ..., there is no proof [that eating sugar-free products {that contain artificial sweeteners} helps
　　　　　　　　　　　 S절(동명사구)　　　　　　　　　　　　　　　　　　　　　　　　　　 V절

people lose weight].
O절　 O.C.절(동사원형)

정답 This is / because their extreme sweetness makes us need / more and more sweet things /
　 이것은 ~이다　그것들의 과도한 단맛이 우리가 필요로 하게 만들기 때문에　　　　점점 더 많은 단 것을

in order to feel satisfied.
만족을 느낄 수 있게

2

정답 ④

문제풀이

빈칸 뒤에서 뾰족뒤쥐의 몸무게가 겨울에는 약 18% 감소했다가 봄이 되면 83%까지 증가한다는 내용이 이어지므로, 빈칸에는 ④가 들어가는 것이 가장 적절하다.

① 그들은 그들의 새끼들을 돌보는 것에 집중한다

② 그들의 음식 공급은 그들의 몸무게에 영향을 미친다

③ 그들의 체온은 그들을 돕기 위해 증가한다

④ 그들의 뼈와 주요 장기는 적응하기 위해 크기를 바꾼다

⑤ 그들의 활동은 온도에 따라 증가한다

직독직해

① Each season forces animals / to adjust in various ways. ② Some animals migrate, /
각 계절은 동물들을 ~하게 만든다　　　　다양한 방법으로 적응하게　　　　　어떤 동물들은 이동한다

some hibernate, / and some simply store up fat. ③ Shrews are an interesting case.
어떤 동물들은 겨울잠을 잔다　그리고 어떤 동물들은 단순히 지방을 쌓아둔다　뾰족뒤쥐는 흥미로운 경우이다

④ With each season, / their bones and major organs change size / to adapt. ⑤ In one study, /
각 계절마다　　　　 그들의 뼈와 주요 장기는 크기를 바꾼다　　　 적응하기 위해　한 연구에서

scientists found / [that, in winter, / a shrew's body mass decreased / by about 18 percent].
과학자들은 알아냈다　　겨울에　　　뾰족뒤쥐의 몸무게가 감소했다는 것을　　약 18% 정도

⑥ However, / in spring, / the same animal's body mass rose / by 83 percent. ⑦ A smaller
그러나　　　봄에는　　　 같은 동물의 몸무게가 증가했다　　83% 정도　　 작은 몸집은

body size helps these animals / to survive the cold temperatures / on less energy. ⑧ This
이 동물들을 도와준다　　　　추운 기온에서 생존할 수 있도록　　　적은 에너지로　　이것은

allows them / to get by / with less food. ⑨ Likewise, / a larger body size has advantages /
그들을　 　그럭저럭　더 적은 음식으로　 마찬가지로　 큰 몸집은 장점이 있다
~하게 해준다　살 수 있게

in warmer seasons. ⑩ Bigger bodies make males stronger competitors / and females better
따뜻한 계절에　　　 큰 몸집은 수컷들을 더 강한 경쟁자로 만든다　　　그리고 암컷들은 새끼들을

at providing for offspring.
더 잘 부양하게 만든다

전문해석

각 계절은 동물들이 다양한 방법으로 적응하게 만든다. 어떤 동물들은 이동하고, 어떤 동물들은 겨울잠을 자고, 어떤 동물들은 단순히 지방을 쌓아둔다. 뾰족뒤쥐는 흥미로운 경우이다. 각 계절마다, <u>그들의 뼈와 주요 장기는 적응하기 위해 크기를 바꾼다</u>. 한 연구에서, 과학자들은 겨울에 뾰족뒤쥐의 몸무게가 약 18% 정도 감소했다는 것을 알

아냈다. 그러나, 봄에는 같은 동물의 몸무게가 83% 정도 증가했다. 작은 몸집은 이 동물들이 적은 에너지로 추운 기온에서 생존할 수 있도록 도와준다. 이것은 그들이 더 적은 음식으로 그럭저럭 살 수 있게 해준다. 마찬가지로, 큰 몸집은 따뜻한 계절에 장점이 있다. 큰 몸집은 수컷들을 더 강한 경쟁자로, 암컷들은 새끼들을 더 잘 부양하게 만든다.

구문해설

① Each season <u>forces</u> <u>animals</u> <u>to adjust in various ways.</u>
                V   O   O.C.(to-v)

⑤ In one study, <u>scientists</u> <u>found</u> [that, in winter, a shrew's body mass decreased ...].
              S   V   O(명사절)

⑩ <u>Bigger bodies</u> <u>make</u> <u>males</u> <u>stronger competitors</u> and <u>females</u> <u>better at providing for offspring.</u>
    S   V   O1   O.C.1   O2   O.C.2

직독직해 PLUS

정답 A smaller body size helps these animals / to survive the cold temperatures / on less energy.
작은 몸집은 이 동물들을 도와준다   추운 기온에서 생존할 수 있도록   적은 에너지로

독해 PLUS

정답 adapt
해석 이 글은 뽀족뒤쥐가 각 계절에 어떻게 적응하는지를 설명한다.

PART 1   REVIEW TEST

pp.38~41

1 ④   2 ③   3 ④   4 ④   5 ⑤   6 ③

직독직해 REVIEW

1 Besides making Bogota / a quieter place to roam, / the car ban also offers residents /
보고타를 만든 것 외에도   돌아다니기에 보다 조용한 곳으로   자동차 금지는 거주민들에게 제공하기도 한다

health benefits.
건강상의 이점을

2 Since most of outer space is empty, / with nothing / for the light / to reflect off, / it appears black /
대부분의 우주 공간이 비어 있기 때문에   아무것도 없이   빛이   반사될 만한 (것)   그것은 검게 보인다

to us.
우리에게

3 You also got / the date and location of the event / wrong — / it was held / on July 7th /
당신은 또한 ~한 상태가 되게 했습니다 대회 날짜와 장소를   틀리게   그것은 열렸습니다 7월 7일에

at West Beach, / not on July 17th / at Long Beach.
웨스트비치에서   7월 17일이 아니라   롱비치에서

4-1) Especially, / they thought cats / the most fascinating and admirable.
특히   그들은 고양이를 ~라고 생각했다   가장 매력적이고 존경할 만한

4-2) They could bring people / who respected them / good luck.
그들은 사람들에게 가져다 줄 수 있었다   그들을 존경하는 (사람들)   행운을

[5~6] Patrick decided to follow this calling / and returned to Ireland / as a missionary /
Patrick은 이 부름을 따르기로 결정했다   그리고 아일랜드로 돌아갔다   선교사로서

after several years of study and preparation.
몇 년간의 공부와 준비를 한 후에

1

정답 ④

문제풀이

자동차 금지 프로그램으로 인해 주민들이 더 걷게 되었다는 맥락이므로, 그 금지가 없다면 주민들이 '활동하지 않을' 것이라는 내용이 적절하다. 따라서 ④ active를 inactive(활동하지 않는) 등으로 고쳐야 한다.

직독직해

① With more than 7 million people, / Bogota, / the capital city of Colombia, / is a busy
7백만 명 이상의 인구가 있는   보고타는   콜롬비아의 수도인 (보고타는)   복잡한 대도시이다

metropolis. ② From Monday to Saturday, / the streets in the city / are crowded with cars.
                월요일에서 토요일까지   도시의 거리는   자동차로 붐빈다

③ But on Sundays and holidays, / cars are nowhere / to be seen. ④ Instead, / the streets are
그러나 일요일과 공휴일에는   자동차가 아무 데서도 ~않다 보이지   대신   거리는

home / to bicycles and pedestrians. ⑤ This is due to a program / [that has been running /
집이다   자전거와 보행자에게 (집이다)   이것은 한 프로그램 때문이다   시행되고 있는 (프로그램)

since the 1970s]. ⑥ Today, / the campaign covers / nearly 100 km of roads / in the capital.
1970년대 이후로   오늘날   그 캠페인은 포괄한다   100킬로미터에 가까운 도로들을   수도 내의 (도로들)

⑦ Besides making Bogota / a quieter place to roam, / the car ban also offers residents /
보고타를 만든 것 외에도   돌아다니기에 보다 조용한 곳으로   자동차 금지는 거주민들에게 제공하기도 한다

health benefits. ⑧ Studies show / [that around a million residents / regularly walk /
건강상의 이점을   연구들은 보여준다   백만 명 정도의 주민들이   정기적으로 걷는 것을

on Sundays]. ⑨ Many of them say / [(that) they would be inactive / without the ban].
일요일마다   그들 중 많은 이들이 말한다   그들이 활동하지 않을 거라고   그 금지가 없다면

⑩ This program is a "wonderful example" / of [how governments can encourage people /
이 프로그램은 '멋진 사례'이다   정부가 어떻게 사람들을 독려할 수 있는가에 대한 (멋진 사례)

to exercise].
운동하도록

전문해석

7백만 명 이상의 인구가 있는 콜롬비아의 수도 보고타는 복잡한 대도시이다. 월요일에서 토요일까지 도시의 거리는 자동차로 붐빈다. 그러나 일요일과 공휴일에는, 아무 데서도 자동차가 보이지 않는다. 대신, 거리는 자전거와 보행자의 공간이다. 이것은 1970년대 이후 시행되고 있는 한 프로그램 때문이다. 오늘날, 그 캠페인은 수도 내의 100킬로미터에 가까운 도로들에 걸쳐 시행되고 있다. 보고타를 돌아다니기에 보다 조용한 곳으로 만든 것 외에도 자동차 금지는 거주민들에게 건강상의 이점을 제공하기도 한다. 연구들은 백만 명 정도의 주민들이 일요일마다 정기적으로 걷는다는 것을 보여준다. 그들 중 많은 이들은 그 금지가 없다면 그들이 활동적일(→ 활동하지 않을) 거라고 말한다. 이 프로그램은 정부가 어떻게 사람들을 운동하도록 독려할 수 있는가에 대한 '멋진 사례'이다.

⑤ This is due to a program [that has been running since the 1970s].
선행사 ┌─────────┐ 주격 관계대명사절
앞 문장의 내용 전체　　　　　　　　현재완료 진행

⑦ Besides making Bogota a quieter place to roam, the car ban also offers residents health benefits.
　　　5형식 동사　O　　　O.C.　　　　　　　　　4형식 동사　I.O.　　D.O.
⇨ Besides making은 「전치사+동명사」 구조

　　　　　　　　　　　　　　　　　　　　　(= if it were not for the ban)
⑨ Many of them say (that) they **would be** inactive **without** the ban.
　　　　　　　　V　　　　　　　O(명사절)
⇨ without the ban은 if절을 대신하는 가정법 과거 구문(현재 사실과 반대되는 상황을 가정)

2

정답 ③

문제풀이

우주가 빛으로 가득 차 있음에도 불구하고 우리 눈에 검게 보이는 이유를 설명하는 글이다.
① 우주의 가시광선　　　　　　　　② 빛은 특수한 색을 가진다
③ 왜 우주는 검게 보이는가　　　　④ 레이저는 우주에서 어떻게 움직이는가
⑤ 우주 여행은 가능하다

직독직해

① Most of outer space / looks black / to our eyes. ② When we see the color black, /
대부분의 우주 공간은　　　　검게 보인다　　우리 눈에　　　　　우리가 검은색을 볼 때

we assume / [that there's an absence of light]. ③ But scientists have explained / [that space is
우리는 가정한다　빛의 부재가 있다고(= 빛이 없다고)　　하지만 과학자들은 설명해왔다　　　　우주는 빛으로

filled with light, / which travels / in a straight line / until it reflects off something]. ④ We're
가득 차 있다는 것을　　그리고 그것은 이동한다　직선으로　　　그것이 무언가에 반사될 때까지　　　　우리는

unable to see the light / until it hits an object. ⑤ The same is true / with a laser pointer.
그 빛을 볼 수 없다　　　그것이 물체에 부딪힐 때까지　　　같은 것이 사실이다　　레이저 포인터(의 경우)에도

⑥ You can see the spot / [(which/that) the laser hits] / but not the beam. ⑦ So even though
당신은 지점을 볼 수 있다　　레이저가 부딪히는 (지점)　　하지만 광선을 볼 수 없다　　그래서 우주가 빛으로

space is full of light, / it remains invisible / unless it meets a solid object. ⑧ Since most of
가득 차 있음에도 불구하고　그것(= light)은 보이지 않은 채 남아 있다　만일 그것이 고체와 만나지 않는다면　대부분의 우주 공간이

outer space is empty, / with nothing / for the light / [to reflect off], / it appears black / to us.
비어 있기 때문에　　아무것도 없이　빛이　반사될 만한 (것)　그것(= outer space)은 검게 보인다　우리에게

전문해석

대부분의 우주 공간은 우리 눈에 검게 보인다. 우리는 검은색을 볼 때, 빛이 없다고 가정한다. 하지만 과학자들은 우주가 빛으로 가득 차 있는데, 빛이 무언가에 부딪혀 반사될 때까지 직선으로 이동한다고 설명해왔다. 우리는 빛이 어떤 물체에 부딪힐 때까지 그것을 볼 수 없다. 레이저 포인터도 마찬가지이다. 당신은 레이저가 부딪히는 지점을 볼 수는 있지만, 광선을 볼 수는 없다. 그래서 우주가 빛으로 가득 차 있음에도 불구하고, 빛은 고체를 만나지 않으면 보이지 않는 상태로 남는다. 대부분의 우주 공간은 빛이 반사될 만한 것이 아무것도 없는 채로 텅 비어 있기 때문에, 우주는 우리에게 검게 보인다.

구문해설

⑥ You can see the spot [(which/that) the laser hits] but not the beam.
선행사 ↑└─────────┘ 목적격 관계대명사절　　(= but you cannot see the beam)

⑦ ..., it remains invisible unless it meets a solid object.
　　　　S　V　　　S.C.　　(= if it doesn't meet)

　　　　　　　　　　　　　　　　　　　　　to부정사의 의미상 주어
⑧ Since most of outer space is empty, with nothing *for the light* [**to reflect** off], ...
　~이기 때문에　　　　　　　　　　　　　　　　　　　　　　　to부정사의 형용사적 용법

3　정답 ④

문제풀이

필자가 구독하는 잡지의 기사에서 오류를 발견하고 정정을 요구하는 내용의 편지이므로 글의 목적으로 ④가 알맞다.

직독직해

① I have been reading your magazine / for many years, / and I usually enjoy all of your
저는 귀사의 잡지를 읽고 있습니다　　　　여러 해 동안　　　그리고 보통은 모든 기사를 즐겁게 봅니다

articles. ② I was especially excited / to read the article / [about the national windsurfing
　　　저는 특히 흥분되었습니다　　　기사를 읽고　　　전국 윈드서핑 선수권 대회에 관한 (기사)

championships] / in last month's issue, / since I am a windsurfer myself. ③ However, /
　　　지난달 호에　　　제가 직접 윈드서핑을 하는 사람이기 때문에　　하지만

I was disappointed / to find a number of errors. ④ First of all, / you spelled the name of the
저는 실망했습니다　　　많은 오류를 발견하고　　　우선　　당신은 우승자 이름의 철자를 썼습니다

winner, / Stephanie Thirard, / incorrectly. ⑤ You also got / the date and location of the event /
Stephanie Thirard인　틀리게　　당신은 또한 ~한 상태가 되게 했습니다　대회 날짜와 장소를

wrong — / it was held / on July 7th / at West Beach, / not on July 17th / at Long Beach.
틀리게　　그것은 열렸습니다　7월 7일에　　웨스트비치에서　　7월 17일이 아니라　　롱비치에서

⑥ I hope / [(that) you can include a correction / in next month's issue]. ⑦ And please be
저는 바랍니다　당신이 정정한 것을 포함시키는 것을　　　다음 달 호에　　　그리고 더욱 신중해

more careful / when you check the facts of future articles.
주십시오　　　당신이 앞으로의 기사의 사실을 확인할 때

전문해석

편집자님께

저는 귀사의 잡지를 여러 해 동안 읽고 있고, 보통은 모든 기사를 즐겁게 봅니다. 제가 직접 윈드서핑을 하는 사람이기 때문에, 지난달 호에 전국 윈드서핑 선수권 대회에 관한 기사를 읽고 특히 흥분되었습니다. 하지만 많은 오류를 발견하고 실망하였습니다. 우선 당신은 우승자의 이름인 Stephanie Thirard의 철자를 틀리게 썼더군요. 당신은 대회 날짜와 장소도 틀렸는데, 그 대회는 7월 17일 롱비치에서가 아니라 7월 7일 웨스트비치에서 열린 것입니다. 저는 당신이 다음 달 호에 정정한 것을 포함시켜주시길 바랍니다. 그리고 앞으로의 기사의 사실을 확인할 때 더욱 신중해 주십시오.

진심을 다해,

Bob Greenwood 드림

구문해설

② I was especially excited **to read** the article about the national windsurfing championships
　　　　　　　　　　　　to부정사의 부사적 용법(감정의 원인)

in last month's issue, since I am a windsurfer myself.
　　　　　　　　　　　　　　재귀대명사의 강조용법

⑤ You also <u>got</u> <u>the date and location of the event</u> <u>wrong</u> — ... .
　　　　　 V　　　　　　　　 O　　　　　　　　　　 O.C.
　⇨「get+O+O.C.」'O를 O.C.한 상태가 되게 하다'

4　정답 ④

문제풀이
④는 고양이의 주인들을 가리키는 반면, 나머지는 모두 고양이들을 가리킨다.

직독직해

① For thousands of years, / ancient Egyptians worshipped certain animals. ② Especially, /
　수천 년 동안　　　　　　　　고대의 이집트인들은 특정 동물들을 숭배했다　　　　　　　특히

they thought cats / the most fascinating and admirable. ③ According to Egyptian beliefs, /
그들은 고양이를 ~라고 생각했다　가장 매력적이고 존경할 만한　　　　이집트인들의 믿음에 따르면

cats were magical creatures. ④ They could bring people / [who respected them] / good luck.
고양이는 마법의 생명체였다　　그들은 사람들에게 가져다 줄 수 있었다　그들을 존경하는 (사람들)　　행운을

⑤ Wealthy families gave their cats expensive treats. ⑥ When cats died, / people mummified
부유한 가정들은 그들의 고양이들에게 비싼 먹이를 주었다　　고양이들이 죽으면　사람들은 그들을 미라로

and buried them. ⑦ To ensure a good afterlife / for their cats, / owners often put jewels,
만들어서 묻어주었다　　좋은 사후 세계를 보장해주기 위해　　그들의 고양이들에게　주인들은 종종 보석, 쥐, 우유,

mice, milk, and other things / with them / in their tombs. ⑧ After the burial, / they shaved
그리고 다른 것들을 넣었다　　그들과 함께　그들의 무덤에　　매장 후에는　　그들(= owners)은

their eyebrows and mourned / until they grew back. ⑨ During house fires, / owners of cats
그들의 눈썹을 깎고 애도했다　　　그것이 다시 자랄 때까지　집에서 불이 나는 동안에도　고양이의 주인들은

would put all their effort / toward saving them. ⑩ Because Egyptians considered cats holy, /
그들의 모든 노력을 다했다　　그들(= cats)을 구하기 위해서　이집트인들은 고양이를 신성하게 여겼기 때문에

they made a lot of art / [that featured cats]. ⑪ In addition, / Egyptian laws gave people / [who
그들은 많은 예술품들을 만들었다　고양이들을 특징으로 하는 (예술품들)　게다가　이집트의 법은 사람들에게 내렸다

killed them] / death sentences.
그들을 죽인 (사람들)　사형 선고를

전문해석
수천 년 동안, 고대의 이집트인들은 특정 동물들을 숭배했다. 특히, 그들은 고양이를 가장 매력적이고 존경할 만
하다고 생각했다. 이집트인들의 믿음에 따르면, 고양이는 마법의 생명체였다. 그들은 그들을 존경하는 사람들에게
행운을 가져다 줄 수 있었다. 부유한 가정에서는 그들의 고양이들에게 비싼 먹이를 주었다. 고양이들이 죽으면, 사
람들은 그들을 미라로 만들어서 묻어주었다. 그들의 고양이들에게 좋은 사후 세계를 보장해주기 위해, 주인들은
종종 보석, 쥐, 우유, 그리고 다른 것들을 그들의 무덤에 그들과 함께 넣었다. 매장 후에는, 그들은 그들의 눈썹을
깎고 그것이 다시 자랄 때까지 애도했다. 집에서 불이 나는 동안에도, 고양이의 주인들은 그들을 구하기 위해서 그
들의 모든 노력을 다했다. 이집트인들은 고양이를 신성하게 여겼기 때문에, 그들은 고양이들을 특징으로 하는 많
은 예술품들을 만들었다. 게다가, 이집트의 법은 그들을 죽인 사람들에게 사형 선고를 내렸다.

구문해설
② Especially, they <u>thought</u> <u>cats</u> <u>the most fascinating and admirable</u>.
　　　　　　　　　　　 V　　 O　　　　　　 O.C.
　⇨「think+O+O.C.」'O를 O.C.라고 생각하다'

④ They <u>could bring</u> <u>people</u> [who respected them] <u>good luck</u>.
        V   I.O.   D.O.

주격 관계대명사절

⑩ Because Egyptians <u>considered</u> <u>cats</u> <u>holy</u>, they made a lot of art [that featured cats].
                          V   O O.C.

주격 관계대명사절

5-6   정답 5 ⑤ 6 ③

문제풀이

5 성(聖) Patrick이 어린 시절 해적에게 아일랜드로 납치되었다가 영국으로 도망쳐왔다는 내용의 (A) 다음에, 영국으로 돌아왔지만 기독교 전파를 위해 다시 아일랜드로 가게 되었다는 (D)가 이어지고, 그를 반대하는 세력의 방해에도 성공적으로 선교 활동을 펼쳤다는 (B) 다음에, 오늘날 전 세계에서 그를 기린다는 내용을 언급한 (C)로 이어지는 것이 자연스럽다.

6 반대 세력에도 불구하고 선교는 성공적이었다고 했다.

직독직해

① Saint Patrick, / the patron saint of Ireland, / is a widely recognized religious figure.
성(聖) Patrick은   아일랜드의 수호성인인   널리 알려진 종교적 인물이다

② Although uncertain of the exact dates, / historians believe / [(that) he lived / sometime
비록 정확한 날짜는 확실치 않지만   역사가들은 믿는다   그가 살았다고

during the 5th century]. ③ He was born and raised / in Britain. ④ Then, / at the age of 16, /
5세기 중의 언젠가   그는 태어나고 자랐다   영국에서   그 후   16세에

he was kidnapped by pirates, / who took him to Ireland / and sold him into slavery.
그는 해적들에 의해 납치되었다   (그리고) 그들은 그를 아일랜드로 데려갔다   그리고 그를 노예로 팔았다

⑤ During his years working there / as a shepherd, / he turned to Christianity / for comfort /
거기에서 일하는 동안   양치기로서   그는 기독교에 의지했다   위안을 찾기 위해

and became very religious. ⑥ After six years of slavery, / he was eventually able to escape /
그리고 매우 신앙심이 깊어졌다   6년간의 노예 생활 후   그는 마침내 도망칠 수 있었다

and (to) go back to his native Britain. ⑦ A few years after returning to Britain, / Patrick
그리고 그의 고향인 영국으로 돌아갈 수 있었다   영국으로 돌아오고 나서 몇 년 후   Patrick은

became a priest. ⑧ He began dreaming / of the voices of Irish people / [telling him to go
성직자가 되었다   그는 꿈을 꾸기 시작했다   아일랜드 사람들의 목소리에 대해   그에게 아일랜드로

back to Ireland / and (to) spread Christianity among them]. ⑨ Patrick decided to follow
돌아오라고 말하는   그리고 그들 사이에 기독교를 전파하라고 (말하는)   Patrick은 이 부름을 따르기로 결정했다
(아일랜드 사람들의 목소리)

this calling / and returned to Ireland / as a missionary / after several years of study and
그리고 아일랜드로 돌아갔다   선교사로서   몇 년간의 공부와 준비를 한 후에

preparation. ⑩ Although some Christians were already living there, / Patrick converted / the
          비록 몇몇 기독교인들이 이미 그곳에 살고 있었지만   Patrick은 개종시켰다

nobles and the majority [of the common people] / to Christianity. ⑪ However, / this was not
귀족들과 평민들의 대부분을   기독교로   그러나   이것은 쉽게

easily accomplished. ⑫ The priests of local religions were afraid / of losing their followers, /
이루어지지 않았다   지역 종교의 성직자들은 두려워했다   그들의 추종자들을 잃는 것을

so they started arguments / and even tried to have Patrick killed. ⑬ Despite this opposition, /
그래서 그들은 논쟁을 시작했다   그리고 심지어 Patrick을 죽이려고 시도했다   이런 반대 세력에도 불구하고

his mission was successful / and is said to have lasted / around 30 years. ⑭ During that
그의 선교는 성공적이었다   그리고 지속되었다고 전해진다   약 30년간   그 기간 동안

time, / he not only spread his faith, / but also set the groundwork / for the establishment of
그는 그의 신앙을 전파했을 뿐만 아니라   또한 기초를 다졌다   교회의 설립을 위한 (기초)

churches / all over Ireland. ⑮ Historians believe / [that Saint Patrick was also responsible /
아일랜드 전역에 걸쳐   역사가들은 믿는다   성 Patrick이 또한 (~을) 초래했다고

for bringing the written word / to Ireland / by introducing religious texts]. ⑯ Before his
문자를 들여오는 것을 (초래했다고)   아일랜드에   종교적인 글들을 소개함으로써   그의 도착 이전에

arrival, / information had only been passed down / through memory and storytelling.
정보는 전해졌을 뿐이었다   기억과 이야기를 통해서

⑰ Today, / Saint Patrick's contributions are honored / every year on March 17th. ⑱ Saint
오늘날   성 Patrick의 공헌은 기려진다   매년 3월 17일에

Patrick is now recognized / all over the world, / and his holiday is celebrated / in many
성 Patrick은 이제 알려져 있다   전 세계적으로   그리고 그의 축일은 기념된다   많은 나라에서

countries.

전문해석

(A) 아일랜드의 수호성인인 성(聖) Patrick은 널리 알려진 종교적인 인물이다. 비록 정확한 날짜는 확실치 않지만, 역사가들은 그가 5세기 중 언젠가 살았다고 믿는다. 그는 영국에서 태어나고 자랐다. 그러고 나서 16세에 그는 해적들에게 납치되었는데, 그들은 그를 아일랜드로 데려가서 노예로 팔았다. 거기에서 양치기로 일하는 동안, 그는 위안을 찾기 위해 기독교에 의지했고, 매우 신앙심이 깊어졌다. 6년간의 노예 생활 후, 그는 마침내 도망쳐 그의 고향인 영국으로 돌아갈 수 있었다.

(D) 영국으로 돌아와 몇 년 후, Patrick은 성직자가 되었다. 그는 그에게 아일랜드로 돌아와 사람들에게 기독교를 전파하라고 말하는 아일랜드 사람들의 목소리에 대한 꿈을 꾸기 시작했다. Patrick은 이 부름을 따르기로 결정하고, 몇 년간 공부와 준비를 한 후에 선교사로서 아일랜드로 돌아갔다. 비록 몇몇 기독교인들이 이미 그곳에 살고 있었지만, Patrick은 귀족들과 평민들의 대부분을 기독교로 개종시켰다.

(B) 그러나 이것은 쉽게 이루어지지 않았다. 지역 종교의 성직자들은 그들의 추종자들을 잃을까 봐 두려워 논쟁을 시작했고, 심지어 Patrick을 죽이려고 시도했다. 이런 반대 세력에도 불구하고, 그의 선교는 성공했으며 약 30년간 지속되었다고 한다. 그 기간 동안 그는 그의 신앙을 전파했을 뿐만 아니라, 아일랜드 전역에 걸쳐 교회 설립을 위한 기초를 다지기도 했다.

(C) 역사가들은 성 Patrick이 또한 아일랜드에 종교적인 글을 소개하여 문자를 들여왔다고 여긴다. 그가 오기 전에는 정보가 기억과 이야기를 통해서 전해졌을 뿐이었다. 오늘날 성 Patrick의 공헌은 매년 3월 17일에 기려진다. 이제 성 Patrick은 전 세계적으로 알려져 있으며, 그의 축일은 많은 나라에서 기념된다.

구문해설

② Although (being) uncertain of the exact dates, historians believe ... .
　　접속사+분사구문(양보) (= Although historians are uncertain)

⑫ ... were afraid of losing their followers, so they started ... and even tried to have Patrick killed.
　　　　　　　　　전치사 of의 목적어(동명사구)　　　　　　　　　V1　　　　　　　V2　　사역동사　O　O.C.(과거분사)

01 수동·완료 표현

EXERCISE

p.45

STEP 1

1 Teenagers are not allowed / to drink alcohol.
청소년들은 허락되지 않는다　술을 마시는 것이

2 People have decreased / the amount of waste / produced at home.
사람들은 감소시켰다　쓰레기의 양을　집에서 생겨난 (쓰레기)

3 I have never met / a guy like Brian, / who is so fun to be with.
나는 만난 적이 없다　Brian 같은 남자를　그는 같이 있기에 아주 즐겁다

4 The resort in Bali / was established / three years ago.
발리에 있는 그 리조트는　세워졌다　3년 전에

5 Customers are told / to use exit 5 / instead of exit 1.
고객들은 듣는다　5번 출구를 이용하라고　1번 출구 대신

6 She will have finished the report / by tomorrow.
그녀는 보고서를 끝냈을 것이다　내일까지는

7 The police have found the car / that was stolen / five months ago.
경찰은 그 차를 찾아냈다　도난당했던 (그 차)　5개월 전에

8 This document should be separated / from other documents.
이 서류는 분리되어야만 한다　다른 서류들로부터

9 Bears have been forced / to perform in circuses.
곰들은 강요받아 왔다　서커스에서 공연하도록

STEP 2

1 Beautifully decorated appetizers / have been served / to the guests.
아름답게 장식된 전채 요리가　제공되었다　손님들에게

2 I heard / that the project was canceled / because of financial problems.
나는 들었다　그 프로젝트가 취소되었다는 것을　재정적인 문제 때문에

3 The new phone will have increased / storage space.
새로운 전화기는 늘렸을 것이다　저장 공간을

4 It is believed / that the portraits were painted / during the war.
～라고 여겨진다　그 초상화는 그려졌을 것이라고　전쟁 중에

5 The salary of all staff members / will be raised.
모든 직원들의 급여가　인상될 것이다

6 Before the radio was invented, / it wasn't easy / to hear recent news immediately.
라디오가 발명되기 이전에　쉽지 않았다　최근 소식을 즉시 듣는 것이

1 정답 ⑤

문제풀이

주어진 문장의 this number가 ⑤ 앞 문장의 180 million PCs를 의미하고, ⑤ 뒤 문장의 This는 주어진 문장의 내용인 무분별한 컴퓨터 폐기를 가리키므로, 주어진 문장은 ⑤에 오는 것이 적절하다.

직독직해

① According to a recent report, / more than one billion computers / are owned / by people
최근의 보도에 의하면　　　　　　10억 대 이상의 컴퓨터가　　　　　　소유되고 있다　전 세계 사람들에

worldwide. ② Moreover, / in the near future, / the number will exceed / two billion.
의해　　　　　게다가　　　가까운 미래에　　　　그 수가 넘을 것이다　　　　20억을

③ This rapid growth / is taking place primarily / in emerging markets / like India and Brazil,
이 급속한 증가는　　　　주로 일어나고 있다　　　　신흥 시장에서　　　　인도와 브라질 같은 (신흥 시장)

/ thanks to falling prices / and the recognition / that computers are essential / for economic
하락하는 가격 때문에　　　　그리고 인식 (때문에)　　컴퓨터가 필수적이라는 (인식)　　　경제 발전을 위해

development. ④ Unfortunately, / all these new PCs / translate into an increasing number
　　　　　불행하게도　　　　이 모든 새로운 PC는　　　더욱더 늘어나는 구식 컴퓨터들로 바뀐다

of outdated computers / as well. ⑤ The same report estimates / [that 180 million PCs will
　　　　　　　　　또한　　　　동일한 보도는 추산한다　　　　1억 8천만 대의 PC가

be replaced / this year alone]. ⑥ Of this number, / 35 million will be dumped / in landfills
교체될 것이라고　올해에만　　　　이 숫자 중에서　　　3천 5백만 대가 버려질 것이다　　쓰레기 매립지에

/ with no regard for the toxic materials / [(which/that) they contain]. ⑦ This predicts / an
독성 물질에 대한 고려 없이　　　　　그것들이 함유하는 (독성 물질)　　이것은 예견한다

alarming environmental problem.
걱정스러운 환경 문제를

전문해석

최근의 보도에 의하면, 10억 대 이상의 컴퓨터가 전 세계 사람들에 의해 소유되고 있다. 게다가, 가까운 미래에 그 수가 20억 대를 넘을 것이다. 하락하는 가격과 컴퓨터가 경제 발전을 위해 필수적이라는 인식 때문에, 이 급속한 증가는 주로 인도와 브라질 같은 신흥 시장에서 일어나고 있다. 불행하게도, 이 모든 새로운 PC는 또한 더욱더 늘어나는 구식 컴퓨터들로 바뀐다. 동일한 보도는 올해에만 1억 8천만 대의 PC가 교체될 것이라고 추산한다. 이 숫자 중에서 3천 5백만 대가 그것들이 함유하는 독성 물질에 대한 고려 없이 쓰레기 매립지에 버려질 것이다. 이것은 걱정스러운 환경 문제를 예견한다.

구문해설

⑤ The same report estimates [that 180 million PCs will be replaced this year alone].
　　S　　　　　V　　　　　　　　　　　　　　　　　　　　O(명사절)

⑥ ... with no regard for the toxic materials [(which/that) they contain].
　　　　　　　　　　　　선행사　　↑＿＿＿＿＿＿＿＿┘ 목적격 관계대명사절

직독직해 PLUS

정답 According to a recent report, / more than one billion computers / are owned / by people
최근의 보도에 의하면　　　　　　10억 대 이상의 컴퓨터가　　　　　　소유되고 있다　전 세계 사람들에 의해
worldwide.

독해 PLUS

정답 environmental

해석 오래된 PC를 새것으로 교체하는 것은 <u>환경적인</u> 문제들을 야기할 것 같다.

2

정답 ⑤

문제풀이

처음에 만들어진 둥지들은 나중에 오는 거북들에 의해 파괴된다고 했다.

직독직해

① In order to protect / one of the most important nesting beaches / [of sea turtles] / in the
보호하기 위해서　　　　가장 중요한 둥지 트는 해변 중 하나를　　　바다거북의　　　세계에서

world, / the Ostional National Wildlife Refuge was created / in Costa Rica. ② A group egg-
오스티오날 국립 야생 동물 보호 구역이 만들어졌다　　　　코스타리카에　　집단 산란 행동은

laying behavior, / which is called the arribada, / is only displayed / by two species of sea
　　　　　　그것은 arribada라고 불린다　　　오직 보여진다　　　두 가지 종(種)의 바다거북에 의해서

turtles. ③ The nesting cycles generally occur / at the start of the last quarter moon / and each
　　　산란 주기는 보통 일어난다　　　　하현달의 시작 때에　　　　　그리고

one lasts / three to seven days. ④ Since hundreds of turtles come onto the beach / in the span
각 주기는 계속된다　3일에서 7일까지　　수백 마리의 거북들이 해변 위로 오기 때문에　　단 며칠의 기간에

of only a few days, / the first nests are mostly destroyed / by later turtles. ⑤ Therefore, / the
　　　　　　처음 만들어진 둥지들은 대부분 파괴된다　　나중에 오는 거북들에 의해　　따라서

local people have been given permission / [to collect and (to) sell some of the eggs / during
그 지역 사람들은 허가를 받아왔다　　　　일부 알들을 채집하여 팔 수 있는 (허가)

the first few days of each cycle]. ⑥ Costa Rica is the only country / in the world / [where
각 주기의 처음 며칠 동안　　　코스타리카는 유일한 국가이다　　　세계에서

this practice is legal]. ⑦ It helps the community / and saves many turtle eggs / from being
이런 행위가 합법인 (유일한 국가)　그것(= this practice)은 지역 사회를 돕는다　그리고 많은 거북 알을 구한다　불법적으로

taken illegally.
채집되는 것으로부터

전문해석

세계에서 바다거북이 둥지 트는 가장 중요한 해변 중 하나를 보호하기 위하여, 오스티오날 국립 야생 동물 보호 구역이 코스타리카에 만들어졌다. arribada라 불리는 집단 산란 행동은 오직 두 가지 종(種)의 바다거북에 의해서 보여진다. 산란 주기는 보통 하현달이 시작될 때 일어나며, 각 주기는 3일에서 7일까지 계속된다. 단 며칠의 기간에 수백 마리의 거북들이 해변 위로 오기 때문에, 처음 만들어진 둥지들은 나중에 오는 거북들에 의해 대부분 파괴된다. 따라서, 그 지역 사람들은 각 주기의 처음 며칠 동안 일부 알들을 채집하여 팔 수 있는 허가를 받아왔다. 코스타리카는 세계에서 이런 행위가 합법인 유일한 국가이다. 그것은 지역 사회를 돕고, 많은 거북 알을 불법적으로 채집되는 것으로부터 구한다.

구문해설

② A group egg-laying behavior, **which** is called the arribada, is only displayed by ... .
　　　　　　S(선행사)　　　　계속적 용법의 주격 관계대명사　　V

⑥ Costa Rica is the only country in the world [where this practice is legal].
　　　　　　　선행사(장소)　　　　　　　　관계부사절

직독직해 PLUS

정답 Therefore, / the local people have been given permission / to collect and sell some of the
따라서　　　　그 지역 사람들은 허가를 받아왔다　　　　　　　　　일부 알들을 채집하여 팔 수 있는
eggs / during the first few days of each cycle.
각 주기의 처음 며칠 동안

독해 PLUS

정답 beneficial

해석 이 글에 따르면, arribada는 코스타리카 사람들에게 <u>유익하다</u>.

 02 가주어·가목적어

EXERCISE

p.49

STEP 1

1 It seemed strange / to cry during the funny movie.
(그것은) 이상하게 보였다　　재미있는 영화 도중에 우는 것은

2 I found it very useful / to conduct a customer survey.
나는 (그것을) 매우 유용하다고 여겼다　소비자 설문을 실시하는 것을

3 It is hard to believe / that some people live on boats.
(그것은) 믿기 어렵다　　　어떤 사람들이 보트에서 산다는 것은

4 It is necessary / for us / to learn from others' mistakes.
(그것은) 필수적이다　우리가　다른 사람들의 실수로부터 배우는 것은

5 It doesn't matter / whether she is pleased or not.
(그것은) 상관 없다　　그녀가 기뻐할지 또는 아닐지는

6 They found it awkward / that he asked them personal questions.
그들은 (그것을) 불편하다고 여겼다　그가 그들에게 사적인 질문을 묻는 것을

7 Is it possible / to generate electricity directly from heat?
(그것이) 가능한가　열에서 직접 전기를 발생시키는 것이

8 Fun at work makes it easier / for employees / to do their best.
직장에서의 재미는 (그것을) 더 쉽게 만든다　직원들이　　최선을 다하는 것을

STEP 2

1 I took it for granted / that I would find the right person / for the job.
나는 (그것을) 당연한 일로 여겼다　내가 적임자를 찾을 수 있을 것이라는 것을　　그 일을 위한

2 She made it a rule / not to purchase clothes / that are made of animal fur.
그녀는 (그것을) 규칙으로 삼았다　옷을 사지 않는 것을　　　동물의 털로 만들어진 (옷)

3 It turned out / that the magazine decided / to reject my article.
(그것이) 밝혀졌다　그 잡지가 결정한 것이　　　나의 기사를 거절하기로

4 It was a black suit / that Jason wore to the party.
(그것은) 바로 검은색 정장이었다　Jason이 그 파티에 입고 온 것은

5 It is uncertain / why he had to leave his job.
(그것은) 불확실하다　왜 그가 직장을 그만 두어야 했는지는

6 The air was so thick / with dust / that I found it difficult / to breathe.
공기가 너무 자욱해서　　　　　먼지로　　　　나는 (그것을) 어렵다고 생각했다　　숨 쉬는 것을

7 He spoke / with a strong accent, / which made it hard / for me / to understand him.
그는 말했다　　센 억양으로　　　　　　이는 (그것을) 어렵게 만들었다　내가　　　그를 이해하는 것을

적용독해

1　정답 ⑤

문제풀이

역접의 연결사 however 뒤에 아판타시아를 겪고 있는 사람이 어떤 것을 시각화하려 했을 때 그 사람의 뇌의 시각적 영역이 활동하지 않았다는 내용이 이어지므로, 앞부분에는 뇌의 대부분이 '정상적으로' 기능했다는 내용이 오는 것이 적절하다. 따라서 ⑤ abnormally를 normally(정상적으로) 등으로 고쳐야 한다.

직독직해

① In 2003, / neurologist Adam Zeman encountered / a very unusual case. ② A 65-year-old
2003년에　신경학자 Adam Zeman은 접했다　　　　　매우 특이한 사례를　　　　65세의 한 남자가

man said / [that he found it impossible / to visualize things, / such as the faces of friends /
말했다　　　(그것이) 불가능하다는 것을 알게 되었다고　시각화하는 것을　　친구들의 얼굴과 같은

or the landscapes of places / {(that) he knew}]. ③ The man used to love / to read.
또는 장소들의 풍경과 같은　　　　그가 아는 (장소들)　　그 남자는 좋아하곤 했다　　책 읽는 것을

④ For many years, / he had been able to imagine / people and places / [in books].
여러 해 동안　　　그는 상상할 수 있었다　　　사람들과 장소들을　　책 속의

⑤ However, / after a heart surgery, / he could no longer make mental pictures. ⑥ This was
그러나　　심장 수술 이후　　　그는 더 이상 마음 속의 영상을 그릴 수 없었다

Zeman's first time / [hearing about any such condition]. ⑦ He decided / [(that) he had to
Zeman은 이번이 처음이었다　그러한 질환에 대해 들은 것은　　그는 결심했다　　더 알아봐야겠다고

learn more]. ⑧ He named the disease *aphantasia*, / from the Greek word *phantasia*, / which
　　　　그는 그 질병을 '아판타시아'라고 이름 지었다　　그리스 단어 '판타시아'에서 따온

means "imagination." ⑨ Using brain-scanning technology, / Zeman discovered / [that most
그것은 '상상'을 의미한다　　　뇌 스캐닝 기술을 이용하여　　　Zeman은 발견했다

of the man's brain / was functioning normally]. ⑩ However, / the visual regions were
그 남자의 뇌의 대부분이　　정상적으로 기능하고 있다는 것을　　그러나　　시각적 영역은 활동하지 않고 있었다

inactive / when he tried to visualize something.
　　　　그가 어떤 것을 상상하려고 할 때

전문해석

2003년에, 신경학자 Adam Zeman은 매우 특이한 사례를 접했다. 65세의 한 남자가 친구들의 얼굴 또는 그가 아는 장소들의 풍경과 같은 것들을 시각화하는 것이 불가능하다는 것을 알게 되었다고 말했다. 그 남자는 책 읽는 것을 좋아하곤 했다. 여러 해 동안, 그는 책 속의 사람들과 장소들을 상상할 수 있었다. 그러나, 심장 수술 이후, 그는 더 이상 마음 속의 영상을 그릴 수 없었다. Zeman이 그러한 질환에 대해 들은 것은 이번이 처음이었다. 그는 더 알아봐야겠다고 결심했다. 그는 '상상'을 의미하는 그리스 단어인 '판타시아'에서 따와 그 질병을 '아판타시아'라고 이름 지었다. 뇌 스캐닝 기술을 이용하여, Zeman은 그 남자의 뇌의 대부분이 비정상적으로(→ 정상적으로) 기능하고 있다는 것을 발견했다. 그러나, 그가 어떤 것을 상상하려고 할 때 시각적 영역은 활동하지 않고 있었다.

② A 65-year-old man said [that he <u>found</u> it impossible to visualize things, such as the faces

S_절 V_절 O.C._절

가목적어 — 진목적어(to부정사구)

of friends or the landscapes of places {(that) he knew}].

목적격 관계대명사절

⑥ This was Zeman's first time [hearing about any such condition].

현재분사구

⑧ He <u>named</u> <u>the disease</u> *aphantasia*, from the Greek word *phantasia*, **which** means

V O O.C.

선행사 계속적 용법의 주격 관계대명사(= and it)

"imagination."

직독직해 PLUS

정답 A 65-year-old man said / that he found it impossible / to visualize things, / such as the faces
65세의 한 남자가 말했다 (그것이) 불가능하다는 것을 알게 되었다고 (~와 같은) 것들을 친구들의 얼굴과 같은
시각화하는 것이

of friends / or the landscapes of places / he knew.
또는 장소들의 풍경과 같은 그가 아는

독해 PLUS

정답 prevents
해석 신경학자 Adam Zeman은 환자가 마음 속에 사물을 볼 수 없게 막는 질병을 접했다.

2

정답 ④

문제풀이

농약이 거의 없는 유기농 식품을 항상 구입할 수는 없다는 내용의 주어진 글 다음에 보다 적은 농약을 함유한 과일과 채소를 먹는 것이 좋다는 (B)가 이어지고, 이런 식품들이 아닐 경우 세척으로 농약을 제거하라는 (C) 뒤에, 세척만으로 농약을 완전히 없앨 수 없으니 잎채소의 겉잎을 떼어내라는 (A)가 이어지는 것이 자연스럽다.

직독직해

① Organically grown food contains fewer pesticides, / which can harm your health.
유기농으로 재배된 식품에는 농약이 거의 없다 (그리고) 그것들(= 농약)은 당신의 건강을 해칠 수 있다

② However, / it is not always possible / to purchase organic food. ③ Therefore, / it is a
하지만 (그것이) 항상 가능하지는 않다 유기농 식품을 구매하는 것이 그러므로 (그것은)

good idea / to eat fruits and vegetables / [that contain fewer pesticides], / such as avocados,
좋은 생각이다 과일과 채소를 먹는 것은 보다 적은 농약을 함유한 (과일과 채소) 아보카도, 옥수수,

corn, and sweet potatoes. ④ When eating other types of fruits and vegetables, / most of the
그리고 고구마와 같은 다른 종류의 과일과 채소를 먹을 때

pesticides can be removed / through proper washing. ⑤ You should wash them / in plain
대부분의 농약이 제거될 수 있다 적절한 세척을 통해 당신은 그것들을 씻어야 한다 맹물에서

water / without any soap. ⑥ However, / even careful washing cannot completely remove
어떠한 세제 없이 그러나 주의 깊게 세척하는 것조차도 농약을 완전히 제거하지는 못한다

pesticides. ⑦ So you should also remove / the outer leaves of leafy vegetables, / where
그래서 당신은 또한 제거해야 한다 잎채소의 겉잎을

pesticides are often found.
(그리고) 거기(= 잎채소의 겉잎)에서 농약이 자주 발견된다

전문해석

유기농으로 재배된 식품에는 당신의 건강을 해칠 수 있는 농약이 거의 없다. 하지만 유기농 식품을 구매하는 것이 항상 가능하지는 않다. (B) 그러므로 아보카도, 옥수수, 고구마와 같은 보다 적은 농약을 함유한 과일과 채소를 먹는 것은 좋은 생각이다. (C) 다른 종류의 과일과 채소를 먹을 때, 적절한 세척을 통해 대부분의 농약이 제거될 수 있다. 어떠한 세제 없이 맹물에서 그것들을 씻어야 한다. (A) 그러나 주의 깊게 세척하는 것조차도 농약을 완전히 제거하지는 못한다. 그래서 농약이 자주 발견되는 잎채소의 겉잎 또한 제거해야 한다.

구문해설

① Organically grown food contains fewer pesticides, **which** can harm your health.
　　　　　　　　　　　　　　　　　　　　선행사　　계속적 용법의 주격 관계대명사(= and they)

　　　　　　　　　　　　　선행사　┌─────────┐ 주격 관계대명사절
③ ..., **it** is a good idea **to eat** fruits and vegetables [that contain fewer pesticides], ... potatoes.
　　　가주어　　　　　　　　　　　　　　　　　진주어(to부정사구)

⑦ ... remove the outer leaves of leafy vegetables, **where** pesticides are often found.
　　　　　　　　　　　선행사　　　　　　　계속적 용법의 관계부사

직독직해 PLUS

정답 Therefore, / it is a good idea / to eat fruits and vegetables / that contain fewer pesticides, /
　　　그러므로　　　(그것은) 좋은 생각이다　과일과 채소를 먹는 것은　　　　　보다 적은 농약을 함유한

such as avocados, corn, and sweet potatoes.
아보카도, 옥수수, 그리고 고구마와 같은

독해 PLUS

정답 avoid
해석 과일과 채소를 철저히 세척하는 것은 해로운 농약 섭취를 피하기 위한 좋은 방법이다.

PART 2 REVIEW **TEST**

1 ⑤　　2 ④　　3 ④　　4 ③　　5 ②　　6 ①

직독직해 REVIEW

1 Later that year, / it was decided / that John White, / the governor of the colony, / would return to
그해 말　　　　　　　(그것이) 결정되었다　John White가　　　그 식민지의 지도자였던　　　　　영국으로 돌아가는 것이

England / to gather supplies.
　　　　　물자들을 모으기 위해

2 One practical application of the Mpemba effect / is seen / in ice cream making, / where warm milk
음펨바 효과의 한 실용적인 적용은　　　　　　　　　보여진다　아이스크림 제조에서　　(그리고) 거기에서 따뜻한 우유가

is used / to help it freeze faster.
사용된다　그것이 더 빨리 얼도록 도와주기 위해

3 He was constantly criticized / for his questionable ideas / and he had never used his vaccines for
그는 끊임없이 비판을 받았다　　　　그의 의문스러운 생각들로　　　　그리고 그는 그의 광견병 백신을 사용한 적이 없었다

rabies / on a human.
　　　　인간에게

4 Edison found it easy / to imagine possible applications / for his new machine.
Edison은 (그것을) 쉽다고 생각했다　가능한 용도들을 상상하는 것을　　　　그의 새로운 기계의

정답 및 해설　**31**

5 After he had made a name for himself, / he journeyed around the globe / giving witty and entertaining
그가 명성을 얻고 난 뒤에   그는 전 세계를 여행했다   재치 있고 재미있는 이야기를 들려주며

talks / to fascinated audiences.
매료된 청중들에게

6 For years, / the fashion industry has been using / images of extremely thin models.
수년간   패션 산업은 사용해 왔다   극도로 마른 모델의 이미지를

1

정답 ⑤

문제풀이

로아노크 섬 정착민들의 지도자였던 John White의 영국행을 언급한 주어진 글 다음에 전쟁으로 인해 배가 없어서 White가 섬으로 돌아갈 수 없었다는 내용의 (C)가 오고, 그가 섬으로 돌아왔을 때의 상황을 설명한 (B) 다음에, 섬에 아무도 남아 있지 않았다는 내용의 (A)로 이어지는 것이 적절하다.

직독직해

① In 1587, / 115 English settlers arrived on Roanoke Island, / off the east coast of North
1587년에   115명의 영국 정착민이 로아노크 섬에 도착했다   북아메리카의 동쪽 해안에서 떨어져 있는

America. ② Later that year, / it was decided / [that John White, / the governor of the colony, /
그해 말   (그것이) 결정되었다   John White가   그 식민지의 지도자였던 (John White)

would return to England / to gather supplies]. ③ Shortly after White arrived in England, /
영국으로 돌아가는 것이   물자들을 모으기 위해   White가 영국에 도착하자마자

however, / the country went to war with Spain. ④ Every English ship was engaged in battle, /
그러나   그 나라(= 영국)는 스페인과 전쟁에 돌입했다   모든 영국 선박은 전투에 투입되었다

so he couldn't return to Roanoke Island / as planned. ⑤ Finally, / three years later, / White
그래서 그는 로아노크 섬으로 돌아갈 수 없었다   계획대로   결국   3년 후   White는

was able to sail back to the Roanoke colony, / where he had left his family and other settlers.
로아노크 식민지로 돌아올 수 있었다   (그리고) 그곳(= 로아노크 식민지)에 자신의 가족과 다른 정착민들을 남겨 두었었다

⑥ However, / he was shocked / by [what he found / when he arrived]. ⑦ The entire Roanoke
그러나   그는 충격을 받았다   자신이 발견한 것에   그가 도착했을 때   로아노크 식민지 전체가

colony, / along with all the people [living in it], / was gone. ⑧ The only clue / [to what might
거기에 살고 있던 사람들과 함께   사라졌다   유일한 단서는   무슨 일이

have happened] / was the word "Croatoan" / [carved into a post].
일어났는지에 대한 (유일한 단서)   'Croatoan'이라는 단어였다   기둥에 새겨진 ('Croatoan'이라는 단어)

전문해석

1587년에 115명의 영국 정착민이 북아메리카의 동쪽 해안에서 떨어져 있는 로아노크 섬에 도착했다. 그해 말, 그 식민지의 지도자였던 John White가 물자들을 모으기 위해 영국으로 돌아가기로 결정되었다. (C) 그러나, White가 영국에 도착하자마자 나라가 스페인과 전쟁에 돌입했다. 모든 영국 선박이 전투에 투입되어서, 그는 계획대로 로아노크 섬으로 돌아갈 수 없었다. (B) 결국 3년 후, White는 자신의 가족과 다른 정착민들을 남겨 두었었던 로아노크 식민지로 돌아올 수 있었다. 그러나 그는 도착했을 때 자신이 발견한 것에 충격을 받았다. (A) 로아노크 식민지 전체가 거기에 살고 있던 사람들과 함께 사라진 것이다. 무슨 일이 일어났는지에 대한 유일한 단서는 기둥에 새겨진 'Croatoan'이라는 단어였다.

⑤ ... to sail back to <u>the Roanoke colony</u>, **where** he <u>had left</u> ... .
계속적 용법의 관계부사
선행사   과거완료(주절의 일보다 더 먼저 일어난 일)

⑥ However, he was shocked by [**what** he found when he arrived].
선행사를 포함하는 관계대명사(= the thing which)

⑦ <u>The entire Roanoke colony</u>, along with <u>all the people</u> [living in it], <u>was gone</u>.
S   현재분사구   V

2

정답 ④

문제풀이

a combination of ... supercooling이 명사구이므로 접속사 because를 전치사 because of나 due to로 고쳐야 한다.

직독직해

① A strange phenomenon says / [that warm water can freeze / faster than cold water].
한 기이한 현상은 보여준다   따뜻한 물이 얼 수 있다는 것을   차가운 물보다 더 빨리

② This must have been known / to ancient philosophers, / who described it / in their
이것은 알려졌음이 틀림없다   고대 철학자들에게   (그리고) 그들은 그것을 묘사했다

writings. ③ Nevertheless, / it is named after the Tanzanian student / [who first demonstrated
자신들의 글에서   그럼에도 불구하고   그것은 탄자니아 학생의 이름을 따서 명명되었다   그것을 최초로 입증한 (탄자니아 학생)

it] / and is called the Mpemba effect. ④ It is still not fully understood. ⑤ No one knows
그리고 음펨바 효과라고 불린다   그것(= 음펨바 효과)은 아직   아무도 확실히
완전히 이해되지 않고 있다

for sure / [why, / under certain conditions, / hot or warm water can freeze / faster than cool
알지 못한다   왜   특정한 조건 하에서   뜨겁거나 따뜻한 물이 얼 수 있는지   찬물보다 더 빨리

water]. ⑥ There are / simply too many variables involved. ⑦ However, / most scientists
   ~이 있다   그야말로 너무 많은 관련된 변수들   그러나   대부분의 과학자들은

believe / [(that) it happens / due to a combination of factors / {such as evaporation,
믿는다   그것(= 음펨바 효과)이   요인들의 결합 때문에   증발, 대류, 전도,
일어난다고

convection, conduction, and supercooling}]. ⑧ One practical application of the Mpemba
그리고 과냉각과 같은 (요인들)   음펨바 효과의 한 실용적인 적용은

effect / is seen / in ice cream making, / where warm milk is used / to help it freeze faster.
보여진다   아이스크림 제조에서   (그리고) 거기(= 제조 과정)에서   그것(= ice cream)이 더 빨리
따뜻한 우유가 사용된다   얼도록 도와주기 위해

전문해석

한 기이한 현상은 따뜻한 물이 차가운 물보다 더 빨리 얼 수 있다는 것을 보여준다. 이것은 고대 철학자들에게 알려졌음이 틀림없는데, 그들은 그것을 자신들의 글에서 묘사했다. 그럼에도 불구하고, 그 현상은 그것을 최초로 입증한 탄자니아 학생의 이름을 따서 명명되었으며, 음펨바 효과라고 불린다. 그것은 아직 완전히 이해되지 않고 있다. 왜 특정한 조건 하에서 뜨겁거나 따뜻한 물이 찬물보다 더 빨리 얼 수 있는지 아무도 확실히 알지 못한다. 그야말로 너무 많은 관련된 변수들이 있다. 그러나, 대부분의 과학자들은 그것이 증발, 대류, 전도, 과냉각과 같은 요인들의 결합 때문에 일어난다고 믿는다. 음펨바 효과의 한 실용적인 적용은 아이스크림 제조에서 보여지는데, 그 제조 과정에서 그것이 더 빨리 얼도록 도와주기 위해 따뜻한 우유가 사용된다.

② This **must have been** known to ancient philosophers, *who* described ... .
「must have v-ed」 '~했음이 틀림없다'   선행사   계속적 용법의 주격 관계대명사(= and they)
(과거 사실에 대한 확실한 추측)

⑤ No one knows for sure why, under certain conditions, hot or warm water ... cool water.
     S   V   O(명사절)

⑧ One practical application of the Mpemba effect is seen in ice cream making, **where** warm
                S   V   선행사   계속적 용법의 관계부사

milk is used *to help* it freeze faster.
                to부정사의 부사적 용법(목적)
⇨ 관계부사 where는 물리적 장소뿐만 아니라 추상적 의미의 장소나 상황을 선행사로 취하기도 함

3

정답 ④

문제풀이
④의 he는 소년 Joseph Meister를 가리키는 반면, 나머지는 모두 Louis Pasteur를 가리킨다.

직독직해

① One morning in the summer of 1885, / a boy [named Joseph Meister] / was brought to
1885년 여름의 어느 날 아침   Joseph Meister라는 이름의 소년은   한 병원으로

a hospital / in Paris / by his mother. ② A rabid dog had bitten him 14 times. ③ Joseph's
옮겨졌다   파리의   그의 어머니에 의해   광견병에 걸린 개가 그를 열네 번이나 물었다   Joseph의

mother was frantically searching / for a Parisian scientist, / according to rumors, / who might
어머니는 정신없이 찾고 있었다   파리의 한 과학자를   소문에 의하면   그(= 파리의 한 과학자)는

be able to treat rabies. ④ His name was Louis Pasteur. ⑤ He was constantly criticized /
광견병을 치료할 수 있을지도 몰랐다   그의 이름은 Louis Pasteur였다   그는 끊임없이 비판을 받았다

for his questionable ideas / and he had never used his vaccines for rabies / on a human.
그의 의문스러운 생각들로   그리고 그는 그의 광견병 백신을 사용한 적이 없었다   인간에게

⑥ Nevertheless, / Joseph's mother begged him to help, / and he was persuaded / to inject the
그럼에도 불구하고   Joseph의 어머니는 그에게 도움을 간청했다   그리고 그는 설득당했다

boy with a vaccine / and treat any possible infection. ⑦ Pasteur waited anxiously to see / if
소년에게 백신을 주사할 것을   그리고 있을 수 있는 감염을 치료할 것을   Pasteur는 보기 위해 걱정스럽게 기다렸다

the boy would survive. ⑧ Finally, / after three weeks, / he had recovered. ⑨ This success
그 소년이 살아남을 수 있을지   마침내   3주 후에   그는 회복하였다   이 성공은

brought Pasteur international fame, / and his vaccine has prevented / numerous cases of
Pasteur에게 국제적인 명성을 가져다주었다   그리고 그의 백신은 예방했다   수많은 광견병 환자들을

rabies.

전문해석
1885년 여름의 어느 날 아침, Joseph Meister라는 이름의 소년은 그의 어머니에 의해 파리의 한 병원으로 옮겨졌다. 광견병에 걸린 개가 그를 열네 번이나 물었다. Joseph의 어머니는 파리의 한 과학자를 정신없이 찾고 있었는데, 소문에 의하면 그는 광견병을 치료할 수 있을지도 몰랐다. 그의 이름은 Louis Pasteur였다. 그는 그의 의문스러운 생각들로 끊임없이 비판을 받았고, 인간에게 그의 광견병 백신을 사용한 적이 없었다. 그럼에도 불구하고 Joseph의 어머니는 그에게 도움을 간청했고, 그는 소년에게 백신을 주사하고 있을 수 있는 감염을 치료할 것을 설득당했다. Pasteur는 그 소년이 살아남을 수 있을지 보려고 걱정스럽게 기다렸다. 마침내 3주 후에 그는 회복

하였다. 이 성공은 Pasteur에게 국제적인 명성을 가져다주었고, 그의 백신은 수많은 광견병 환자들을 예방했다.

구문해설

① ..., a boy [named Joseph Meister] was brought to a hospital in Paris by his mother.
　　　　　S ←────┘ 과거분사구　　　　V

　　　　　　　　　　　　　　　　see의 목적어(명사절)
⑦ Pasteur waited anxiously to **see** [if the boy would survive].
　　　　　　　　　　　　　　　　명사절을 이끄는 접속사 '~인지'

⑨ This success brought Pasteur international fame, ...
　　　　　　　4형식 동사　 I.O.　　　 D.O.

4　정답 ③

문제풀이

주어진 문장은 에디슨이 발명한 축음기를 응용한 사례이므로, 축음기의 적용 가능한 용도를 상상하는 것이 쉬웠다는 내용 뒤인 ③에 오는 것이 자연스럽다.

직독직해

① Thomas Edison must have been excited / when he invented the phonograph / in 1877.
토머스 에디슨은 흥분했었음이 틀림없다　　　　　　그가 축음기를 발명했을 때　　　　　　1877년에

② This device had the ability / [{to record sound vibrations, / such as those of a person's
이 장치는 능력을 갖고 있었다　　　소리의 진동을 녹음하는 (능력)　사람 목소리의 그것들(= sound vibrations)과 같은

voice}, / and {(to) play them back / for others to hear}]. ③ Edison found it easy / to imagine
그리고 그것들을 재생하는 (능력)　　　다른 사람들이 듣도록　　　에디슨은 (그것을) 쉽다고 생각했다

possible applications / for his new machine. ④ For example, / audio texts for blind people,
가능한 용도들을 상상하는 것을　그의 새로운 기계의　　　예를 들어　　　맹인들을 위한 오디오 텍스트

/ music boxes, / and a telephone recording device / were among his first ideas. ⑤ But the
뮤직 박스　　그리고 전화 녹음 장치가　　　　　그의 최초의 아이디어들 중에 있었다

use of the phonograph / [(which/that) he was proudest of] / came during World War I. ⑥ He
하지만 축음기의 용도는　　그가 가장 자랑스럽게 생각했던 (축음기의 용도)　제1차 세계 대전 중에 나타났다　　 그는

produced / a special version of the machine / [capable of playing popular music] / and sold
생산했다　　그 기계의 특별판을　　　　　대중음악을 재생할 수 있는　　　　그리고

it to the army. ⑦ The soldiers greatly enjoyed / listening to the music, / because it reminded
그것을 군대에 팔았다　군인들은 매우 즐겼다　　　　음악을 듣는 것을　　　그것(= the music)이 그들에게

them of home.
고향을 떠올리게 했기 때문에

전문해석

토머스 에디슨이 1877년에 축음기를 발명했을 때, 그는 흥분했었음이 틀림없다. 이 장치는 사람 목소리의 진동과 같은 소리의 진동을 녹음해서 그것을 다른 사람들이 들을 수 있도록 재생하는 능력을 갖고 있었다. 에디슨은 그의 새로운 기계의 가능한 용도들을 상상하는 것을 쉽다고 생각했다. 예를 들어, 맹인들을 위한 오디오 텍스트, 뮤직 박스, 전화 녹음 장치가 그의 최초의 아이디어들 중에 있었다. 하지만 그가 가장 자랑스럽게 생각했던 축음기의 용도는 제1차 세계 대전 중에 나타났다. 그는 대중음악을 재생할 수 있는 그 기계의 특별판을 생산했고, 그것을 군대에 팔았다. 군인들은 음악이 그들에게 고향을 떠올리게 했기 때문에, 음악을 듣는 것을 매우 즐겼다.

① Thomas Edison **must have been** excited when he invented the phonograph in 1877.
「must have v-ed」 '~했음이 틀림없다'
(과거 사실에 대한 확실한 추측)

② This device had the ability ── **to record** sound vibrations, ... voice,
　　　　　　　　　　　the ability　to부정사의 형용사적 용법

　　　　　and　　　　　　　　　　　　　　　　to부정사의 부사적 용법(목적)

　　　── **(to) play** them back for others to hear.
　　　　　to부정사의 형용사적 용법　　　to hear의 의미상 주어

⑥ He produced a special version of the machine [capable of playing popular music] ... .
　　　　　　　　　　　　　　　　　　　　　　　　　　　　형용사구

5

정답 ②

문제풀이

Clemens는 첫 번째 작품을 출간하고 5년 후에 마크 트웨인이란 필명을 썼다고 했다.

직독직해

① One of the most famous figures / in American literature / was born / with the name
가장 유명한 인물 중 한 사람이　　　미국 문학에서　　　태어났다　　　Samuel Langhorne

Samuel Langhorne Clemens. ② From his birthplace in Florida, Missouri, / his family
Clemens라는 이름으로　　　　　미주리 주 플로리다의 그의 고향에서　　　　그의 가족은

moved to Hannibal, Missouri, / where Clemens spent his childhood. ③ Five years after
미주리 주 한니발로 이사했다　　　(그리고) 그곳에서 Clemens는 그의 어린 시절을 보냈다　　출간 5년 후에

the publication / [of his first major work], / he began / using the more familiar
그의 첫 대표작의 (출간)　　　　　　　그는 시작했다　　보다 친숙한 필명을 사용하는 것을

pen name / of Mark Twain. ④ Twain is best known for his novels / *The Adventures of*
마크 트웨인이라는 (필명)　　트웨인은 그의 소설들로 가장 잘 알려져 있다　　'허클베리 핀의 모험'

Huckleberry Finn / and *The Adventures of Tom Sawyer*, / [both of which feature elements /
그리고 '톰 소여의 모험'　　　두 작품 모두 요소들을 특징으로 삼는다

of his childhood years / in Hannibal]. ⑤ However, / he was also a journalist, humorist, and
그의 어린 시절의 (요소들)　　한니발에서의　　　그러나　　그는 또한 언론인, 유머 작가, 그리고 순회 강연자였다

traveling lecturer. ⑥ After he had made a name for himself, / he journeyed around the globe
그가 명성을 얻고 난 뒤에　　　　　그는 전 세계를 여행했다

/ [giving witty and entertaining talks / to fascinated audiences].
재치 있고 재미있는 이야기를 들려주며　　매료된 청중들에게

전문해석

미국 문학에서 가장 유명한 인물 중 한 사람이 Samuel Langhorne Clemens라는 이름으로 태어났다. 그의 가족은 미주리 주 플로리다의 그의 고향에서 미주리 주 한니발로 이사를 했고, 그곳에서 Clemens는 어린 시절을 보냈다. 그의 첫 번째 대표작의 출간 5년 후에 그는 보다 친숙한 마크 트웨인이라는 필명을 사용하기 시작했다. 트웨인은 '허클베리 핀의 모험'과 '톰 소여의 모험'이라는 소설로 가장 잘 알려져 있는데, 두 작품 모두 한니발에서의 그의 어린 시절의 요소들을 특징으로 삼는다. 그러나 그는 또한 언론인, 유머 작가, 그리고 순회 강연자이기도 했다. 명성을 얻고 난 뒤, 그는 매료된 청중들에게 재치 있고 재미있는 이야기를 들려주며 전 세계를 여행했다.

② ..., his family moved to <u>Hannibal, Missouri</u>, **where** Clemens spent his childhood.
　　　　　　　　　　　　　　　선행사　　　　　　계속적 용법의 관계부사

⑥ ..., he journeyed around the globe **giving** witty and entertaining talks to fascinated audiences.
　　　　　　　　　　　　　　　　　　　　　　　　분사구문(부대상황)

6 정답 ①

문제풀이

(A) 다양한 체형의 여성의 사진을 보정하는 것은 미에 대한 '좁은' 견해에 부합시키기 위한 것이다.

(B) 네모 앞에서 패션 산업에서의 상황이 변하기 시작했다고 했으므로, 플러스 사이즈 모델이 패션 런웨이에서 '흔해지고' 있다는 것을 알 수 있다.

(C) 플러스 사이즈 모델이 흔해지는 이유로 SNS를 통해 많은 이들이 전통적인 신체 이미지를 '거부하려고' 노력한다는 것이 문맥상 자연스럽다.

직독직해

① For years, / the fashion industry has been using / images of extremely thin models.
수년간　　　　패션 산업은 사용해 왔다　　　　　　　　극도로 마른 모델의 이미지를

② Photos of women / [with different body types] / are often adjusted / to fit this narrow
여성들의 사진은　　　각기 다른 체형의 (여성들)　　흔히 보정된다　　　미에 대한 이런 좁은 견해에

idea of beauty. ③ However, / things are finally starting to change. ④ Heavier women, /
부합하도록　　　　　하지만　　　상황이 마침내 변하기 시작하고 있다　　육중한 (몸집의) 여성들이

often referred to as "plus-size models," / have become more common / on fashion runways /
보통 '플러스 사이즈 모델'이라 불리는　　　　점점 더 흔해지고 있다　　　　패션 런웨이에서

around the world. ⑤ There are many possible reasons / for this change in cultural attitudes, /
전 세계에서　　　　　많은 가능한 이유가 있다　　　　　이러한 문화적 태도의 변화에 대하여

but one of them is definitely the Internet. ⑥ Social networking sites have made it easier /
하지만 그 중 한 가지는 단연코 인터넷이다　　　SNS는 (그것을) 더 쉽게 만들었다

to share opinions / with large numbers of people. ⑦ Many people are joining the efforts /
의견을 나누는 것을　　　많은 사람들과　　　　　　많은 사람들이 노력에 동참하고 있다

[to reject the fashion industry's traditional approach / to body image].
패션 산업의 전통적인 접근을 거부하는 (노력)　　　　　신체 이미지에 대한

전문해석

수년간 패션 산업은 극도로 마른 모델의 이미지를 사용해 왔다. 각기 다른 체형의 여성의 사진들은 흔히 미에 대한 이런 좁은 견해에 부합하도록 보정된다. 하지만 상황이 마침내 변하기 시작하고 있다. 보통 '플러스 사이즈 모델'이라 불리는 육중한 몸집의 여성들이 전 세계 패션 런웨이에서 점점 더 흔해지고 있다. 이러한 문화적 태도의 변화에 대한 많은 가능한 이유가 있지만, 그 중 한 가지는 단연코 인터넷이다. SNS는 많은 사람들과 의견을 나누는 것을 더 쉽게 만들었다. 많은 사람들이 신체 이미지에 대한 패션 산업의 전통적인 접근법을 거부하는 노력에 동참하고 있다.

구문해설

④ Heavier women, [often referred to as "plus-size models,"] have become more common ... .
　　S　　↑————————————┘ 과거분사구　　　　　　　　V　　　　C

⑥ Social networking sites have made **it** easier **to share** opinions with large numbers of people.
　　S　　　　　　　V　　O.C.
가목적어　　　　　　　진목적어(to부정사구)

01 명사구

EXERCISE

p.59

STEP 1

1 Watching boring sitcoms / was all I did / on the plane.
지루한 시트콤을 보는 것이　　　내가 한 전부였다　비행기에서

2 To lose weight / is my goal / this year.
체중을 감량하는 것이　나의 목표이다　올해

3 My hope is / to make friends / from all over the world.
내 희망은 ～이다　친구를 사귀는 것　전 세계로부터의

4 Kevin stopped / talking to his children / and looked out the window.
Kevin은 멈추었다　그의 아이들에게 말하는 것을　그리고 창밖을 바라보았다

5 Some people want / to have a car / more than a house.
어떤 사람들은 원한다　자동차를 갖기를　집보다 더

6 My teacher is good / at listening to students.
우리 선생님은 잘하신다　학생들의 말에 귀 기울이는 것을

7 The important question is / where to locate a nuclear power plant / in the region.
중요한 질문은 ～이다　원자력 발전소를 어디에 설치할지　이 지역에서

8 These days, / high-tech tools tell farmers / when to harvest.
오늘날　첨단 도구들이 농부들에게 알려준다　언제 수확할지를

STEP 2

1 It originated from old rules / against drawing on the walls.
그것은 오래된 규칙들에서 비롯되었다　벽에 그림 그리는 것을 반대하는

2 To buy a new computer / is the first thing / on my list.
새 컴퓨터를 사는 것은　첫 번째 일이다　내 리스트에 있는

3 Happiness is not / about being rich, / but about being with someone / whom you love.
행복은 ～이 아니다　부자가 되는 것과 관련된　누군가와 함께 있는 것과 관련된　당신이 사랑하는 (누군가)

4 My hobby was / taking pictures, / but now / I don't like it any more.
내 취미는 ～이었다　사진을 찍는 것　하지만 지금은　나는 더 이상 그것을 좋아하지 않는다

5 Sticking to the speed limit / can save you / not only money / but also your life.
제한 속도를 지키는 것은　당신이 지키게 할 수 있다　돈뿐만 아니라　당신의 생명도

6 She expected / to graduate / at the top of her class.
그녀는 기대했다　졸업하기를　그녀의 반에서 1등으로

7 The man regretted / ignoring his parents' advice / about his job.
그 남자는 후회했다　그의 부모님의 조언을 무시한 것을　그의 직업에 관한

8 My boss doesn't understand / how to encourage good teamwork.
내 상사는 이해하지 못한다　어떻게 좋은 팀워크를 장려하는지를

1

정답 ②

문제풀이

약 16시간 동안 식사를 하지 않으면, 식사 시간을 파악하는 체내 시계가 활성화되어 시차증을 극복하는 데 도움이 된다는 내용의 글이다.

① 동물들은 어떻게 깨어 있는가   ② 시차증을 이겨내는 방법: 먹지 마라

③ 비행기를 타고 여행하는 것의 위험성   ④ 깨어 있음으로써 배고픔을 조절하라

⑤ 왜 표준 시간대는 여러분의 신체를 혼동시키는가

직독직해

① The brain contains / two separate internal clocks / — one is light-activated / and regulates
두뇌에는 들어 있다   두 가지 별개의 내부 시계가   하나는 빛으로 활성화된다   그리고 우리의

our sleep-wake cycles, / and the second keeps track of meal times. ② The first clock /
수면 및 기상 주기를 조절한다   그리고 두 번째는 식사 시간을 파악한다   첫 번째 시계는

normally controls our bodies, / but traveling by plane / across time zones / confuses it, /
일반적으로 우리의 신체를 조절한다   하지만 비행기를 타고   표준 시간대를 가로질러   그것(= 첫 번째 시계)을
여행하는 것은   혼동시킨다

resulting in jet lag. ③ Adjusting to a new time zone / takes most people / about a week.
(그 결과) 시차증을 야기하며   새로운 표준 시간대에 적응하는 것은   대부분의 사람들에게   대략 일주일
     (~의 시간이) 걸린다

④ However, / this problem can be overcome / by not eating. ⑤ Research has shown / [that
그러나   이 문제는 극복될 수 있다   먹지 않음으로써   연구는 보여주었다

when food is scarce for animals, / the need {to find food} / becomes more important / than
동물들에게 음식이 부족하면   음식을 찾으려는 욕구는   더 중요해진다는 것을

sleep, / even during the night]. ⑥ When we don't eat / for approximately 16 hours, / our
수면보다   심지어 밤 동안에도   우리가 먹지 않으면   약 16시간 동안   우리의

second internal clock is activated / in the same way. ⑦ Thus, / avoiding eating until you land
두 번째 내부 시계가 활성화된다   같은 방법으로   따라서   여러분이 착륙할 때까지 식사를 피하는 것은

/ should help you / adjust to a new time zone / and prevent jet lag.
여러분을 도울 것이다   새로운 표준 시간대에 적응하도록   그리고 시차증을 예방하도록

전문해석

두뇌에는 두 가지 별개의 내부 시계가 들어 있다. 하나는 빛으로 활성화되어 우리의 수면 및 기상 주기를 조절하고, 두 번째는 식사 시간을 파악한다. 첫 번째 시계는 일반적으로 우리의 신체를 조절하지만, 비행기를 타고 표준 시간대를 가로질러 여행하는 것은 그것을 혼동시켜, 그 결과 시차증을 야기한다. 새로운 표준 시간대에 적응하는 것은 대부분의 사람들에게 대략 일주일이 걸린다. 하지만 이 문제는 먹지 않음으로써 극복될 수 있다. 연구는 동물들에게 음식이 부족하면, 음식을 찾으려는 욕구가 심지어 밤 동안에도 수면보다 더 중요해진다는 것을 보여주었다. 우리가 약 16시간 동안 먹지 않으면, 우리의 두 번째 내부 시계가 같은 방법으로 활성화된다. 따라서 착륙할 때까지 식사를 피하는 것은 여러분이 새로운 표준 시간대에 적응하고 시차증을 예방하는 것을 도울 것이다.

구문해설

③ Adjusting to a new time zone takes most people about a week.
     <u>S(동명사구)</u>   <u>V</u>

⑦ Thus, avoiding eating until you land should help you adjust to a new time zone and prevent
     <u>S(동명사구)</u>   <u>V</u>   <u>O</u>   <u>O.C.1(동사원형)</u>   <u>O.C.2(동사원형)</u>

jet lag.

정답 The first clock / normally controls our bodies, / but traveling by plane / across time zones /
첫 번째 시계는   일반적으로 우리의 신체를 조절한다   하지만 비행기를 타고   표준 시간대를 가로질러
여행하는 것은

confuses it, / resulting in jet lag.
그것을 혼동시킨다   시차증을 야기하며

2

정답 ④

문제풀이

주어진 문장은 여성들이 정치적 표현을 하는 데 미용 패치를 사용했다는 내용이므로, 자신이 지지하는 정당에 따라 얼굴의 왼쪽이나 오른쪽에 패치를 붙였다는 내용 앞인 ④에 오는 것이 자연스럽다.

직독직해

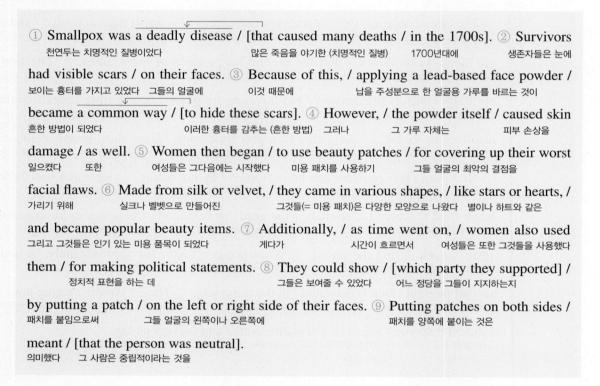

① Smallpox was a deadly disease / [that caused many deaths / in the 1700s]. ② Survivors
천연두는 치명적인 질병이었다   많은 죽음을 야기한 (치명적인 질병)   1700년대에   생존자들은 눈에

had visible scars / on their faces. ③ Because of this, / applying a lead-based face powder /
보이는 흉터를 가지고 있었다 그들의 얼굴에   이것 때문에   납을 주성분으로 한 얼굴용 가루를 바르는 것이

became a common way / [to hide these scars]. ④ However, / the powder itself / caused skin
흔한 방법이 되었다   이러한 흉터를 감추는 (흔한 방법) 그러나   그 가루 자체는   피부 손상을

damage / as well. ⑤ Women then began / to use beauty patches / for covering up their worst
일으켰다   또한   여성들은 그다음에는 시작했다 미용 패치를 사용하기   그들 얼굴의 최악의 결점을

facial flaws. ⑥ Made from silk or velvet, / they came in various shapes, / like stars or hearts, /
가리기 위해   실크나 벨벳으로 만들어진   그것들(= 미용 패치)은 다양한 모양으로 나왔다   별이나 하트와 같은

and became popular beauty items. ⑦ Additionally, / as time went on, / women also used
그리고 그것들은 인기 있는 미용 품목이 되었다   게다가   시간이 흐르면서   여성들은 또한 그것들을 사용했다

them / for making political statements. ⑧ They could show / [which party they supported] /
그것들을 정치적 표현을 하는 데   그들은 보여줄 수 있었다   어느 정당을 그들이 지지하는지

by putting a patch / on the left or right side of their faces. ⑨ Putting patches on both sides /
패치를 붙임으로써   그들 얼굴의 왼쪽이나 오른쪽에   패치를 양쪽에 붙이는 것은

meant / [that the person was neutral].
의미했다   그 사람은 중립적이라는 것을

전문해석

천연두는 1700년대에 많은 죽음을 야기한 치명적인 질병이었다. 생존자들은 그들의 얼굴에 눈에 보이는 흉터를 가지고 있었다. 이것 때문에, 납을 주성분으로 한 얼굴용 가루를 바르는 것이 이러한 흉터를 감추는 흔한 방법이 되었다. 그러나, 그 가루 자체는 또한 피부 손상을 일으켰다. 여성들은 그다음에는 그들 얼굴의 최악의 결점을 가리기 위해 미용 패치를 사용하기 시작했다. 실크나 벨벳으로 만들어진 그것들은 별이나 하트와 같은 다양한 모양으로 나왔고 인기 있는 미용 품목이 되었다. 게다가, 시간이 흐르면서, 여성들은 또한 정치적 표현을 하는 데도 그것들을 사용했다. 그들은 패치를 그들 얼굴의 왼쪽이나 오른쪽에 붙임으로써 어느 정당을 지지하는지를 보여줄 수 있었다. 패치를 얼굴 양쪽에 붙이는 것은 그 사람은 중립적이라는 것을 의미했다.

구문해설

to부정사의 형용사적 용법

③ ..., applying a lead-based face powder became a common way [to hide these scars].
       S(동명사구)   V   C

(= beauty patches)

⑥ Made from silk or velvet, they came in various shapes, ...
분사구문(주절의 주어인 they를 부연 설명)

⑧ They could show which party they supported by putting a patch on the left or ... .
　　 S 　　 V 　　 O(간접의문문) 　　　　　 전치사 by의 목적어(동명사구)

직독직해 PLUS

정답 Women then began / to use beauty patches / for covering up their worst facial flaws.
여성들은 그다음에는 시작했다　미용 패치를 사용하기　　그들 얼굴의 최악의 결점을 가리기 위해

독해 PLUS

정답 display

해석 미용 패치는 흉터를 가리기 위해서 뿐만 아니라 개인의 정치적인 의견을 <u>보여주기</u> 위해서도 사용되었다.

---

02 형용사구

EXERCISE

STEP 1

1 The woman / [smiling at the camera] / is auditioning / for the role of the queen.
그 여자는　　카메라를 향해 웃고 있는 (그 여자)　오디션을 보고 있다　여왕 역할을 위한

2 Winter is the best season / [to visit Sydney].
겨울은 가장 좋은 계절이다　　시드니를 방문할 (가장 좋은 계절)

3 Lydia has many friends / [to rely on / in hard times].
Lydia는 많은 친구들이 있다　의지할 (많은 친구들)　어려울 때

4 People usually trust products / [manufactured by big companies].
사람들은 보통 제품을 신뢰한다　　대기업에 의해 생산된 (제품)

5 Sadly, / she threw away the letter / [from Jason].
슬프게도　그녀는 그 편지를 버렸다　　Jason으로부터 온 (그 편지)

6 English is the language / [most widely used / as a second language].
영어는 언어이다　　가장 널리 사용되는 (언어)　제2언어로

7 I heard / that Jeju-do has many interesting museums / [worthy of a visit].
나는 들었다　제주도에는 많은 흥미로운 박물관들이 있다고　　방문할 가치가 있는 (많은 흥미로운 박물관들)

8 The boy / [wearing a blue jacket and jeans] / shared his snacks.
그 소년은　파란색 재킷과 청바지를 입은 (그 소년)　그의 과자를 나누었다

STEP 2

1 Medicine / developed by our medical team / can cure the virus.
약은　　우리 의료팀에 의해 개발된 (약)　　그 바이러스를 치료할 수 있다

2 Students / interested in the advanced math class / are asked / to fill out this form.
학생들은　　상급 수학 수업에 관심이 있는 (학생들)　요구된다　이 양식을 작성하도록

3 We got on the plane / taking off at gate 14 / at 5:30 p.m.
우리는 비행기를 탔다　　14번 탑승구에서 이륙하는 (비행기)　오후 5시 30분에

4 We don't have a seminar room / available for your purpose / tonight.
우리는 세미나실이 없다   당신의 목적에 이용할 수 있는 (세미나실)   오늘 밤에

5 The cooperation / between the citizens and animal protection groups / helped the
그 협력은   시민들과 동물 보호 단체들 사이의 (그 협력)   멸종 위기에 처한

endangered animals.
동물들을 도왔다

6 Lots of superstars / will participate / in the charity concert / scheduled to be held / next week.
많은 슈퍼 스타들은   참석할 것이다   자선 콘서트에   열리기로 예정된 (자선 콘서트)   다음 주에

7 I have much work / to finish / by tomorrow, / so I cannot go to the gym / tonight.
나는 많은 일이 있다   마쳐야 할 (많은 일)   내일까지   그래서 나는 체육관에 갈 수 없다   오늘 밤에

8 People / from different regions / got together / to protest the government's policy.
사람들이   각기 다른 지역에서 온 (사람들)   모였다   정부의 정책에 항의하기 위해서

적용독해

1 정답 ①

문제풀이

빈칸 뒤에서 피해야 할 웃음의 세 종류와 적절하게 웃는 방법에 대한 제안을 하고 있으므로, 빈칸에는 ①이 들어가는 것이 가장 적절하다.

① 그저 당신이 웃는다는 것만이 아니라 어떻게 웃는지가 중요하다

② 다른 상황에서 각기 다른 웃음을 짓는 것이 현명하다

③ 다른 문화에서 온 사람들은 다른 방식으로 웃는다

④ 누군가를 만날 때 웃는 것은 사실 도움이 되지 않는다

⑤ 웃음보다도 친절을 표현하는 더 좋은 방법들이 있다

직독직해

① We all know / about the importance [of a smile] / when meeting someone new. ② New
우리 모두는 알고 있다   웃음의 중요성에 대해   새로운 누군가를 만날 때   새로운

research, / however, / shows [that it's important / {how you smile, / not just that you smile}].
연구는   그런데   (그것이) 중요하다는 것을 보여준다   당신이 어떻게 웃는지가   단지 당신이 웃는다는 것만이 아니라

③ The study, / which was conducted by a business support group / [in Scotland], / examined /
그 연구는   한 경영 지원 단체에 의해 수행된 (그 연구)   스코틀랜드에 있는   조사했다
                                                  (한 경영 지원 단체)

how people react / to different types of smiles. ④ Based on the results, / the researchers say /
어떻게 사람들이 반응하는지   서로 다른 종류의 웃음에 대해   그 결과들을 바탕으로 하여   연구원들은 말한다

[there are three kinds of smiles / {to avoid}]. ⑤ The first, / nicknamed 'the Enthusiast,' /
세 종류의 웃음이 있다고   피해야 할 (세 종류의 웃음)   첫 번째는   '열광자'라고 별명이 붙여진 (첫 번째)

is when you smile widely, / exposing all [of your teeth]. ⑥ Apparently, / this is a case / [of
당신이 크게 웃음을 지을 때이다   당신의 모든 이를 드러내 보이면서   명백히   이것은 경우이다

"too much of a good thing."] ⑦ Next is 'the Big Freeze,' / an unmoving smile / [that doesn't
'좋지만 너무 지나친' (경우)   다음은 '엄청난 한파'이다   움직이지 않는 웃음

seem natural]. ⑧ And finally, / there is 'the Robot.' ⑨ This is a small smile / [lacking in
자연스러워 보이지 않는   그리고 마지막으로   '로봇'이 있다   이것은 작은 웃음이다   친근감이
(움직이지 않는 웃음)

friendliness]. ⑩ The researchers further suggest / [that you (should) avoid smiling too
　　부족한 (작은 웃음)　　　　연구원들은 더 나아가 제안한다　　　　　　너무 빨리 웃는 것을 피하라고

quickly]. ⑪ People react best / to a smile / [that forms slowly and naturally].
　　　　　　사람들은 가장 잘 반응한다　웃음에　　　천천히 그리고 자연스럽게 형성되는 (웃음)

전문해석

우리 모두는 새로운 누군가를 만날 때 웃음의 중요성에 대해 알고 있다. 그런데, 새로운 연구는 그저 당신이 웃는다는 것만이 아니라 어떻게 웃는지가 중요하다는 것을 보여준다. 그 연구는 스코틀랜드에 있는 한 경영 지원 단체에 의해 수행되었으며, 사람들이 서로 다른 종류의 웃음에 대해 어떻게 반응하는지를 조사했다. 그 결과를 바탕으로 하여, 연구원들은 피해야 할 세 종류의 웃음이 있다고 말한다. '열광자'라는 별명의 첫 번째는 당신의 이를 모두 드러내 보이면서 크게 웃을 때이다. 명백히 이것은 '좋지만 너무 지나친' 경우이다. 다음은 '엄청난 한파'로, 자연스러워 보이지 않는 움직임이 없는 웃음이다. 그리고 마지막으로 '로봇'이 있다. 이것은 친근감이 부족한 작은 웃음이다. 연구원들은 더 나아가 너무 빨리 웃는 것을 피하라고 제안한다. 사람들은 천천히 그리고 자연스럽게 형성되는 웃음에 가장 잘 반응한다.

구문해설

⑤ The first, [nicknamed 'the Enthusiast,'] is when you smile widely, exposing all of your teeth.
　　　　　　　　　　　　　　　　　　　　　　　　　　　　　　　　　　　　　　　분사구문(동시동작)

　　⇨ nicknamed 'the Enthusiast'는 삽입구로 The first를 부연 설명함

　　　　　　S문장　　　　　　　V문장　　　　　　　　　O문장(명사절)
⑩ The researchers further suggest [that you (should) avoid smiling too quickly].
　　　　　　　　　　　　　　　　　　　　　S절　　V절　　　　O절(동명사구)

　　⇨ suggest와 같이 〈제안·요구·주장·명령〉 등을 나타내는 동사의 목적어 역할을 하는 명사절이 당위성을 나타낼 때, 명사절의 동사는 「(should) 동사원형」을 쓰며, 이때 should는 생략할 수 있음

직독직해 PLUS

정답 Based on the results, / the researchers say / there are three kinds of smiles / to avoid.
　　　　그 결과들을 바탕으로 하여　　　　연구원들은 말한다　　　　세 종류의 웃음이 있다고　　　　피해야 할 (세 종류의 웃음)

2 정답 ③

문제풀이

작은 칭찬 한 마디가 상대를 감동시킬 수 있다는 내용의 글이다.

직독직해

① Something remarkable happened / at the grocery store. ② I was in the checkout line /
　주목할 만한 일이 일어났다　　　　　　　　식품점에서　　　　　　　나는 계산 줄에 있었다

when an angry customer / [in front of me] / started yelling at the cashier / [standing behind
한 화난 고객이 ~할 때　　　내 앞의 (한 화난 고객)　　계산원에게 소리 지르기 시작했다　　계산대 뒤에 서 있던 (계산원)

the counter]. ③ Rather than yelling back, / the clerk stayed calm / and continued doing her
　　　　　　맞받아 고함치기보다는　　　　그 점원은 침착함을 유지했다　　그리고 그녀의 일을 계속했다

job. ④ When I reached the counter, / I told her / [how impressed I was / by how she handled
　　내가 계산대에 이르렀을 때　　　나는 그녀에게　내가 얼마나 감명을 받았는지　그녀가 그 상황을 처리한
　　　　　　　　　　　　　　　　　　말했다

the situation]. ⑤ "Thank you so much," / she replied. ⑥ "No one's ever complimented me /
방식으로 인해　　　"대단히 감사합니다"라고　　　그녀는 대답했다　　　"아무도 저를 칭찬해준 적이 없어요

in this store before." ⑦ It took only a few seconds / to tell her [how I felt], / but I know / [(that)
이전에는 이 가게에서"　　　　　고작 몇 초가 걸렸을 뿐이다　　　내가 어떻게 느꼈는지　　　　하지만 나는 안다
　　　　　　　　　　　　　　　　　　　　　　　　그녀에게 말하는 데
I made her day]. ⑧ Since then, / I've always tried / to tell people / when I admire something
내가 그녀를 행복하게　　그 이후로　　　　나는 항상 노력해왔다　　　사람들에게 말하려고　내가 그들에 관한 어떤 것에 감탄할 때
했다는 것을
about them. ⑨ It takes almost no effort, / but it makes a huge impression.
　　　　　　그것은 거의 아무런 수고도 들지 않는다　　하지만 그것은 대단한 인상을 남긴다

전문해석

식품점에서 주목할 만한 일이 일어났다. 내 앞의 한 화난 고객이 계산대 뒤에 서 있던 계산원에게 소리 지르기 시작했을 때, 나는 계산 줄에 있었다. 그 점원은 맞받아 고함치기보다는 침착함을 유지했고 자신의 일을 계속했다. 내가 계산대에 이르렀을 때, 나는 그녀가 그 상황을 처리한 방식에 얼마나 감명을 받았는지 그녀에게 말했다. "대단히 감사합니다."라고 그녀는 대답했다. "전에는 이 가게에서 아무도 저를 칭찬해준 적이 없어요." 내가 어떻게 느꼈는지 그녀에게 말하는 데 고작 몇 초밖에 걸리지 않았지만, 나는 내가 그녀를 행복하게 했다는 것을 안다. 그 이후로 나는 사람들에 관한 어떤 것에 감탄할 때, 그들에게 말하려고 항상 노력해왔다. 그것은 거의 아무런 수고도 들지 않지만, 대단한 인상을 남긴다.

구문해설

⑥ "No one's ever complimented me in this store before."
　　　　　　현재완료(경험)

　　　　　　　　　　　　　　　　4형식 동사 I.O.　D.O.(명사절)
⑦ **It took** only a few seconds **to tell** her [how I felt], but I know [(that) I made her day].
　「it takes+시간+to-v」 '~하는 데 (시간)이 걸리다'　　　　　　　know의 목적어(명사절)

직독직해 PLUS

정답 I was in the checkout line / when an angry customer / in front of me / started yelling at the
　　　나는 계산 줄에 있었다　　　　한 화난 고객이 ~할 때　　　내 앞의　　　　계산원에게 소리 지르기 시작했다
cashier / standing behind the counter.　　　　　　　　　　(한 화난 고객)
　　　계산대 뒤에 서 있던 (계산원)

독해 PLUS

정답 self-controlled
해석 이 글의 계산원은 자제심이 있어 보인다.

03 부사구

EXERCISE

p.67

STEP 1　**1**　They went to the sports shop / to buy ski helmets.
　　　　　　　　그들은 스포츠용품점에 갔다　　　　　　스키 헬멧을 사기 위해서

　　　　　2　Susan bought theater tickets / at half-price / online.
　　　　　　　　Susan은 극장표를 샀다　　　　반값에　　　온라인에서

　　　　　3　The herd of horses started jumping / over a fence / in the yard.
　　　　　　　　말의 무리가 뛰기 시작했다　　　　　울타리를 넘어　　마당에 있는 (울타리)

4 I have to get a report done / by tomorrow afternoon.
나는 이 보고서를 끝내야 한다　내일 오후까지

5 They close their restaurant / for a break / at 3 p.m.
그들은 그들의 식당을 닫는다　휴식을 위해　오후 3시에

6 You must be out of your mind / to ask such stupid things.
너는 제정신이 아님이 틀림없다　그렇게 어리석은 것들을 묻다니

7 He was too ashamed / to tell the truth / about his math grade.
그는 너무 창피했다　사실을 말하기에는　그의 수학 점수에 대한

8 She grew up / to be one / of the most famous modern physicists.
그녀는 자랐다　한 사람이 됐다　가장 유명한 현대 물리학자들 중의 (한 사람)

STEP 2

1 In the forest, / you must be careful / not to cause a fire.
숲에서　너는 조심해야 한다　화재를 내지 않도록

2 To get a good seat, / he has been waiting / in line / for five hours.
좋은 자리를 얻기 위해　그는 기다리고 있다　줄에서　5시간 동안

3 What would you be willing to give up / to be ten years younger?
당신은 무엇을 기꺼이 포기할 것입니까　10년 더 젊어지기 위해서라면

4 Some birds build their nests / in secret / in dense evergreens / in the early spring.
어떤 새들은 둥지를 짓는다　비밀리에　빽빽한 상록수 속에　이른 봄에

5 Mr. Thomas came / from behind the curtain / to accept his award.
Thomas 씨는 나왔다　막 뒤에서　그의 상을 받기 위해

6 In order to impress his boss, / he always works hard.
그의 상사에게 깊은 인상을 주기 위해　그는 항상 열심히 일한다

7 All these games are free / to play online / and some of them / can even be downloaded /
이 모든 게임은 무료이다　온라인으로 하는 것이　그리고 그것들 중 일부는　심지어 다운로드될 수도 있다

to play on your PC.
당신의 컴퓨터에서 할 수 있도록

적용**독해**

1 정답 ③

문제풀이

시각 장애인들이 연극을 촉각으로 느낄 수 있게 구성한 새로운 형태의 연극 관람에 대한 글이다.

① 연기 수업이 시각 장애인들을 돕다　② 촉각 투어: 새로운 여행 방법
③ 시각 장애인들에게 연극을 '느끼도록' 하기　④ 왜 연극은 영화보다 인기가 없는가?
⑤ 모든 배우가 시각 장애인인 극장

직독직해

① In recent years, / many theaters have made an effort / [to attract blind people / to
최근 몇 년간　많은 극장들이 노력을 해 오고 있다　시각 장애인들을 끌어오려는 (노력)

정답 및 해설　**45**

their plays]. ② They provide these audience members / with detailed descriptions of the
그들의 연극으로   그들은 이 관객들에게 제공한다   연기에 대한 상세한 묘사를

action / [that can be heard / through a special earpiece]. ③ However, / the Everyman Theatre
들릴 수 있는 (연기에   특별한 이어폰을 통해   그러나   메릴랜드 주의 볼티모어에 있는
대한 상세한 묘사)

in Baltimore, Maryland / offers blind guests even more, / allowing them to experience the
Everyman 극장은   시각 장애인 손님들에게 훨씬 더 많은 것을 제공한다   (그래서) 그들이 극장을 경험할 수 있도록 한다

theater / in a whole new way. ④ It's called a "Touch Tour," / and it gives them a chance / [to
완전히 새로운 방식으로   그것은 '촉각 투어'라고 불린다   그리고 그것은 그들에게 기회를 준다

walk around the stage / before the performance / and (to) feel the set]. ⑤ The theater has
무대를 돌아다닐 (기회)   공연 전에   그리고 무대 세트를   극장은 이 투어를
                                              만져 볼 (기회)

been offering these tours / for several years, / although they're not available / for every play.
제공해 왔다   몇 년 동안   비록 그것이 이용 가능한 것은 아니지만   모든 연극에 대해

⑥ Usually, / there is a Touch Tour / for one play each season. ⑦ These tours allow the
보통   '촉각 투어'가 있다   각 공연 기간당 하나의 연극에 대해   이 투어들은 극장이 ~하도록 한다

theater / to share its performances / with physically challenged members of the local
            그곳의 공연을 공유할 수 있도록   지역사회의 장애인들과

community / [who don't usually attend plays].
            보통 연극을 보러 오지 않는 (지역사회의 장애인들)

전문해석

최근 몇 년간, 많은 극장들이 시각 장애인들을 그들의 연극으로 끌어오려는 노력을 해 오고 있다. 그들은 특별한 이어폰을 통해 들릴 수 있는 상세한 연기 묘사를 이 관객들에게 제공한다. 그러나, 메릴랜드 주의 볼티모어에 있는 Everyman 극장은 시각 장애인 손님들에게 훨씬 더 많은 것을 제공하여, 그들이 극장을 완전히 새로운 방식으로 경험할 수 있도록 해준다. 그것은 '촉각 투어'라고 불리며, 관객들에게 공연 전에 무대를 돌아다니고 무대 세트를 만져 볼 기회를 준다. 극장은 이 투어를 몇 년 동안 제공해 왔는데, 모든 연극에 대해 이용할 수 있는 것은 아니다. 보통, 각 공연 기간당 하나의 연극에 대해 '촉각 투어'가 있다. 이 투어들은 극장이 그곳의 공연을 보통은 연극을 보러 오지 않는 지역사회의 장애인들과 공유하도록 한다.

구문해설

                                                                                      비교급 강조 부사
③ However, the Everyman Theatre [in Baltimore, Maryland] offers blind guests even more,
                    S문장   형용사구(전치사구)   4형식 동사 I.O.문장 D.O.문장

분사구문(부대상황)
[allowing them to experience ... way].
5형식 동사 O구   O.C.구(to-v)

                                              4형식 동사 I.O. D.O.   to부정사의 형용사적 용법
④ It's called a "Touch Tour," and it gives them a chance [to walk around the stage before the
                                        = blind guests

performance and (to) feel the set].

직독직해 PLUS

정답 It's called a "Touch Tour," / and it gives them a chance / to walk around the stage / before
그것은 '촉각 투어'라고 불린다   그리고 그것은 그들에게 기회를 준다   무대를 돌아다닐 (기회)   공연 전에

the performance / and feel the set.
그리고 무대 세트를 만져 볼 (기회)

2 정답 ⑤

문제풀이

불은 거의 60년 동안 타오르고 있으며, 앞으로 적어도 250년 더 타오를 수 있다고 했다.

직독직해

① Centralia was an old coal mine town / in Pennsylvania. ② Now it is a ghost town.
센트레일리아는 오래된 탄광 마을이었다　　펜실베이니아에 있는　　　지금 그곳은 유령 마을이다

③ It began / when they set fire / to a large pile of trash / in 1962. ④ Rural communities
그것은 시작되었다　사람들이 불을 질렀을 때　큰 쓰레기 더미에　　　1962년에　　시골 지역은 종종 그들의

often burn their trash, / but Centralia's landfill happened / to be located above the coal mine.
쓰레기를 태운다　　　　그런데 센트레일리아의 쓰레기 매립지가 공교롭게도　탄광 위에 위치하게
　　　　　　　　　　　~하게 된 것이었다

⑤ Consequently, / burning the trash / led to a coal fire / underneath the town. ⑥ Centralia's
　그 결과　　　쓰레기를 태운 것이　석탄 화재로 이어졌다　그 마을 밑에서의　　　센트레일리아의

coal mine was very deep and large. ⑦ Firefighters tried eight times / to put the fire out, / but
탄광은 매우 깊고 컸다　　　　소방관들은 여덟 번이나 노력했다　　불을 끄기 위해서　　하지만

failed each time. ⑧ Toxic smoke and gas came up / from the ground, / so almost all of the
매번 실패했다　　유독성 연기와 가스가 나왔다　　　땅속으로부터　　그래서 1,400명의 주민 대부분이

1,400 residents / had to move to neighboring towns. ⑨ Most of the buildings / have been
　　　이웃 마을로 이동해야 했다　　　　건물의 대부분은　　　　파괴되었다

destroyed / to stop people from moving in. ⑩ The fire has been burning / for almost 60 years /
사람들이 전입해 들어오는 것을 막기 위해　그 불은 타오르고 있다　　거의 60년 동안

and could continue to burn / for at least 250 more years!
그리고 타오를 수 있다　　　적어도 250년 더

전문해석

센트레일리아는 펜실베이니아에 있는 오래된 탄광 마을이었다. 지금 그곳은 유령 마을이다. 그것은 1962년에 사람들이 큰 쓰레기 더미에 불을 질렀을 때 시작되었다. 시골 지역에서는 종종 그들의 쓰레기를 태우는데, 센트레일리아의 쓰레기 매립지가 공교롭게도 탄광 위에 위치하게 되었던 것이다. 그 결과, 쓰레기를 태운 것이 그 마을 밑에서의 석탄 화재로 이어졌다. 센트레일리아의 탄광은 매우 깊고 컸다. 소방관들은 여덟 차례나 불을 끄기 위해서 노력했지만, 매번 실패했다. 유독성 연기와 가스가 땅속으로부터 나와서 1,400명의 주민 대부분이 이웃 마을로 이동해야 했다. 건물의 대부분은 사람들이 전입해 들어오는 것을 막기 위해 파괴되었다. 그 불은 거의 60년 동안 타오르고 있고 적어도 250년 더 타오를 수 있다!

구문해설

　　　　　　　　　　　　　　　　　　to부정사의 부사적 용법(목적)
⑨ Most of the buildings have been destroyed to **stop** people **from moving** in.
　　　　　　　　　　현재완료 수동　　　「stop+O+from+v-ing」 '~가 …하는 것을 막다'

⑩ The fire has been burning for almost 60 years and could continue to burn for ... .
　　　　V1(현재완료 진행)　　　　　　　　　　　　　　　　V2

직독직해 PLUS

정답 Most of the buildings / have been destroyed / to stop people from moving in.
　　　　건물의 대부분은　　　　파괴되었다　　　　　사람들이 전입해 들어오는 것을 막기 위해

1 ③   2 ③   3 ②   4 ③   5 ⑤   6 ⑤

직독직해 REVIEW

1   Most of us try to avoid / thinking about being wrong.
우리들 대부분은 피하려 한다   틀린다는 것에 대해 생각하기를

2   Most of them have been linked / to natural disasters / like volcanic eruptions / or extreme climate shifts.
그것들의 대부분은 관련이 있었다   자연 재해와   화산 폭발과 같은   또는 극단적인 기후 변화(와 같은)

3   Large amounts of copper, silver and gold / can be recovered / by recycling cell phones.
많은 양의 구리, 은과 금은   되찾아질 수 있다   휴대전화를 재활용함으로써

4   To earn money, / newspaper companies track their online readers / in order to provide them / with
돈을 벌기 위해서   신문사는 온라인 독자를 추적한다   그들에게 제공하기 위해

customized advertisements.
개별 맞춤식 광고를

5   If our purpose is entertainment, / then we do it only to feed our curiosity / about suffering.
우리의 목적이 여흥이라면   우리는 우리의 호기심을 충족시키기 위해서 그것을 할 뿐이다   고통에 대한 (우리의 호기심)

6   But no matter how serious / the patients' speech problems are, / musical therapy gives them a
하지만 아무리 심각하다 할지라도   환자의 언어 문제가   음악 치료는 그들에게 기회를 준다

chance / to use nonverbal sounds / to express themselves.
비언어적인 소리를 사용할 (기회)   자신을 표현하기 위해서

1   정답 ③
문제풀이
항상 자신이 옳아야 한다고 생각하는 덫에서 빠져 나와 자신이 틀릴 수도 있음을 인정하고 받아들이라는 내용의
글이다.

직독직해

① Most of us try to avoid / thinking about being wrong. ② Instead, / we prefer to always
우리들 대부분은 피하려 한다   틀린다는 것에 대해 생각하기를   대신   우리는 항상 가정하는 것을 선호한다

assume / [that we are right]. ③ Part of the problem is / [that we often don't know / {that
우리가 옳다고   그 문제의 일부는 ~이다   우리는 대개 모른다는 것(이다)   우리가

we're wrong} / until someone tells us]. ④ But there's another reason / as well. ⑤ In school, /
틀렸다는 것을   누군가가 우리에게 말해줄 때까지는   그러나 다른 이유가 있다   또한   학교에서

teachers often scold students / [who get low scores / or make mistakes]. ⑥ Meanwhile, /
선생님들은 자주 학생들을 꾸짖는다   낮은 점수를 받거나   실수를 저지르는 (학생들)   그동안

we are taught / what to think about such classmates / — that they are lazy, irresponsible, or
우리는 배운다   그런 반 친구들에 대해서 뭐라고 생각할지를   그들은 게으르고 무책임하고 혹은 충분히

not smart enough. ⑦ This makes us believe / [that the key {to success} is / never to make
똑똑하지 않다고   이것은 우리가 믿게 만든다   성공으로 가는 열쇠는 ~이라고   절대 어떤 실수도

any mistakes]. ⑧ But this is false. ⑨ In order to truly experience life, / you need to escape
저지르지 않는 것(이라고)   그러나 이것은 잘못되었다   진정으로 인생을 경험하기 위해서   당신은 덫을 빠져나가야 한다

the trap / of always thinking you have to be right. ⑩ Take a long look at the world around
자신이 옳아야 한다고 항상 생각하는 (덫)   당신 주변의 세상을 면밀히 바라보아라

you / and admit to yourself, / "You know, / sometimes I might be wrong."
그리고 당신 스스로 인정하라 "알잖아 가끔은 나도 틀릴 수 있어"

전문해석

우리들 대부분은 틀린다는 것에 대해 생각하기를 피하려 한다. 대신, 우리는 항상 우리가 옳다고 생각하기를 선호한다. 그 문제의 일부는, 우리는 대개 누군가가 우리에게 말해줄 때까지는 우리가 틀렸다는 것을 모른다는 것이다. 그러나 다른 이유도 있다. 학교에서, 선생님들은 낮은 점수를 받거나 실수를 저지르는 학생들을 자주 꾸짖는다. 그동안, 우리는 그런 반 친구들에 대해서 뭐라고 생각할지를 배우게 된다. 그들은 게으르고, 무책임하고, 혹은 충분히 똑똑하지 않다고 말이다. 이것은 우리가 성공으로 가는 열쇠는 절대 어떤 실수도 저지르지 않는 것이라고 믿게 만든다. 그러나 이것은 잘못되었다. 진정으로 인생을 경험하기 위해서, 당신은 자신이 옳아야 한다고 항상 생각하는 덫을 빠져나가야 한다. 당신 주변의 세상을 면밀히 바라보고, 스스로 "알잖아, 가끔은 나도 틀릴 수 있어."라고 인정하라.

구문해설

know의 목적어(명사절)

③ Part of the problem is [that we often don't know {that we're wrong} ... us].
  S   V   S.C.(명사절)

believe의 목적어(명사절)

⑦ This makes us believe [that the key {to success} is never to make any mistakes].
  S문장 V문장 O문장 O.C.문장   S절 ← 전치사구   V절   S.C.절(to-v)
       (동사원형)

2 정답 ③

문제풀이

주어가 Our long history … the world이므로 단수 동사인 has를 써야 한다.

직독직해

① There have been five mass extinction events / in the earth's history. ② Most of them
  다섯 건의 대멸종 사건이 있었다   지구 역사상   그것들의 대부분은

have been linked / to natural disasters / like volcanic eruptions / or extreme climate shifts.
관련이 있었다   자연 재해와   화산 폭발과 같은   또는 극단적인 기후 변화(와 같은)

③ But now we are facing / a new kind of mass extinction, / one generated by humanity.
  그러나 지금 우리는 직면하고 있다   새로운 종류의 대멸종을   인류에 의해 발생되는 것

④ Humans and livestock consume / more than a quarter of the energy / [produced by plants], /
  인간과 가축들이 소비한다   에너지의 4분의 1 이상을   식물에 의해 생산되는 (에너지)

leaving less for biodiversity. ⑤ Our long history / [of relocating species around the world] /
생물 다양성을 위해서는 (에너지를) 적게 남기며   우리의 오랜 역사는   전 세계로의 종 이동의 (역사)

has also caused unexpected destruction. ⑥ A harmless species / in one environment / can
또한 예상치 못한 파괴를 일으켰다   무해한 종이   한 환경에서는

destroy whole ecosystems / [that were unable to adapt / in time]. ⑦ This isn't just a problem /
전체 생태계를 파괴할 수 있다   적응할 수 없었던 (전체 생태계)   제때   이것은 단지 문제가 아니다

for animals. ⑧ The loss of biodiversity / could leave our own food supply extremely fragile /
동물의   생물 다양성의 상실은   우리의 식량 공급을 극도로 취약한 상태에 빠트릴 수 있다

to disaster.
재난에 이르는

지구 역사상 다섯 건의 대멸종 사건이 있었다. 그것들의 대부분은 화산 폭발이나 극단적인 기후 변화와 같은 자연 재해와 관련이 있었다. 그러나 지금 우리는 새로운 종류의 대멸종에 직면하고 있는데, 그것은 인류에 의해 발생되는 것이다. 인간과 가축들이 식물에 의해 생산되는 에너지의 4분의 1 이상을 소비하여, 생물 다양성을 위해서는 (에너지를) 적게 남긴다. 우리의 전 세계로의 오랜 종 이동의 역사 또한 예상치 못한 파괴를 일으켰다. 한 환경에서는 무해한 종이 제때 적응하지 못한 전체 생태계를 파괴할 수 있다. 이것은 단지 동물만의 문제가 아니다. 생물 다양성의 상실은 우리의 식량 공급을 재난에 이르는 극도로 취약한 상태에 빠뜨릴 수 있다.

구문해설

③ But now we are facing a new kind of mass extinction, one [generated by humanity]. 과거분사구
= (one = a new kind of mass extinction)

④ Humans and livestock consume more than a quarter of the energy [produced by plants], 과거분사구
leaving less for biodiversity.
분사구문(부대상황)

⑧ The loss of biodiversity could leave our own food supply extremely fragile to disaster.
　　　　S　　　　　　　V　　　　　O　　　　　　　　O.C.
⇨ 「leave+O+O.C.」 'O를 O.C.한 상태로 있게 만들다'

3 정답 ②

문제풀이

사용한 휴대전화를 버리지 않고 재활용하면 오염을 방지하고 천연 자원을 아낄 수 있다는 내용의 글이다.

① 휴대전화 안에 있는 위험한 중금속들　　　② 사용하던 휴대전화를 재활용하는 것의 이점
③ 당신을 위한 최적의 휴대전화를 선택하는 방법　　④ 전자 폐기물로 인한 환경상의 문제
⑤ 휴대전화를 만들기 위해 필요한 값비싼 물질

직독직해

① What do people do / with their old cell phones / when they upgrade / to the latest model?
사람들이 어떻게 하는가　　그들의 오래된 휴대전화를　　그들이 더 좋은 것으로 바꿀 때　최신 모델로

② In the U.S., / only about 27% of this "e-waste" / is recycled. ③ The rest goes into
미국에서는　　이 '전자 폐기물'의 약 27%만이　　　재활용된다　　나머지는 쓰레기 매립지로 향한다

landfills, / including dangerous materials / such as lead and mercury. ④ Cell phones also
위험 물질을 포함한 채　　　　　납과 수은 같은　　휴대전화에는 값비싼

contain valuable materials / [that can be reused]. ⑤ Large amounts of copper, silver and
물질 또한 들어 있다　　재사용될 수 있는 (값비싼 물질)　많은 양의 구리, 은과 금이

gold / can be recovered / by recycling cell phones. ⑥ This means / [(that) new material
되찾아질 수 있다　　휴대전화를 재활용함으로써　　이는 의미한다　새로운 물질이

doesn't need to be mined]. ⑦ Therefore, / recycling electronics / both prevents pollution /
채굴될 필요가 없다는 것을　　그러므로　　전자기기를 재활용하는 것은　오염도 막고

and conserves natural resources. ⑧ Recycling just half of the cell phones / [(that) Americans
천연자원을 보존한다　　휴대전화의 딱 절반만 재활용하는 것은　　미국인들이

dispose of annually] / would allow us / to save enough energy / [to power 24,000 homes for
연간 버리는 (휴대전화)　　우리가 ~하게 할 것이다　충분한 에너지를 절약하도록　한 해 동안 24,000세대에 동력을
공급하는 데 (충분한 에너지)

a year]. ⑨ Think about this / the next time you're shopping for a new phone!
이것을 생각해 보아라　　다음에 당신이 새 전화기를 사려고 할 때

사람들이 휴대전화를 최신 모델로 바꿀 때 오래된 휴대전화를 어떻게 하는가? 미국에서는 이 '전자 폐기물'의 약 27%만이 재활용된다. 나머지는 납과 수은 같은 위험 물질을 포함한 채 쓰레기 매립지로 향한다. 휴대전화에는 재사용될 수 있는 값비싼 물질 또한 들어 있다. 휴대전화를 재활용함으로써 많은 양의 구리, 은과 금이 되찾아질 수 있다. 이는 새로운 물질이 채굴될 필요가 없다는 것을 의미한다. 그러므로 전자기기를 재활용하면 오염도 막고 천연자원을 보존할 수도 있다. 미국인들이 연간 버리는 휴대전화의 딱 절반만 재활용한다면 한 해 동안 24,000세대에 동력을 공급하는 데 충분한 에너지를 우리가 절약하게 할 것이다. 당신이 다음에 새 전화기를 사려고 할 때 이것을 생각해 보아라!

구문해설

④ Cell phones also contain valuable materials [that can be reused].
　　　　　　　　　　　　　선행사　　　　　주격 관계대명사절

⑦ Therefore, recycling electronics **both** prevents pollution **and** conserves natural resources.
　　　　　　　　　　　　　「both A and B」 'A와 B 모두'

　　　　　　　　　　　　선행사　　　　목적격 관계대명사절
⑧ Recycling just half of the cell phones [(that) Americans dispose of annually] would allow us
　　　　　　　　　　S(동명사구)　　　　　　　　　　　　　　　　　　　V　　O

　　　　　　　　　　　　　　to부정사의 형용사적 용법
to save enough energy [**to power** 24,000 homes for a year].
　　　　　　　　O.C.(to-v)

4　　정답 ③

문제풀이

신문사들이 독자들에게 광고를 제공하여 수익을 내는 목적으로 온라인 신문 독자들을 추적한다는 주어진 글 다음에, 독자들이 이런 시스템에 대해 불편을 느낀다는 (B)로 이어진 후, 독자들이 이에 따라 광고 차단 프로그램을 쓰면서 신문사의 이윤이 감소한다는 (C)가 나오고, 신문사가 고객을 만족시키면서 수익을 창출할 수 있도록 방안을 제공해야 한다는 (A)가 이어지는 것이 자연스럽다.

직독직해

① These days, / most people read newspapers online / rather than buying them / in stores.
오늘날　　　　　대부분의 사람들이 온라인으로 신문을 읽는다　　　　그것들을 사기보다는　　　　가게에서

② To earn money, / newspaper companies track their online readers / in order to provide them /
돈을 벌기 위해서　　　　신문사는 온라인 독자를 추적한다　　　　　　　　　그들(= 독자들)에게 제공하기 위해

with customized advertisements. ③ Unfortunately, / many readers find this kind of system /
개별 맞춤식 광고를　　　　　　　　　유감스럽게도　　　　많은 독자들은 이런 종류의 시스템을 ~한 것으로 생각한다

annoying and upsetting. ④ They don't like / having to look at ads / on every article / [(that)
짜증 나고 화나는　　　　　그들은 좋아하지 않는다　　광고를 봐야 하는 것을　　　모든 기사에서　　　그들이

they read], / and they don't want companies / to know everything / [(that) they do online].
읽는 (모든 기사)　그리고 그들은 회사들이 ~하기를 원치 않는다　모든 것을 아는 것을　　그들이 온라인에서 하는 (모든 것)

⑤ Often, / their response is / to use ad-blocking programs. ⑥ This protects their privacy /
흔히　　　그들의 반응은 ~이다　　광고 차단 프로그램을 이용하는 것　　이것은 그들의 사생활을 보호한다

but reduces newspaper companies' profits. ⑦ To solve this problem, / newspapers need
하지만 신문사의 이윤을 줄인다　　　　　　　이 문제를 해결하기 위해　　　신문사들은 온라인

to offer online readers a way / [to pay for articles / without being tracked]. ⑧ This would
독자들에게 방법을 제시해야 한다　　　기사에 대해 비용을 지불할　추적당하지 않고　　　이는 신문사의 온라인
　　　　　　　　　　　　(방법)

satisfy their online readers / and allow them / to earn enough money / [to continue publishing
독자를 만족시킬 것이다   그리고 신문사가   충분한 돈을 벌 수 있게   그들의 신문 발행을 계속할
                        ~하게 할 것이다

their newspapers].
(충분한 돈)

전문해석

오늘날, 대부분의 사람들이 매장에서 신문을 사기보다는 온라인으로 신문을 읽는다. 돈을 벌기 위해서 신문사는 독자들에게 개별 맞춤식 광고를 제공하고자 온라인 독자를 추적한다. (B) 유감스럽게도 많은 독자들은 이런 종류의 시스템을 짜증 나고 화나는 것으로 생각한다. 그들은 읽는 기사마다 광고를 봐야 하는 것을 좋아하지 않고, 자신이 온라인에서 하는 모든 것을 회사들이 알기를 원치 않는다. (C) 흔히, 그들의 반응은 광고 차단 프로그램을 이용하는 것이다. 이것은 그들의 사생활을 보호하지만 신문사의 이윤을 줄인다. (A) 이 문제를 해결하기 위해 신문사들은 온라인 독자들이 추적당하지 않고 기사에 대해 비용을 지불할 방법을 제시해야 한다. 이는 신문사의 온라인 독자를 만족시킬 것이고 신문사가 신문 발행을 계속할 수 있는 충분한 돈을 벌 수 있게 할 것이다.

구문해설

③ Unfortunately, many readers find this kind of system annoying and upsetting.
                                V   O   O.C.

④ They don't **like** having to look at ads on every article [(that) they read], and they don't
                                                                목적격 관계대명사절
                          like의 목적어(동명사구)
                                                                목적격 관계대명사절
want companies to know everything [(that) they do online].
  V   O   O.C.(to-v)

⑧ This would satisfy their online readers and allow them to earn enough money [**to continue**
                                                                          to부정사의 형용사적 용법
            V1   O1   V2   O2   V2의 O.C.(to-v)
publishing their newspapers].

---

5 정답 ⑤

문제풀이

다크 투어리즘은 상실과 고통에 대한 깊은 공감과 이해를 통해 우리가 치유와 변화의 행위자가 될 수 있는 목적이어야 한다는 내용의 글이다.

직독직해

① There are many things / [to see and (to) do] / in a city like New York. ② However, /
  많은 것이 있다   볼거리와 할 (많은 것)   뉴욕과 같은 도시에는   그러나

visiting the 9/11 Memorial / is very different emotionally / than most other experiences.
9/11 추모관을 방문하는 것은   감정적으로 매우 다르다   대부분의 다른 경험과

③ This is an example of dark tourism: / visiting sites / [associated with loss and suffering].
  이것은 다크 투어리즘의 한 예이다   현장을 방문하는 것   상실과 고통과 연관된 (현장)

④ What do we get / from visiting such places? ⑤ If our purpose is entertainment, / then we do
  우리는 무엇을 얻을 수   그러한 장소들을 방문하는 것으로부터   우리의 목적이 여흥이라면   우리는 우리의
  있는가

it only to feed our curiosity / [about suffering]. ⑥ For example, / some famous battlefields are
호기심을 충족시키기 위해서 그것을 할 뿐이다   고통에 대한 (우리의 호기심)   예를 들어   몇몇 유명한 전쟁터는 기꺼이 ~할 것이다

happy / to let you fire guns / for fun. ⑦ On the other hand, / traveling to gain understanding /
당신에게 총을 쏘게　　　　재미로　　　반면에　　　　　　　이해를 얻기 위해 여행하는 것은

can deepen our compassion and empathy. ⑧ When we really see and feel / [what poet
우리의 동정심과 공감을 깊게 할 수 있다　　　　　우리가 진정으로 보고 느낄 때　　　시인 Robert Burns가

Robert Burns called / "man's inhumanity to man,"] / we can be agents / [for healing and
~라고 부르는 것을　　　　　'인간에 대한 인간의 비인도적 행위'　　우리는 행위자가 될 수 있다　치유와 변화를 위한
　　　　　　　　　　　　　　　　　　　　　　　　　　　　　　　　　　　　(행위자)

change].

전문해석

뉴욕과 같은 도시에는 볼거리와 할 것이 많다. 그러나, 9/11 추모관을 방문하는 것은 대부분의 다른 경험들과 감정적으로 매우 다르다. 이것은 상실과 고통과 연관된 현장을 방문하는 다크 투어리즘의 한 예이다. 그러한 장소들을 방문하는 것으로부터 우리는 무엇을 얻을 수 있는가? 우리의 목적이 여흥이라면, 우리는 고통에 대한 우리의 호기심을 충족시키기 위해서 그것을 할 뿐이다. 예를 들어, 몇몇 유명한 전쟁터는 기꺼이 당신에게 재미로 총을 쏘게 해줄 것이다. 반면에, 이해를 얻기 위해 여행하는 것은 우리의 동정심과 공감을 깊게 할 수 있다. 시인 Robert Burns가 '인간에 대한 인간의 비인도적 행위'라고 부르는 것을 우리가 진정으로 보고 느낄 때, 우리는 치유와 변화를 위한 행위자가 될 수 있다.

구문해설

① There are many things [**to see** and (**to**) **do**] in a city like New York.
　　　　　　　　　↑_____|
　　　　　　　　　to부정사의 형용사적 용법

　　　　　　　　　　　　　　　　　　　　　　　　　사역동사　O　O.C.(동사원형)
⑥ For example, some famous battlefields are happy to let you fire guns for fun.
　　　　　　　　　　　　　　　　　　　　「be happy to-v」 '기꺼이 ~하다'

⑧ When we really see and feel what poet Robert Burns called "man's inhumanity to man,"
　　　　　S절　　V절1　V절2　　　　　　　　　　　　　　O절(명사절)

we can be agents [for healing and change].
　　　　└_↓___|

6　**정답** ⑤

문제풀이

음악 치료가 자폐 아동에게 주는 긍정적 측면을 이야기하는 글로, 음악은 자폐 아동이 다른 사람들과 의사소통하려는 자신감을 '향상시킨다'는 내용이 되어야 하므로, ⑤의 removes(제거하다)를 improves(향상시키다) 등으로 바꿔야 한다.

직독직해

① Autistic children, / as well as older autistic individuals, / can improve their communication
자폐 아동들은　　　　　　나이가 더 많은 자폐증이 있는 개인들뿐만 아니라　　　그들의 의사소통 능력을 향상시킬 수 있다

skills / through musical therapy. ② People with autism / have a variety of speech problems.
음악 치료를 통해서　　　　　　　자폐증이 있는 사람들은　　　다양한 언어 문제를 갖고 있다

③ Some can only grunt or growl, / while others put together random words / to create
일부는 오직 끙끙 소리를 내거나 으르렁거릴 수 있다　반면 또 다른 일부는 임의의 단어들을 조합한다　　　(그리하여) 문장들을
　　　　　　　　　　　　　　　　　　　　　　　　　　　　　　　　　└____↓_____|

sentences / [that don't make any sense]. ④ Some actually have the ability / [to make
만들어낸다　　　전혀 말이 되지 않는 (문장들)　　　　몇몇은 실제로 능력을 갖고 있다　　　　　자기 자신을

themselves understood / through speech], / although they can't communicate their emotions
이해시키는 (능력)　　　　언어를 통해서　　　　그들이 자신의 감정을 잘 전달하지 못한다 할지라도

well. ⑤ But no matter how serious / the patients' speech problems are, / musical therapy
하지만 아무리 심각하다 할지라도　　　　환자의 언어 문제가 (아무리 심각하다 할지라도)　　　　음악 치료는 그들에게

gives them a chance / [to use nonverbal sounds / to express themselves]. ⑥ They're able
기회를 준다　　　　비언어적인 소리를 사용할 (기회)　　　　자신을 표현하기 위해서　　　　그들은 따를 수 있다

to follow / the beat of the music / by clapping, humming, / or echoing the sounds of an
음악의 박자를　　　　손뼉을 치고 콧노래를 부름으로써　　　　또는 교사의 소리를 따라함(으로써)

instructor. ⑦ The music gives them / something to imitate, / but it also improves their
음악은 그들에게 준다　　　　모방할 무언가를　　　　그런데 그것은 또한 그들의 자신감을
　　　　　　　　　　　　　　　　　　　　　　　　　　　향상시킨다

confidence / [to open up and try to communicate].
마음을 열고 소통하려고 노력하려는 (그들의 자신감)

전문해석

나이가 더 많은 자폐증 환자들뿐만 아니라, 자폐 아동들도 음악 치료를 통해서 그들의 의사소통 능력을 향상시킬 수 있다. 자폐증이 있는 사람들은 다양한 언어 문제를 갖고 있다. 일부는 오직 앓는 소리를 내거나 으르렁거릴 수 있고, 한편 다른 일부는 임의의 단어들을 조합하여 전혀 말이 되지 않는 문장을 만들어낸다. 몇몇은 자신의 감정을 잘 전달하지 못하더라도, 실제로는 언어를 통해서 자신을 (타인에게) 이해시킬 능력을 갖고 있다. 하지만 환자의 언어 문제가 아무리 심각하다 해도, 음악 치료는 그들에게 자신을 표현하기 위해 비언어적인 소리를 이용할 기회를 준다. 그들은 손뼉을 치거나, 콧노래를 부르거나, 또는 교사의 소리를 따라함으로써, 음악의 박자를 따를 수 있다. 음악은 그들에게 모방할 무언가를 제공하는데, 그것은 또한 마음을 열고 소통하려고 노력하려는 자신감을 제거한다(→ 향상시킨다).

구문해설

① Autistic children, as well as older autistic individuals, ...
　　　　　　　　　　~뿐만 아니라

③ **Some** can only grunt or growl, while **others** put together random words *to create*
「some ~, others ...」 '일부는 ~하고, 또 다른 일부는 ···하다'　　　　　　to부정사의 부사적 용법(결과)

sentences [that don't make any sense].
　　　　　　주격 관계대명사절

⑤ But no matter how serious the patients' speech problems are, musical therapy gives them
　　「no matter how+형용사/부사+S+V」 '아무리 ~일지라도'　　　　　　　　4형식 동사　I.O.

a chance [**to use** nonverbal sounds *to express* themselves].
D.O.　　　to부정사의 형용사적 용법　　to부정사의 부사적 용법(목적)

01 명사절

EXERCISE

p.77

STEP 1

1 Flight attendants know / the pilot can make an emergency landing.
승무원들은 안다   조종사가 비상 착륙을 할 수 있다는 것을

2 What he told me / was his opinion / on the educational policy.
그가 나에게 말한 것은   그의 의견이었다   교육 정책에 대한

3 Scientists wonder / if the ice on Mars / has ever melted.
과학자들은 궁금해한다   화성에 있는 얼음이 ~인지   녹은 적이 (있는지)

4 I'm sorry / that I won't be meeting you / this weekend.
유감입니다   제가 당신을 만나지 못할 것이라서   이번 주말에

5 Please make sure / that your seat belt is securely fastened.
확인하십시오   당신의 안전벨트가 단단히 매여 있는 것을

6 Whether you succeed or not / is totally up to you.
네가 성공할지 못할지는   전적으로 너에게 달렸다

7 This museum is / where you can learn / about the city's history.
이 박물관은 ~이다   여러분이 배울 수 있는 곳(이다)   그 도시의 역사에 대해

8 Ken explained to us / why he acted so strange.
Ken은 우리에게 설명했다   왜 그가 그렇게 이상하게 행동했는지를

STEP 2

1 Your evidence / will help the court to decide / whether he is guilty or not.
당신의 증언은   법정이 판단하는 것을 도울 것이다   그가 유죄인지 아닌지를 (판단하는 것)

2 The reason for the renovation is / that the building is too old.
수리의 이유는 ~이다   건물이 너무 낡았다는 것(이다)

3 Whatever you want / can be put / on top of your birthday cake.
네가 원하는 것은 무엇이든   올려질 수 있다   네 생일 케이크 위에

4 That birds communicate by singing songs / was already proven.
새들이 노래를 부름으로써 의사소통한다는 것은   이미 증명되었다

5 The issue is / how this complex idea / can be explained to the students / in an easy way.
문제는 ~이다   어떻게 이 복잡한 개념이   학생들에게 설명될 수 있는지(이다)   쉬운 방식으로

6 The police officers finally found out / who was behind the bank robbery.
경찰관들은 마침내 알아냈다   은행 강도 사건의 배후에 누가 있었는지

7 What I know for sure / is / that this book is going to make a difference / in the lives of
내가 확실히 아는 것은   ~이다 이 책이 변화를 가져올 것이라는 것(이다)   그것의 독자들의 삶에

its readers.

1 정답 ②

문제풀이

주어진 문장의 It이 The American Heart Association을 가리키며 ② 바로 뒤에 손만 사용하는 CPR에 대한 부연 설명이 이어지므로, 주어진 문장은 ②에 오는 것이 자연스럽다.

직독직해

① Mouth-to-mouth breathing / isn't always the most effective way / [to save someone's life].
입대입인공호흡법이　　　항상 가장 효과적인 방법은 아니다　　　누군가의 생명을 구하는 (가장 효과적인 방법)

② The American Heart Association / is suggesting a major change in / how people deal with
미국 심장 협회는　　　　　　　　~에 중대한 변화를 제안하고 있다　　　사람들이 갑작스러운

sudden heart attacks. ③ It claims / [that hands-only CPR is / just as effective as standard
심장마비에 대처하는 방법　　　그것은 주장한다　손만 사용하는 심폐소생술은 ~이라고　일반적인 심폐소생술만큼이나 효과적 (이라고)

CPR / in such cases]. ④ Quick, strong presses / to the victim's chest / should be performed /
그런 경우들에 있어서　　빠르고 강한 압박이　　　환자의 흉부에 대한　　　시행되어야 한다 (빠르고 강한 압박)

until help arrives. ⑤ Experts hope / [that this will encourage / more people to help /
구조가 도착할 때까지　　전문가들은 희망한다　　이것이 촉진하기를　　더 많은 사람들이 돕는 것을

{when they see someone suddenly collapse}]. ⑥ Performing hands-only CPR is simpler /
그들이 누군가가 갑자기 쓰러지는 것을 목격할 때　　　손만 사용하는 심폐소생술을 시행하는 것은 더 간단하다

and removes an obstacle for people / [who don't want to give mouth-to-mouth / to strangers].
그리고 사람들을 위해 장애물을 제거해준다　　　입대입인공호흡을 하기를 원치 않는 (사람들)　　　낯선 사람들에게

⑦ However, / mouth-to-mouth is / still the best method for treating children / [who have
그렇지만　　　입대입인공호흡은 ~이다　　여전히 어린이들을 처치하기 위한 가장 좋은 방법

stopped breathing / as a result of choking].
호흡을 멈춘 (어린이들)　　질식의 결과로

전문해석

입대입인공호흡법이 누군가의 생명을 구하는 데 있어 항상 가장 효과적인 방법은 아니다. 미국 심장 협회는 사람들이 갑작스러운 심장마비에 대처하는 방법에 있어 큰 변화를 제안하고 있다. 협회는 그런 경우에 있어서 손만 사용하는 심폐소생술이 일반적인 심폐소생술만큼이나 효과적이라고 주장한다. 구조가 도착할 때까지 환자의 흉부에 빠르고 강한 압박이 시행되어야 한다. 전문가들은 이것이 누군가가 갑자기 쓰러지는 것을 목격할 때 더 많은 사람들이 (쓰러진 사람을) 돕는 것을 촉진하기를 희망한다. 손만 사용하는 심폐소생술을 시행하는 것은 더 간단하며, 낯선 사람들에게 입대입인공호흡을 하기를 원치 않는 사람들을 위해 장애물을 제거해준다. 그렇지만, 여전히 입대입인공호흡법은 질식으로 호흡이 멈춘 어린이들을 처치하기 위한 가장 좋은 방법이다.

구문해설

③ It **claims** [that hands-only CPR is just **as effective as** standard CPR in such cases].
　　　　　claims의 목적어(명사절)　　　　　「as+형용사/부사의 원급+as」 '~만큼 …한[하게]'(동등 비교)

hope의 목적어(명사절)　　　　　지각동사　O부사절
⑤ Experts **hope** [that this will encourage more people to help {when they see someone
　　　　　　　　　V절　　　　　　　O절　　　　O.C.절(to-v)

O.C.부사절(동사원형)
suddenly collapse}].

정답 It claims / that hands-only CPR is / just as effective as standard CPR / in such cases.
그것은 주장한다 손만 사용하는 심폐소생술은 ~이라고 일반적인 심폐소생술만큼이나 효과적(이라고) 그런 경우들에 있어서

2

정답 ②

문제풀이

개가 주인이 하는 말을 이해하는지 알아보는 실험에서 유의미한 말을 긍정적인 억양으로 말할 때에만 칭찬으로 이해한다는 결과를 통해, 개는 인간의 말의 의도를 '인식하기' 위해 '어조'와 어휘의 조합을 사용한다는 것을 알 수 있다.

직독직해

① Many dog owners believe / [that their pets can understand / {what they say}]. ② Now, /
많은 개 주인들이 믿는다 그들의 애완견이 이해할 수 있다고 그들이 말하는 것을 오늘날

scientific research suggests / [that this might actually be true]. ③ In an experiment at the
과학 연구는 시사한다 이것은 정말 사실일 수도 있다는 것을 부다페스트 대학에서 이루어진

University of Budapest, / the brains of dogs were scanned / while they listened to their
실험에서 개의 뇌가 정밀 촬영되었다 그들(= 개들)이 조련사가 하는 말을 듣는

trainers speak. ④ The results showed / [that the dogs were processing words / with the
동안에 결과는 보여줬다 개가 단어를 처리하고 있다는 것을

left side of their brains / and (they were processing) intonation / with the right side (of
그들의 뇌의 왼쪽으로 그리고 억양을 (처리하고 있다는 것을) 그들의 (뇌의) 오른쪽으로

their brains)]. ⑤ This is the same way / [that the human brain works]. ⑥ In addition, /
이는 같은 방식이다 인간의 뇌가 작동하는 (방식) 게다가

the researchers found / [that the dogs understood praise / {only when meaningful words
연구원은 발견했다 개가 칭찬을 이해한다는 것을 유의미한 말이 발화되었을 때에만

were spoken / with a positive intonation}]. ⑦ Neither meaningless words with a positive
긍정적인 억양으로 긍정적인 억양으로 하는 무의미한 말도 ~않다

intonation / nor meaningful words with a neutral intonation / had the same effect.
감정이 없는 억양으로 하는 유의미한 말도 ~않다 같은 효과를 가졌다

→ Research shows / [that dogs use a combination of tone and vocabulary / to recognize the
연구는 보여준다 개가 어조와 어휘의 조합을 사용한다는 것을 인간의 말의 의도를

purpose of human speech].
인식하기 위해서

전문해석

많은 개 주인들이 그들이 말하는 것을 애완견이 이해할 수 있다고 믿는다. 오늘날 과학 연구에 의하면 이것은 정말 사실일 수도 있다. 부다페스트 대학에서 이루어진 실험에서 개들이 조련사가 하는 말을 듣는 동안에 그들의 뇌가 정밀 촬영되었다. 결과는 개가 좌뇌로 단어를 처리하고 우뇌로 억양을 처리하고 있다는 것을 보여줬다. 이는 인간의 뇌가 작동하는 것과 같은 방식이다. 게다가, 연구원들은 유의미한 말이 긍정적인 억양으로 발화되었을 때에만 개가 칭찬을 이해한다는 것을 발견했다. 긍정적인 억양으로 하는 무의미한 말도 감정이 없는 억양으로 하는 유의미한 말도 둘 다 같은 효과를 갖지 않았다.

→ 연구는 개가 인간의 말의 의도를 인식하기 위해서 어조와 어휘의 조합을 사용한다는 것을 보여준다.

① Many dog owners **believe** [that their pets can *understand* {**what** they say}].

understand의 목적어(명사절)

believe의 목적어(명사절)　　　　　　　선행사를 포함하는 관계대명사

③ … while they listened to their trainers speak.

　　　　　　　지각동사　　　　O　　　O.C.(동사원형)

「neither A nor B」 'A와 B 둘 다 아닌'

⑦ **Neither** meaningless words with a positive intonation **nor** meaningful words with a neutral

　　　　　　　　　　　　　　　　　　　　　　S

intonation had the same effect.

　　　　　　V　　　O

직독직해 PLUS

정답 Many dog owners believe / that their pets can understand / what they say.

　　　 많은 개 주인들이 믿는다　　　　그들의 애완견이 이해할 수 있다고　　　 그들이 말하는 것을

독해 PLUS

정답 process

해석 과학자들은 개의 뇌가 우리의 뇌가 하는 것처럼 말과 억양을 <u>처리한다</u>는 것을 발견했다.

02 형용사절

EXERCISE

p.81

STEP 1

1 They were <u>immigrants</u> / [who came to work / on the farm].
　　그들은 이민자들이다　　　　일하러 온 (이민자들)　　농장에

2 Tomorrow is <u>the day</u> / [when many stores launch their biggest sale].
　　내일은 그날이다　　　　　많은 가게들이 가장 큰 세일을 시작하는 (그날)

3 Kate is <u>the employee</u> / [whom we are most proud of].
　　Kate는 직원이다　　　　우리가 가장 자랑스러워하는 (직원)

4 <u>The fashion website</u> / [my sister recommended] / is very useful.
　　그 패션 웹사이트는　　　내 여동생이 추천한 (그 패션 웹사이트)　매우 유용하다

5 Never trust <u>a doctor</u> / [whose office plants have died].
　　절대 의사를 믿지 마라　　사무실의 식물이 죽어 있는 (의사)

6 People are against <u>any company</u> / [that destroys the environment].
　　사람들은 어떠한 회사에도 반대한다　　　환경을 파괴하는 (어떠한 회사)

7 Social networking services changed <u>the way</u> / [people communicate].
　　소셜 네트워크 서비스는 방법을 바꾸었다　　　사람들이 의사소통하는 (방법)

8 Venice is <u>a beautiful port city</u> / [many tourists visit].
　　베니스는 아름다운 항구 도시이다　　　많은 관광객들이 방문하는 (아름다운 항구 도시)

1 We need a special wax / that is used to make candles.
우리는 특별한 밀랍이 필요하다   양초를 만드는 데 쓰이는 (특별한 밀랍)

2 Visitors / who want to climb the mountain in winter / are required to register here.
방문객들은   겨울에 등산을 원하는 (방문객들)   이곳에 등록하는 것이 요구된다

3 I clearly remember the day / when I first met him.
나는 그날을 확실히 기억한다   내가 그를 처음 만났던 (그날)

4 My father gave me his bicycle / because it is the thing / he most cherishes.
아버지는 나에게 그의 자전거를 주셨다   왜냐하면 그것은 물건이기 때문에   그가 가장 소중히 여기는 (물건)

5 Environmental pollution / is now a huge global crisis / for which we are not yet prepared.
환경 오염은   이제 엄청난 세계적 위기이다   우리가 아직 대비하지 못한 (엄청난 세계적 위기)

6 The gases / that are used at the factory / are regulated by law.
가스는   공장에서 사용되는 (가스)   법에 의해 규제된다

7 I want to know the reason / why he got a better score than me.
나는 이유를 알고 싶다   그가 나보다 더 좋은 점수를 받은 (이유)

8 Her books get good reviews / from readers / whose ages range from 20 to 30.
그녀의 책들은 좋은 평가를 받는다   독자들로부터   연령이 20세에서 30세인 (독자들)

적용독해

1 정답 ③

문제풀이

게임 디자인을 바탕으로 한 교육과정을 운영하는 뉴욕의 한 공립학교를 소개하는 글이다.
① 게임을 통해 삶의 기술을 배우는 방법
② 더 나은 사고 기술로 이끄는 요인들
③ 교육에서의 게임 디자인: 새로운 접근
④ 학생들이 게임에 시간을 낭비하는 것을 막는 방법
⑤ 왜 학교는 교육에 더 많은 게임을 사용해야 하는가

직독직해

① Quest to Learn is a middle school and high school / in New York City. ② It's special /
Quest to Learn은 중고등학교이다   뉴욕에 있는   그곳은 특별하다

because it is the first public school / [whose curriculum is based on game design].
왜냐하면 최초의 공립학교이기 때문에   (그것의) 교육과정이 게임 디자인을 바탕으로 한 (최초의 공립학교)

③ Students / [who attend the school] / have the task of completing one "mission" / in each
학생들은   이 학교에 다니는 (학생들)   하나의 '임무'를 마치는 과제를 가진다   각 과목에서

subject / every semester. ④ These missions are divided into "quests." ⑤ For the quests, /
매 학기   이 임무들은 '퀘스트'로 나누어진다   그 퀘스트들을 위해서

teachers try to assign tasks / [that involve real-world examples]. ⑥ For example, / ninth-grade
선생님들은 과제들을 배정하고자 한다   실생활의 예시를 포함하는 (과제들)   예를 들어   9학년의

biology students pretend / to be workers / at an imaginary company / [that clones dinosaurs /
생물학 학생들은 ~인 척한다   직원인 것(처럼)   가상의 회사에서의   공룡을 복제하는

and manages ecosystems]. ⑦ Digital games are also used, / but the school usually selects
그리고 생태계를 관리하는 (가상의 회사)   디지털 게임 또한 사용된다   하지만 학교는 보통 게임들을 선택한다

ones / [that have educational value]. ⑧ In the first two years of operation, / the students
교육적인 가치가 있는 (게임들)　　　　　(학교) 운영의 처음 2년 동안에　　　　　그 학교의 학생들은

at the school / maintained average test scores. ⑨ However, they showed improvement / in
　　　　　평균적인 시험 성적을 유지했다　　　　　그러나 그들은 향상을 보였다

thinking skills / [that are valuable for life], / such as systems thinking.
사고 기술에서　　　삶에 가치 있는 (사고 기술)　　　시스템 사고와 같은

전문해석

Quest to Learn은 뉴욕에 있는 중고등학교이다. 그 학교는 게임 디자인을 바탕으로 한 교육과정이 있는 최초의 공립학교이기 때문에 특별하다. 이 학교에 다니는 학생들은 매 학기 각 과목에서 하나의 '임무'를 마치는 과제를 가진다. 이 임무들은 '퀘스트'로 나누어진다. 그 퀘스트들을 위해서, 선생님들은 실생활의 예시를 포함하는 과제들을 배정하고자 한다. 예를 들어, 9학년의 생물학 학생들은 공룡을 복제하고 생태계를 관리하는 가상의 회사의 직원인 것처럼 행동한다. 디지털 게임 또한 사용되지만, 학교는 보통 교육적인 가치가 있는 게임을 선택한다. (학교) 운영의 처음 2년 동안에, 그 학교의 학생들은 평균적인 시험 성적을 유지했다. 그러나 그들은 시스템 사고와 같은 삶에 가치 있는 사고 기술에서 향상을 보였다.

구문해설

주격 관계대명사절
③ Students [who attend the school] have the task of completing one "mission" ... .
　　　　　 S　　　　　　　　　　 V

　　　　　　　　　　　　　　　　　　　　　　선행사
⑥ For example, ninth-grade biology students pretend to be workers at an imaginary company
　　　　　　　 S문장　　　　　　 V문장

주격 관계대명사절
[that clones dinosaurs and manages ecosystems].
　 V절1　　　　　　　 V절2

직독직해 PLUS

정답 It's special / because it is the first public school / whose curriculum is based on game design.
그곳은 특별하다　왜냐하면 최초의 공립학교이기 때문에　　　(그것의) 교육과정이 게임 디자인을 바탕으로 한 (최초의 공립학교)

2

정답 ①

문제풀이

구직 사이트에 게재된 직책에 지원했던 지원자에게 마케팅 관리자직을 맡아달라는 제의를 하는 편지이므로, 글의 목적으로 ①이 적절하다.

직독직해

① Thank you for taking the time / [to come to our office] / last week. ② We appreciate /
시간을 내주셔서 감사합니다　　　저희 사무실에 와 주실 (시간)　　　지난주에　　　감사드립니다

[that you applied for the position / {(which/that) we posted on the online job site}]. ③ We have
당신이 직책에 지원해주셔서　　　　　저희가 온라인 구직 사이트에 게재한 (직책)　　　　　저희는 결론을

drawn the conclusion / that, given your abilities and work experience, / you are a perfect fit
내렸습니다　　　　　당신의 능력과 근무 경력으로 보아　　　　　당신이 그 직책에 완벽하게

for the position. ④ Therefore, / I am pleased to report / [that we are officially offering you /
걸맞는 (결론)   따라서   저는 알려드리게 되어 기쁩니다   우리가 당신께 공식적으로 제의함을

the position of marketing manager / at our Ottawa branch]. ⑤ If you accept this offer, /
마케팅 관리자 직을   저희 오타와 지점의   당신이 이 제의를 수락하신다면

we will expect you / to report to the Human Resources office / at our company headquarters /
당신께서 ~하길 기대하겠습니다   인사부 사무실에 알려 주시기를   저희 본사의

by September 1 at 10 a.m. ⑥ Please let us know / the exact date / [when you can start]; /
9월 1일 오전 10시까지   저희에게 알려주십시오   정확한 날짜를   근무를 시작할 수 있는 (정확한 날짜)

at that time, / we will inform you / of your exact work schedule. ⑦ To officially reply to this
그때   저희가 당신께 알려드리겠습니다   당신의 정확한 업무 일정을   이 제의에 공식적으로 회신하시려면

offer / or to ask any questions / [you may have], / please call me directly / at 216-9929.
또는 어떤 질문을 하시려면   당신이 갖고 계실지 모를   제게 바로 전화 주십시오   216-9929로
                            (어떤 질문)

전문해석

Hailey Jensen 씨께

지난주에 시간을 내어 저희 사무실에 와 주셔서 감사합니다. 저희가 온라인 구직 사이트에 게재한 직책에 지원해 주셔서 감사드립니다. 당신의 능력과 근무 경력으로 보아 당신이 그 직책에 완벽하게 걸맞는 결론을 내렸습니다. 따라서 당신께 오타와 지점의 마케팅 관리자 직을 공식적으로 제의함을 알려드리게 되어 기쁩니다. 이 제의를 수락하신다면 9월 1일 오전 10시까지 저희 본사 인사부 사무실에 알려주시기 바랍니다. 근무를 시작할 수 있는 정확한 날짜를 알려주십시오. 그때 정확한 업무 일정을 알려드리겠습니다. 이 제의에 공식적으로 회신하시거나 혹시 갖고 계실지 모를 질문을 하시려면 216-9929로 제게 바로 전화 주십시오.

진심을 다해,

Tom Masterson

채용 전문가

구문해설

② We **appreciate** [that you applied for the position {(which/that) we posted on the online job site}].
               appreciate의 목적어(명사절)   목적격 관계대명사절

                                        삽입된 분사구문
③ We have drawn the conclusion that, [given your abilities and work experience], you are a
                                = 동격의 명사절

perfect fit for the position.

⑥ Please let us know the exact date [when you can start] ... .
         사역동사 O O.C.(동사원형)   관계부사절

직독직해 PLUS

정답 We appreciate / that you applied for the position / we posted on the online job site.
    감사드립니다   당신이 직책에 지원해주셔서   저희가 온라인 구직 사이트에 게재한 (직책)

EXERCISE

p.85

STEP 1

1 I'm going to complain to the chef / because the potato soup was bad.
나는 요리사에게 항의할 것이다   감자 수프가 형편없었기 때문에

2 The rumor had already spread online / when I first heard it.
그 소문은 이미 온라인에 퍼져 있었다   내가 처음 그것을 들었을 때에는

3 There are things / that you have to do / even if you don't want to.
일들이 있다   네가 해야 하는 (일들)   비록 네가 (하기를) 원하지 않더라도

4 I don't even have time / to have a cup of tea / since I'm so busy.
나는 심지어 시간이 없다   차 한 잔 마실 (시간)   내가 너무 바빠서

5 I will hire him / if he has good skills / in English and Spanish.
나는 그를 채용할 것이다   만약 그가 좋은 실력을 가졌다면   영어와 스페인어에

6 When the English soccer team scored a goal, / Steven was very excited.
영국 축구팀이 한 골을 넣었을 때   Steven은 매우 열광했다

7 What will you do / after you see that movie?
넌 무엇을 할 거니   저 영화를 보고 난 후에

8 Unfortunately, / Natalie failed / even though she tried hard / to pass the exam.
안타깝게도   Natalie는 시험에   그녀가 열심히 노력했음에도 불구하고   시험에 통과하기 위해
떨어졌다

STEP 2

1 The concert was postponed / as a fire had suddenly broken out / in the hall.
그 콘서트는 연기되었다   갑자기 화재가 발생해서   그 연주회장에서

2 Patients must stay in the waiting room / until their names are called.
환자들은 대기실에 머물러야 한다   그들의 이름이 불릴 때까지

3 I'll keep the promise / as long as I remember it.
나는 약속을 지킬 것이다   내가 그것을 기억하는 한

4 Andrew won't go to sleep / unless you sing him a song / or tell a story.
Andrew는 잠들지 않을 것이다   당신이 그에게 노래를 불러주지 않는다면   또는 이야기를 들려주지 (않는다면)

5 It's not easy / to calm things down / once a political issue comes to the surface.
(그것은) 쉽지 않다   일들을 진정시키는 것은   일단 정치적인 문제가 표면으로 나오면

6 While my mother is very good at cooking, / I'm a bad cook.
우리 어머니는 요리를 매우 잘하시는 반면에   나는 요리를 못한다

7 Although she was supposed to return / to England, / she decided to stay / in America /
그녀는 돌아가기로 되어 있지만   영국으로   그녀는 머물기로 결정했다   미국에

for one more year.
일 년 더

1 정답 ⑤

문제풀이

⑤의 it은 식물이 자신의 동족을 알아보는 행위를 가리키는 반면, 나머지는 모두 시로켓을 가리킨다.

직독직해

① Findings on the sea rocket, / a marine plant, / show / [that it can distinguish / between
시로켓에 관한 연구 결과는   해양 식물인 (시로켓)   보여준다   그것이 구별할 수 있다는 것을

plants {that are related to it} / and those {that are not (related to it)}]. ② And not only does
자신과 동족 관계인 식물과   그렇지 않은 것들(= 자신과 동족 관계가 아닌 식물들)을   그리고 이 식물은 ~할 뿐만

this plant / recognize its relatives, / but it also treats them / better than other plants. ③ For
아니라   자신의 동족들을 알아볼   그것은 또한   다른 식물보다 더 잘   예를
(뿐만 아니라)   그들(= its relatives)을 대우한다

example, / if an unrelated plant starts growing / next to the sea rocket, / it will send out roots /
들어   만약 동족이 아닌 식물이 자라기 시작하면   시로켓 옆에서   그것은 뿌리를 뻗칠 것이다

to suck up all the nutrients / and (to) kill the stranger. ④ But if it detects a relative, / those
모든 영양분을 빨아들이기 위해   그리고 그 낯선 식물을 죽이기 위해   하지만 만약 그것이 동족을 감지하면

roots will not appear. ⑤ Scientists were shocked / to make these discoveries / about the sea
그 뿌리들은 나타나지 않을 것이다   과학자들은 충격을 받았다   이런 발견을 하게 되어   시로켓에 대해

rocket / because plants typically lack the ability / [to recognize related organisms]. ⑥ In fact, /
왜냐하면 식물들은 대체로 능력이 결여되어 있기 때문이다   동족인 생명체를 알아보는 (능력)   실제로

only three other plant species / are known to do it.
오직 세 개의 다른 식물 종들만이   그것(= to recognize related organisms)을 한다고 알려져 있다

전문해석

해양 식물인 시로켓에 관한 연구 결과는 그것이 자신과 동족 관계인 식물들과 그렇지 않은 것들을 구별할 수 있음을 보여준다. 그리고 이 식물은 자신의 동족들을 알아볼 뿐만 아니라, 또한 동족들을 다른 식물보다 더 잘 대우한다. 예를 들어, 만약 동족이 아닌 식물이 시로켓 옆에서 자라기 시작하면, 그것은 모든 영양분을 빨아들여 그 낯선 식물을 죽이기 위해 뿌리를 뻗칠 것이다. 하지만 시로켓이 동족을 감지하면, 그 뿌리는 나타나지 않을 것이다. 과학자들은 시로켓에 대해 이런 발견을 하게 되어 매우 놀랐는데, 식물들은 대체로 동족인 생명체를 알아보는 능력이 결여되어 있기 때문이다. 실제로, 오직 세 개의 다른 식물 종들만이 그것을 한다고 알려져 있다.

구문해설

② And **not only** does this plant recognize its relatives, **but** it **also** treats them better than other
　　　　　　V　　S
plants.
⇨ 「not only ~, but also ...」 '~뿐만 아니라 … 역시' 구문에서 부정어 not only가 문장 맨 앞으로 나오면서 「V+S」 어순으로 도치되는데, 동사가 일반동사이므로 「do[does/did]+주어+동사원형」의 어순이 되며, 문장이 현재시제이고 주어가 3인칭 단수인 this plant이므로 does를 씀

⑤ Scientists were shocked **to make** these discoveries ... lack the ability [*to recognize* ...].
　　　　　　　　　　　　to부정사의 부사적 용법(감정의 원인)　　　　　　　　　　to부정사의 형용사적 용법

직독직해 PLUS

정답 But if it detects a relative, / those roots will not appear.
하지만 만약 그것이 동족을 감지하면   그 뿌리들은 나타나지 않을 것이다

정답 favorable

해석 시로켓은 자신들의 동족에게 <u>우호적인</u> 반응을 보인다.

2

정답 ⑤

문제풀이

⑤는 얼룩이 '최소한으로 되다'라는 수동의 의미가 되는 것이 적절하므로, be kept로 고쳐야 한다.

직독직해

① Do you find / [that no matter how often / you brush your teeth, / you just can't get /
당신은 아는가 아무리 자주 ~하더라도 당신이 양치질을 해도 당신이 좀처럼 가질 수 없다는 것을

a sparkling white smile]? ② Well, / the natural color of your teeth / is actually something /
반짝거리는 하얀 미소를 아마 당신 치아의 자연적인 색은 사실은 어떤 것이다

[(that) you were born with]. ③ Unless you get / an expensive teeth whitening treatment, /
당신이 갖고 태어난 (어떤 것) 당신이 받지 않는다면 값비싼 치아 미백 시술을

there's little [(that) you can do / about the color]. ④ However, / teeth stains / [from plaque,
당신이 할 수 있는 것이 거의 없다 색에 관해서 하지만 치아의 얼룩은 치석, 음식, 그리고

food, and beverages] / can be controlled easily enough. ⑤ These stains are / only on the
음료로 인한 (치아의 얼룩) 충분히 쉽게 관리될 수 있다 이런 얼룩은 ~에 있다 여러분의

surface of your teeth / and can be prevented. ⑥ To avoid stains, / brush your teeth / and
치아의 표면에만 그리고 예방될 수 있다 얼룩을 피하기 위해서는 이를 닦아라 그리고

floss regularly. ⑦ Stains can also be kept to a minimum / by using a straw / when you drink
규칙적으로 치실질을 해라 얼룩은 또한 최소한으로 될 수 있다 빨대를 사용함으로써 당신이 (치아를) 얼룩지게

staining beverages / like coffee. ⑧ In this way, / the beverage does not touch your teeth.
하는 음료를 마실 때 커피와 같은 (음료) 이 방법으로 그 음료는 당신의 치아에 닿지 않는다

전문해석

당신이 아무리 자주 양치질을 해도 빛나는 하얀 미소를 좀처럼 가질 수 없다는 것을 아는가? 아마, 치아의 자연적인 색은 사실 타고나는 것이다. 값비싼 치아 미백 시술을 받지 않는다면, 당신이 치아 색에 관해 할 수 있는 것은 거의 없다. 하지만 치석, 음식과 음료로 인한 치아의 얼룩은 충분히 쉽게 관리될 수 있다. 이런 얼룩은 여러분의 치아의 표면에만 있을 뿐이며, 예방될 수 있다. 얼룩을 피하기 위해서는 이를 닦고 규칙적으로 치실질을 해라. 커피와 같이 (치아를) 얼룩지게 하는 음료를 마실 때 빨대를 사용함으로써 얼룩은 또한 최소한이 될 수 있다. 이 방법으로, 그 음료는 여러분의 치아에 닿지 않는다.

구문해설

③ <u>Unless you get</u> an expensive teeth whitening treatment, ...
(= If you don't get)

⑥ **To avoid** stains, <u>brush</u> your teeth and <u>floss</u> regularly.
to부정사의 V1 V2
부사적 용법(목적)

직독직해 PLUS

정답 Unless you get / an expensive teeth whitening treatment, / there's little you can do /
당신이 받지 않는다면 값비싼 치아 미백 시술을 당신이 할 수 있는 것이 거의 없다

about the color.
색에 관해서

독해 PLUS

 여러 개의 절로 이루어진 문장

EXERCISE
p.89

STEP 1

1 The author / who wrote the tale / liked rabbits, / so they often appear in her stories.
작가는　　　그 이야기를 쓴 (작가)　　토끼를 좋아했다　　그래서 그들(= 토끼들)은 그녀의 이야기에 자주 등장한다

2 She will get angry / because you broke this vase, / which is an 18th-century antique.
그녀는 화낼 것이다　　네가 이 꽃병을 깨뜨렸기 때문에　　그리고 그것(= 이 꽃병)은 18세기 골동품이다

3 The bedroom / my sister and I shared / until I went to university / was not spacious enough.
그 침실은　　내 여동생과 내가 함께 썼던 (그 침실)　내가 대학교에 갈 때까지　　충분히 넓지 않았다

4 John told me / that he's going to propose to Jessy / once he gets back from his business trip.
John은 내게 말했다　그가 Jessy에게 청혼할 것이라고　　그가 출장에서 돌아오자마자

5 His mother, / who was a math teacher, / tutored him diligently, / so he excelled in school.
그의 어머니는　　수학 선생님이었던 (그의 어머니)　그를 부지런히 가르치셨다　　그래서 그는 학교에서 뛰어났다

STEP 2

1 I heard / that the doctor / who lives next door / is writing a column for the local newspaper /
나는 들었다　그 의사가　　옆집에 사는 (그 의사)　지역 신문을 위한 칼럼을 쓰고 있다고

that we get delivered.
우리가 배달받는 (지역 신문)

2 I don't care / where you're from / or what you do, / as long as you are here / with me.
나는 상관하지 않는다　네가 어디 출신이든　또는 네가 무엇을 하든　네가 여기에 있는 한　　나와 함께

3 This is the customer service number / at which you can contact us anytime / if you have
이것은 고객 서비스 번호이다　　　　　당신이 언제든지 우리에게 연락할 수 있는　　만약 당신이 질문이
　　　　　　　　　　　　　　　　　　　(고객 서비스 번호)　　　　　　　　　　　있으면

questions.

4 Natalie had no idea / that Cathy, / who is one of her best friends, / had been suffering from
Natalie는 전혀 몰랐다　　Cathy가　그녀의 가장 친한 친구 중 한 명인 (Cathy)　우울증을 앓아 왔다는 것을

depression / since she was 15.
　　　　　　그녀가 15살 때 이후로

5 David had a big argument / with his father / when they had dinner, / and he is still upset /
David는 큰 말다툼을 벌였다　　그의 아버지와　　그들이 저녁 식사를 했을 때　　그리고 그는 여전히 속상하다

about the things / that his father said.
그것들에 대해　　그의 아버지가 말씀하신 (그것들)

1

정답 ①

문제풀이

(A) 앞에 나온 일반동사 causes를 대신하는 대동사가 들어가야 하므로, does가 적절하다.

(B) sound를 비롯한 감각동사 뒤에는 보어 역할을 하는 형용사가 와야 하므로 extreme이 적절하다.

(C) 선행사 places가 관계사절에서 장소를 나타내는 부사 역할을 하므로 관계부사 where가 적절하다.

직독직해

① According to some reports, / not exercising causes / as much damage / to people's health /
몇몇 보고서에 따르면　　　　　　운동을 하지 않는 것은 야기한다　많은 악영향을　　사람의 건강에

as smoking or drinking does. ② Some British researchers even estimate / [that a lack of
흡연 혹은 음주가 (야기)하는 만큼　　　　몇몇 영국의 연구자들은 심지어 추정한다　　　　운동 부족이
(많은 악영향)

exercise / leads to 5.3 million deaths / each year / in the UK]. ③ Although this sounds
　　　530만 명의 죽음으로 이어진다고　　매년　　영국에서　　이것이 극단적으로 들리기는 하지만

extreme, / the key point is / [that exercise is very important]. ④ According to the researchers,
　　요점은 ~이다　　　운동이 매우 중요하다는 것(이다)　　　　연구자들에 따르면

/ adults should exercise / for at least 150 minutes / each week. ⑤ However, / the problem is
　성인들은 운동해야 한다　　적어도 150분 동안　　　매주　　그러나　　문제는 ~이다

/ a lack of exercise environments. ⑥ To deal with this, / experts request / [that government
운동 환경의 부족(이다)　　　이것을 해결하기 위해　　전문가들은 요구한다　정부 공무원들이

officials (should) help out], / since they have the power / [to create proper conditions / for
도와야 한다고　　　그들(= 정부 공무원들)이 힘을 가지고　　적절한 환경을 만들어내는 (힘)
　　　　　　　　　　　　　　　　있기 때문에

exercising]. ⑦ They can make parks cleaner, / create bike share programs, / and provide
운동을 위한　　그들은 공원을 더 깨끗하게 만들 수 있다　자전거 공유 프로그램을 만들어낼 수 있다　그리고 장소를 제공할 수

places / [where people can swim / or lift weights]. ⑧ In other words, / they can make cities /
있다　사람들이 수영을 할 수 있는 (장소)　또는 역기를 들 수　다시 말해서　　그들은 도시를 만들 수 있다
　　　　　　　　　　　　　　　　　있는 (장소)

into active places.
활기찬 장소로

전문해석

몇몇 보고서에 따르면, 운동을 하지 않는 것은 사람의 건강에 흡연 혹은 음주가 야기하는 것만큼 많은 악영향을 끼친다. 몇몇 영국의 연구자들은 운동 부족이 영국에서 매년 530만 명의 죽음으로 이어진다고 추정하기까지 한다. 이것이 극단적으로 들리기는 하지만, 요점은 운동이 매우 중요하다는 것이다. 연구자들에 따르면, 성인들은 매주 적어도 150분 동안 운동해야 한다. 그러나, 문제는 운동 환경의 부족이다. 이것을 해결하기 위해 전문가들은 정부 공무원들이 도와야 한다고 요구하는데, 그들이 운동을 위한 적절한 환경을 만들어내는 힘을 가지고 있기 때문이다. 그들은 공원을 더 깨끗하게 만들 수 있고, 자전거 공유 프로그램을 만들어낼 수 있으며, 사람들이 수영을 하거나 역기를 들 수 있는 장소를 제공할 수 있다. 다시 말해서, 그들은 도시를 활기찬 장소로 만들 수 있다.

구문해설

① According to some reports, <u>not exercising</u> causes **as much** damage to people's health **as**
　　　　　　　　　　　　　　　　　S문장　　　　V문장　「as much+명사+as ~」 '~만큼 많은 …'

<u>smoking or drinking</u> does.
　　　　S절　　　　V절(= causes)

⑥ To deal with this, experts request [that government officials (**should**) **help out**], since they
　S문장　　V문장　　O문장(명사절)
　to부정사의 부사적 용법(목적)　　　　　　　　　　　　　　S절　　　　　V절

have the power [to create proper conditions for exercising].
　　　　　　　└ to부정사의 형용사적 용법

⇨ request와 같이 〈제안·요구·주장·명령〉 등을 나타내는 동사의 목적어 역할을 하는 명사절이 당위성을 나타낼 때, 명사절의 동사는
「(should) 동사원형」을 쓰며, 이때 should는 생략할 수 있음

⑦ They can make parks cleaner, create bike share programs, and provide places [where people
　　　　　V1　O1　　O.C.1　　V2　　　　O2　　　　　　　V3　　O3　관계부사절

can swim or lift weights].

정답 To deal with this, / experts request / that government officials help out, / since they have the
이것을 해결하기 위해　　전문가들은 요구한다　　정부 공무원들이 도와야 한다고　　　　　　그들이 힘을 가지고 있기

power / to create proper conditions / for exercising.
때문에　　적절한 환경을 만들어내는 (힘)　　　운동을 위한

독해 PLUS

정답 encourage

해석 필자는 정부 공무원들이 운동을 위한 환경을 조성함으로써 운동을 장려해야 한다고 생각한다.

---

2 **정답** ①

문제풀이

서로 다른 종인 아시아계 꿀벌과 유럽계 꿀벌이 학습을 통해 서로의 춤 언어를 이해할 수 있었다는 실험 결과를
소개하는 글이다.

① 벌은 새로운 언어를 배울 수 있다　　　　② 벌들을 함께 살도록 훈련시키는 방법

③ 벌에 관한 일반적인 오해들　　　　　　　④ 다양한 벌 춤의 의미들

⑤ 벌에게 식량을 찾는 새로운 방법 가르치기

직독직해

① There are nine different species of honeybees / in the world, / and each has developed /
9가지 다른 종(種)의 꿀벌이 있다　　　　　　　　　세계에는　　　　그리고 각각의 종은 발전시켜 왔다

a different "dance language" / to explain the location of flowers. ② Bees perform these
각기 다른 '춤 언어'를　　　　　　꽃의 위치를 설명하기 위해　　　　벌들은 이 춤을 춘다

dances / inside the nest, / using the direction and length of each dance / to describe / how to
벌집 안에서　　　　　각각의 춤의 방향과 길이를 이용해서　　　　묘사하기 위해

get to the food source. ③ Researchers combined two of these species, / Asian and European
식량 공급원에 도달하는 방법을　　연구원들은 이들 종 중 두 종을 합쳤다　　　아시아계 꿀벌과 유럽계 꿀벌

bees, / in one hive / and trained the European bees / to travel to a feeder / [located at varying
한 벌집 안에　　　그리고 유럽계 꿀벌을 훈련시켰다　　먹이통으로 이동하도록　　　다양한 거리에 위치해

distances / from the hive]. ④ Their Asian counterparts / were able to figure out / the European
있는 (먹이통)　벌집으로부터　　그들(= the European bees)의　　이해할 수 있었다　　　유럽계
　　　　　　　　　　　　　　　아시아계 상대편들은

bees' dances / and (were able to) find (the place) / [where the feeder was located]. ⑤ The
꿀벌들의 춤을　　그리고 찾을 수 있었다　　　　　　먹이통이 위치한 곳을

same result occurred / when the bees' roles were reversed, / indicating / [that they could
똑같은 결과가 발생했다　　　벌의 역할이 반대로 되었을 때도　　　나타내면서　　　그들이 서로 이해할 수

understand each other / even though they communicate / by using different languages].
있다는 것을   비록 그들이 의사소통할지라도   다른 언어를 사용함으로써

전문해석

세계에는 9종(種)의 다른 꿀벌이 있는데, 각 종은 꽃의 위치를 설명하기 위해 각기 다른 '춤 언어'를 발전시켜 왔다. 벌들은 식량 공급원으로 가는 방법을 묘사하기 위해 각 춤의 방향과 길이를 이용하면서 벌집 안에서 이 춤을 춘다. 연구원들은 이들 종 중 두 종인 아시아계 꿀벌과 유럽계 꿀벌을 한 벌집 안에 모아 놓고, 유럽계 꿀벌을 벌집으로부터 다양한 거리에 위치해 있는 먹이통으로 이동하도록 훈련시켰다. 그들의 아시아계 상대편들은 유럽계 꿀벌들의 춤을 이해하고, 먹이통이 위치한 곳을 찾을 수 있었다. 벌의 역할이 뒤바뀌었을 때도 똑같은 결과가 발생했는데, 이것은 그들이 비록 다른 언어를 사용하여 의사소통하더라도 서로 이해할 수 있다는 것을 나타낸다.

구문해설

① ..., and each has developed a different "dance language" **to explain** the location of flowers.
to부정사의 부사적 용법(목적)

② ..., [**using** the direction and length of each dance *to describe* {how to get to the food source}].
분사구문(부대상황)   to부정사의   describe의 목적어(「의문사+to-v」)
                                    부사적 용법(목적)

직독직해 PLUS

정답 The same result occurred / when the bees' roles were reversed, / indicating / that they could
똑같은 결과가 발생했다   벌의 역할이 반대로 되었을 때도   나타내면서   그들이 서로 이해할 수
understand each other / even though they communicate / by using different languages.
있다는 것을   비록 그들이 의사소통할지라도   다른 언어를 사용함으로써

PART 4 — REVIEW TEST

pp.92~95

1 ④   2 ④   3 ④   4 ③   5 ③   6 ③

직독직해 REVIEW

1 It can tell you / if there is a combination of letters / that doesn't form a word.
그것은 당신에게 알려줄 수 있다   글자의 조합이 있는지   단어를 형성하지 않는 (글자의 조합)

2 These traces can be used to reveal / where a person has recently been.
이 흔적은 밝히기 위해 사용될 수 있다   어떤 사람이 최근에 어디에 있었는지를

3 Although this study is small, / it helps us to see / how slight changes to our meal schedules /
비록 이 연구는 작지만   그것은 우리에게   어떻게 우리의 식사 일정에 약간의 변화가
                                    알도록 도와준다

might have surprising health benefits.
놀라운 건강상의 이점을 가질 수도 있는지

4 If you change the rules too often, / don't expect / your dog to follow them.
만약 당신이 규칙을 너무 자주 바꾼다면   기대하지 마라   당신의 개가 그것들을 따를 것을

5 They helped people understand / who they were, / where they came from, / and how they should
그것들은 사람들이 이해하도록 도왔다   그들이 누구인지   그들이 어디에서 왔는지   그리고 그들이 어떻게 행동해야 하는지(를)

behave.

6 In an experiment at a mall, / individual shoppers were questioned / about the number of purchasing
어느 쇼핑몰에서의 실험에서　　　　　　각각의 쇼핑객들은 질문을 받았다　　　　　　구매 결정의 수에 대해서

decisions / they'd made / during the day.
그들이 내렸던 (구매 결정)　그날 동안에

1　정답 ④
문제풀이
많은 사람들이 맞춤법 검사기에 지나치게 의존하고 있지만 맞춤법 검사기가 완벽하지는 않다는 내용의 글이다.

직독직해

① Since spellcheckers became available / in the 1980s, / they have saved many people /
맞춤법 검사기가 이용 가능하게 된 이후로　　　　1980년대에　　　그것들은 많은 사람들을 구했다

from typing mistakes. ② However, / many of us / are likely to rely too much / on the
오타로부터　　　　　　그러나　　　　우리들 중 많은 사람들은　너무 많이 의존하는 것 같다

spellchecker. ③ We think / [the spellchecker will fix everything], / but it actually can't fix /
맞춤법 검사기에　　　우리는 생각한다　맞춤법 검사기가 모든 것을 고쳐줄 것이라고　　　그러나 그것은 사실 고칠 수 없다

many common grammar mistakes. ④ Although it is helpful / to run a spell-check / on an
많은 흔한 문법 실수들을　　　　　비록 (그것이) 도움이 될지라도　　맞춤법 검사기를 실행하는 것이

email or document, / the spellchecker is not perfect. ⑤ It can tell you / [if there is
이메일 혹은 문서에서　　맞춤법 검사기는 완벽하지 않다　　그것은 당신에게　글자의 조합이 있는지
　　　　　　　　　　　　　　　　　　　　　　　　　　　　　알려줄 수 있다

a combination of letters / {that doesn't form a word}]. ⑥ For example, / if you type *cgange*
단어를 형성하지 않는 (글자의 조합)　　예를 들어　　당신이 change 대신에

instead of *change*, / the spellchecker will quickly detect / [that *cgange* is not a real word].
cgange를 치면　　맞춤법 검사기가 빠르게 발견할 것이다　　cgange는 진짜 단어가 아니라는 것을

⑦ However, / if the phrase *lend me the email tomorrow* was written, / the spellchecker
그러나　　lend me the email tomorrow라는 구절이 쓰인다면　　맞춤법 검사기는

wouldn't help you see / [that *send* makes more sense / and *lend* is a typing mistake].
당신이 알도록 도와주지 않을 것이다　send가 더 타당하다는 것을　　그리고 lend는 오타라는 것을

전문해석
1980년대에 맞춤법 검사기가 이용 가능하게 된 이후로, 그것들은 많은 사람들을 오타로부터 구했다. 그러나 우리들 중 많은 사람들은 맞춤법 검사기에 너무 많이 의존하는 것 같다. 우리는 맞춤법 검사기가 모든 것을 고쳐줄 것이라고 생각하지만, 사실 그것은 많은 흔한 문법 실수들을 고칠 수 없다. 비록 이메일 혹은 문서에서 맞춤법 검사기를 실행하는 것이 도움이 되기는 하지만, 맞춤법 검사기는 완벽하지 않다. 그것은 당신에게 단어를 형성하지 않는 글자의 조합이 있는지 알려줄 수 있다. 예를 들어, 당신이 change 대신에 cgange를 치면, 맞춤법 검사기가 빠르게 cgange는 진짜 단어가 아니라는 것을 발견할 것이다. 그러나 lend me the email tomorrow라는 구절이 쓰인다면, 맞춤법 검사기는 send가 더 타당하고 lend는 오타라는 것을 당신이 알도록 도와주지 않을 것이다.

구문해설
④ Although **it** is helpful **to run** a spell-check on an email or document, ...
　　　　　　가주어　　　　　　　　진주어(to부정사구)

　　　　　　　　　　명사절을 이끄는 접속사 '~인지 (아닌지)'
⑤ It can tell you [**if** there is a combination of letters {that doesn't form a word}].
　　4형식동사 I.O. D.O.(명사절)　　　　　　　　　　　　　　주격 관계대명사절

⑦ ..., the spellchecker wouldn't help you see [that *send* makes more sense and *lend* is a typing
                      V   O   O.C. see의 목적어(명사절)
mistake].   (동사원형)

2

정답 ④

문제풀이

식수의 수소와 산소 비율에 따라 머리카락에 남겨진 화학적 흔적을 분석하는 수사 방법과 학계에서의 활용 가능성에 대한 글이므로, 거짓말 탐지기의 효과에 대한 내용인 ④는 글의 흐름과 관련이 없다.

직독직해

① The police have a weapon / [to help them tackle crime] / — chemical traces / [left in
경찰은 무기를 갖고 있다   그들이 범죄를 다루는 것을 도와줄 (무기)   (그것은) 화학적 흔적이다   사람의 머리카락

human hair / by local drinking water]. ② University of Utah researchers have discovered /
속에 남겨진   지역의 식수에 의해   Utah 대학의 연구원들은 발견했다
(화학적 흔적)

[that hydrogen and oxygen ratios / {in local drinking water} / differ according to region /
수소와 산소의 비율이   지역의 식수에 있는   지역에 따라 다르다는 것을
                         (수소와 산소의 비율)

across the U.S.] ③ These traces can be used to reveal / [where a person has recently been].
미국 전역에 걸쳐   이 흔적은 ~을 밝히기 위해 사용될 수 있다   어떤 사람이 최근에 어디에 있었는지를

④ This means / [that police can use this approach / to check a suspect's whereabouts / when
이것은 뜻한다   경찰이 이 접근법을 사용할 수 있다는 것을   용의자의 행방을 확인하기 위해

a crime was committed]. ⑤ Lie detectors are generally considered / to be the most effective
범죄가 저질러졌을 때   거짓말 탐지기는 일반적으로 간주된다   가장 효과적인 방법으로

way / [to catch criminals]. ⑥ This method may also prove useful / for anthropologists and
    범죄자들을 잡는   이 방법은 또한 유용하다고 입증될지 모른다   인류학자들과 고고학자들에게
    (가장 효과적인 방법)

archaeologists, / who could employ it / to analyze hair samples / to reveal / [how ancient
            (그리고) 그들은 그것을   모발 표본들을 분석하는 데   밝히기 위해   고대인들이 어떻게
             사용할 수도 있다

groups migrated].
이주했는지를

전문해석

경찰들은 범죄를 다루는 것을 도와줄 무기를 갖고 있다. 바로 지역의 식수에 의해 사람의 머리카락 속에 남겨진 화학적 흔적이다. Utah 대학의 연구원들은 지역 식수의 수소와 산소 비율이 미국 전역에 걸쳐 지역마다 다르다는 것을 발견했다. 이런 흔적은 어떤 사람이 최근에 어디에 있었는지를 밝히는 데 사용될 수 있다. 이것은 범죄가 저질러졌을 때, 경찰이 용의자의 행방을 확인하기 위해 이 접근법을 사용할 수 있음을 뜻한다. (거짓말 탐지기는 일반적으로 범인을 잡는 가장 효과적인 방법으로 간주된다.) 이 방법은 또한 인류학자와 고고학자에게 유용하다고 입증될지 모르는데, 그들은 고대인들이 어떻게 이주했는지를 밝히기 위해 모발 표본을 분석하는 데 이 방법을 사용할 수도 있다.

구문해설

                       to부정사의 형용사적 용법
① The police have a weapon [**to help** them tackle crime] ... .

③ These traces can be used **to reveal** [where a person has recently been].
                         to부정사의   reveal의 목적어(간접의문문)
                         부사적 용법(목적)

                                                      ┌─ to부사의 부사적 용법(목적) ─┐
⑥ ... for anthropologists and archaeologists, **who** could employ it *to analyze* hair samples *to*
                              계속적 용법의 주격 관계대명사(= and they)
<u>*reveal* ... .</u>

3　정답 ④

문제풀이

(A) 문장의 동사는 was asked이므로 try는 분사의 형태로 쓰여야 하며, 주어 The group이 시간제한섭식을 '시도하는' 것이므로 능동의 의미를 가지는 현재분사 trying이 와야 한다.

(B) 주어인 The other group은 '허락되는' 대상이므로 수동태인 was allowed가 와야 한다.

(C) reported의 목적어로 쓰이는 명사절을 이끌어야 하며 뒤에 완전한 절이 이어지고 있으므로, 접속사 that이 와야 한다.

직독직해

① [When you eat / — and not just what you eat —] / might affect your body weight. ② In a
　　당신이 언제 먹느냐는　　그리고 무엇을 먹느냐 뿐만 아니라　　　　　당신의 체중에 영향을 줄지도 모른다

recent 10-week study, / "time-restricted feeding" was shown / to reduce body fat. ③ In the
최근의 10주짜리 연구에서　　　　'시간제한섭식'이 나타났다　　　　　　체지방을 감소시키는 것으로　　그 연구에서

study, / people were divided into two groups. ④ The group / [trying time-restricted feeding] /
사람들은 두 개의 그룹으로 나뉘었다　　　　　　　　　그룹은　　　시간제한섭식을 시도하는 (그룹)

was asked to delay breakfast / by 90 minutes, / (to) have dinner 90 minutes earlier / than
아침 식사를 늦추도록 요청받았다　　　　90분 만큼　　　90분 일찍 저녁 식사를 하도록　　　　　평소보다

usual, / and (to) fit all eating / into fixed time windows. ⑤ The other group kept their normal
그리고 모든 음식 섭취를 맞추도록　정해진 시간대에　　　　　다른 그룹은 그들의 평범한 식사 일정을 유지했다

meal schedules / and was allowed to eat anytime. ⑥ Neither group had any restrictions / on
　　　　　그리고 언제든지 먹는 것이 허락되었다　　　두 그룹 모두 어떠한 제한도 없었다

[what they ate]. ⑦ After the study, / 57 percent of the time-restricted participants reported /
그들이 무엇을 먹는지에는　　연구 후에　　　시간제한(섭식) 참가자들의 57%는 보고했다

[that their consumption had decreased / because of a smaller appetite / or less time to eat].
그들의 (음식) 소비가 감소했다고　　　　　줄어든 식욕 때문에　　　　　또는 적은 식사 시간 때문에

⑧ Although this study is small, / it helps us to see / [how slight changes to our meal schedules /
　비록 이 연구는 작지만　　　　　그것은 우리에게　　　어떻게 우리의 식사 일정에 약간의 변화가
　　　　　　　　　　　　　　　　알도록 도와준다

might have surprising health benefits].
놀라운 건강상의 이점을 가질 수도 있는지

전문해석

당신이 언제 먹느냐는 — 그리고 무엇을 먹느냐 뿐만 아니라 — 당신의 체중에 영향을 줄지도 모른다. 최근의 10주짜리 연구에서, '시간제한섭식'이 체지방을 감소시키는 것으로 나타났다. 그 연구에서 사람들은 두 개의 그룹으로 나뉘었다. 시간제한섭식을 시도하는 그룹은 아침 식사를 90분 늦추고, 평소보다 90분 일찍 저녁 식사를 하며, 모든 음식 섭취를 정해진 시간대에 맞추도록 요청받았다. 다른 그룹은 그들의 평범한 식사 일정을 유지했고 언제든지 먹는 것이 허락되었다. 두 그룹 모두 그들이 무엇을 먹는지에는 어떠한 제한도 없었다. 연구 후에, 시간제한(섭식) 참가자들의 57%는 줄어든 식욕이나 적은 식사 시간 때문에 그들의 (음식) 소비가 감소했다고 보고했다. 비록 이 연구는 작지만, 우리의 식사 일정에 약간의 변화가 어떻게 놀라운 건강상의 이점을 가질 수도 있는지 우리가 알도록 도와준다.

① [When you eat — and not just what you eat —] might affect your body weight.
　　S(간접의문문)　　　　　　　　　　　　　　　V

④ The group [trying time-restricted feeding] was asked to delay breakfast by 90 minutes,
　　S↑　　└── 현재분사구　　　　　　　　　　V

(to) have dinner 90 minutes earlier than usual, and **(to) fit** all eating into fixed time windows.
⇨ 「be asked to-v」는 '~하도록 요청받다'라는 의미이며, to부정사구 세 개가 「A, B, and C」로 병렬 연결됨

　　　　　　　　　　　　　　　V문장　O문장　O.C.문장(to-v)　　　　　　　　　　S절　　　　　　　　　　　V절
⑧ Although this study is small, it helps us to **see** [how slight changes to our meal schedules might
　　　　　　　　　　　　　　　　　　　　　　　　see의 목적어(명사절)

─────── O절 ───────
have surprising health benefits].

4　　정답 ③

문제풀이

훈련을 시키는 주인이 성급하면 개에게 혼란을 주고 의욕을 꺾는다는 내용이 이어지므로, 빈칸에는 ③이 들어가는 것이 가장 적절하다.

① 주인의 규칙　　　　　② 개의 지능　　　　　　　　③ 주인의 성급함
④ 조련사의 간섭　　　　⑤ 주인의 부족한 언어 능력

직독직해

① If you have tried to train a dog, / you know / [that it can be quite a time-consuming
당신이 개를 훈련시키려고 노력해본 적이 있다면　　당신은 알고 있다　　그것이 상당히 시간이 오래 걸리는 도전이 될 수 있다는 것을

challenge]. ② It's a hard task / and most dog training mistakes / are usually the result of
그것은 어려운 일이다　　그리고 대부분의 개 훈련에서의 실수는　　대개 주인의 성급함의 결과이다

the owner's impatience. ③ No matter how smart your dog is, / it's highly unlikely / [that he
당신의 개가 아무리 영리하더라도　　(그것은) 매우 가능성이 낮다　　그 개가

will learn a trick / the first time]. ④ It takes repetition and encouragement / for an animal /
재주를 배우는 것은　　첫 번째에　　(그것은) 반복과 격려가 필요하다　　동물이

to learn what to do. ⑤ By being in a hurry, / you will simply confuse and discourage / your
무엇을 할지 배우는 데는　　서두름으로써　　당신은 단지 혼란시키고 의욕을 꺾을 것이다　　당신의

dog. ⑥ If you change the rules too often, / don't expect / your dog to follow them. ⑦ This
개를　　만약 당신이 규칙을 너무 자주 바꾼다면　　기대하지 마라　　당신의 개가 그것들을 따를 것을　　이는

also applies / to the use of commands. ⑧ For example, / just say "come" every time; / don't
또한 적용된다　　명령의 사용에도　　예를 들어　　매번 그냥 "와"라고 말하라　　말하기

start saying / "come here," or "come quickly." ⑨ It's best / to be careful and take your time /
시작하지 마라　　"이리 와" 혹은 "빨리 와"라고　　(그것은)　　주의하여 천천히 하는 것은
　　　　　　　　　　　　　　　　　　　　　　　　　　　최고이다

so that the dog can learn the commands / more easily.
그 개가 그 명령들을 배울 수 있도록　　　　　더 쉽게

전문해석

당신이 개를 훈련시키려고 노력해본 적이 있다면, 그것이 상당히 시간이 걸리는 도전이 될 수 있음을 안다. 그것은 어려운 일이고 대부분의 개 훈련에서의 실수는 대개 주인의 성급함의 결과이다. 당신의 개가 아무리 영리하더라도, 재주를 첫 번째에 배운다는 것은 매우 가능성이 낮다. 동물이 무엇을 할지 배우는 데는 반복과 격려가 필요하다. 서두름으로써, 당신은 당신의 개를 그저 혼란시키고 의욕을 꺾을 것이다. 당신이 규칙을 너무 자주 바꾼다면,

당신의 개가 그것들을 따르리라고 기대하지 마라. 이는 또한 명령의 사용에도 적용된다. 예를 들어, 매번 단순히 "와"라고 말하라. "이리 와" 혹은 "빨리 와"로 말하기 시작하지 마라. 그 개가 그 명령들을 더 쉽게 배울 수 있도록 주의하여 천천히 하는 것이 가장 좋다.

구문해설

③ **No matter how** smart your dog is, *it's* highly *unlikely that* he will learn a trick the first time.

「it is unlikely that ~」 '~일 가능성이 낮다, ~하지 않을 것이다'
「no matter how+형용사/부사+S+V」 '아무리 ~일지라도'

④ **It takes** repetition and encouragement **for** an animal **to *learn*** [what to do].

「it takes ~ (for+목적어)+to-v」 '(목적어)가 □하는 데 ~가 필요하다[소요되다]'   learn의 목적어(「의문사+to-v」)

5 정답 ③

문제풀이

스토리텔링의 중요성과 그 의미를 설명하는 글이다.

① 낭독의 장점
② 세계 최초로 기록된 이야기
③ 스토리텔링의 중요성
④ 왜 사람들은 더 이상 이야기를 말하지 않는가
⑤ 삽화가 실린 이야기책들이 어떻게 등장했는가

직독직해

① The art of storytelling / is one of humankind's oldest creations. ② Long ago, / before
스토리텔링 기술은   인류의 가장 오래된 창조물들 중의 하나이다   옛날에

writing developed, / stories were the only means / [of teaching lessons and sharing news].
쓰기가 발달하기 전에   이야기가 유일한 수단이었다   교훈을 가르치고 소식을 공유하는 (유일한 수단)

③ They helped people understand / [who they were], / [where they came from], / and [how
그것들(= stories)은 사람들이 이해하도록 도왔다   그들이 누구인지   그들이 어디에서 왔는지   그리고 그들이

they should behave]. ④ Storytelling as an art form / includes long traditions / [of myths,
어떻게 행동해야 하는지(를)   예술 형태로서의 스토리텔링은   오래된 구전을 포함한다   신화, 민담,

folk tales, creation stories, epic tales, and historical stories / from cultures around the world].
창조 설화, 서사시적 이야기, 그리고 역사 이야기의 (오래된 구전)   세계 전역의 문화로부터

⑤ It is important / to remember / [that each story is not simply memorized / or (is not) read
(그것은) 중요하다   기억하는 것은   각각의 이야기가 그저 암기되는 것이 아니라는 것을   혹은 책에서 읽히기만 하는 것이 (아니라는 것을)

from a book]. ⑥ Rather, / it is retold again and again / by different tellers, / leading to many
오히려   그것은 되풀이하여 이야기된다   다양한 이야기꾼들에 의해서   (그리하여) 많은 독창적인

unique interpretations. ⑦ Today, / stories are often told / for entertainment, / but they still
해석으로 이어진다   오늘날   이야기들은 종종 말해진다   재미를 위해   하지만 그것들은 여전히

have the power / [to educate, (to) heal, and (to) inspire us].
힘을 가지고 있다   우리를 가르치고, 치유하고, 고무시키는 (힘)

전문해석

스토리텔링 기술은 인류의 가장 오래된 창조물 중의 하나이다. 옛날, 쓰기가 발달하기 전에, 이야기가 교훈을 가르치고 소식을 공유하는 유일한 수단이었다. 이야기들은 사람들이 자신이 누구이고, 어디에서 왔으며, 어떻게 행동해야 하는지를 이해하도록 도왔다. 예술 형태로서의 스토리텔링은 세계 전역의 문화로부터 온 신화, 민담, 창조 설화, 서사시적 이야기 그리고 역사 이야기의 오래된 구전을 포함한다. 각각의 이야기가 그저 암기되거나 책에서 읽히기만 하는 것이 아님을 기억하는 것이 중요하다. 오히려, 그것은 다양한 이야기꾼들에 의해서 되풀이하여 이야

기되어, 많은 독창적인 해석으로 이어진다. 오늘날, 이야기들은 종종 재미를 위해 말해지지만, 그것들은 여전히 우리를 가르치고, 치유하고, 고무시키는 힘을 가지고 있다.

구문해설

③ They helped people **understand** [who they were], [where they came from], and [how they should behave].

- V / O / O.C.(동사원형)
- understand의 목적어(간접의문문)
- 목적어1 / 목적어2 / 목적어3

⇨ understand의 목적어 역할을 하는 간접의문문 세 개가 「A, B, and C」로 병렬 연결됨

⑤ **It** is important **to *remember*** [that each story is not simply memorized ... book].

- 가주어 / 진주어(to부정사구)
- remember의 목적어(명사절)

⑥ ..., **leading** to many unique interpretations.

- 분사구문(결과)

6

정답 ③

문제풀이

쇼핑처럼 '결정을 내리는' 행위는 정신을 피로하게 만들기 때문에 '문제 해결'을 더 어렵게 만든다는 내용의 글이다.

직독직해

① In an experiment at a mall, / individual shoppers were questioned / about the number of
어느 쇼핑몰에서의 실험에서 / 각각의 쇼핑객들은 질문을 받았다 / 구매 결정의 수에 대해서

purchasing decisions / [(which/that) they'd made / during the day]. ② They were then given
그들이 내렸던 (구매 결정) / 그날 동안에 / 그들은 그러고 나서 일련의

a series of simple math problems / and (were) asked to solve them. ③ Shoppers / [who'd
간단한 수학 문제들을 받았다 / 그리고 그것들을 풀도록 요청받았다 / 쇼핑객들은 / 더 많은

made more choices / while they were shopping] / were worse / at solving the problems.
선택을 했었던 (쇼핑객들) / 그들이 쇼핑하는 동안 / 더 못했다 / 그 문제들을 푸는 것을

④ The experimenters were testing the idea / that making decisions causes mental fatigue /
실험자들은 생각을 실험하고 있었다 / 결정을 내리는 것이 정신적인 피로를 유발한다는 (생각)

and affects our intellectual abilities. ⑤ According to this idea, / the choices / [(which/that)
그리고 우리의 지적 능력에 영향을 미친다는 (생각) / 이 생각에 따르면 / 선택들은

we are presented with] / cause changes / in our mental programming. ⑥ Even everyday
우리에게 주어지는 (선택들) / 변화를 유발한다 / 우리의 정신적인 프로그래밍에 / 심지어 일상적인

choices, / such as deciding [what clothes to wear], / can have this effect. ⑦ And, as
선택이 / 어떤 옷을 입을지 결정하는 것과 같은 (일상적인 선택) / 이런 영향을 미칠 수 있다 / 그리고

the mall shoppers [in the experiment] demonstrated, / making such choices / can limit our
그 실험의 쇼핑객들이 입증했듯이 / 그런 선택을 하는 것은 / 우리의 성과를

performance / on even the simplest of mental tasks.
제한할 수 있다 / 심지어 가장 단순한 정신적 과제에서도

→ The act of deciding / tires the mind / and makes it harder / to solve problems.
결정을 하는 행위는 / 정신을 피로하게 한다 / 그리고 (그것을) 더 어렵게 한다 / 문제들을 해결하는 것을

어느 쇼핑몰에서의 실험에서, 개별 쇼핑객들은 그들이 그날 내렸던 구매 결정의 수에 대한 질문을 받았다. 그러고 나서 그들은 일련의 간단한 수학 문제들을 받았고 그것들을 풀도록 요청받았다. 쇼핑하는 동안 더 많은 선택을 했던 쇼핑객들이 그 문제들을 더 못 풀었다. 실험자들은 결정을 내리는 것이 정신적인 피로를 유발하고 우리의 지적 능력에 영향을 미친다는 생각을 실험하고 있었다. 이 생각에 따르면, 우리에게 주어지는 선택은 우리의 정신적인 프로그래밍에 변화를 유발한다. 심지어는 어떤 옷을 입을지 결정하는 것과 같은 일상적인 선택도 이런 영향을 미칠 수 있다. 그리고 실험에서 쇼핑객들이 입증했듯이, 그런 선택을 하는 것은 가장 단순한 정신적 과제에서조차도 우리의 성과를 제한할 수 있다.

→ 결정을 하는 행위는 정신을 피로하게 하고 문제들을 해결하는 것을 더 어렵게 한다.

구문해설

③ Shoppers [who'd made more choices while they were shopping] were worse at solving the

S　주격 관계대명사절　　　　　　　　　　　　　　　　V

problems.

④ The experimenters were testing **the idea that** making decisions causes mental fatigue and

　　　　　　　　　　　　　　　　　　　= 　S절(동명사구)　　　V절1

　　　　　　　　　　　　　　　　　　　　　동격의 명사절

V절2

affects ... .

⑤ ..., the choices [(which/that) we are presented with] cause changes in our mental programming.

S　목적격 관계대명사절　　　　　　　　　V

01 분사구문의 형태와 의미

EXERCISE
p.99

STEP 1

1 Finishing our lunch, / we took a walk in the park.
점심 식사를 마친 후에 　　　　 우리는 공원에서 산책했다

2 Tom walked towards me, / staring into my eyes.
Tom이 내 쪽으로 걸어왔다 　　　 내 눈을 응시하면서

3 Smiling on the outside, / he felt sad inside.
겉으로는 웃고 있었지만 　　　　 그는 속에서 슬픔을 느꼈다

4 The flight departs / at 10 a.m., / arriving in New York / at 10 p.m. local time.
그 비행기는 출발한다 　　 오전 10시에 　　 그리고 뉴욕에 도착한다 　　 현지 시각으로 밤 10시에

5 Weakened by successive storms, / the bridge was no longer safe.
연이은 폭풍에 의해 약해져서 　　　　 그 다리는 더 이상 안전하지 않았다

6 The crowded bus / left the station suddenly, / releasing black smoke.
붐비는 버스가 　　　 정류장을 갑자기 떠났다 　　　 검은 연기를 내뿜으면서

7 Feeling cold, / she closed all the windows / in her house.
추워서 　　　 그녀는 모든 창문들을 닫았다 　　　 그녀의 집에 있는 (모든 창문들)

8 Sitting in the sun, / you'll feel the burning heat / of the desert.
햇빛 속에 앉아 있으면 　　 너는 불타는 열기를 느낄 것이다 　　　 사막의

STEP 2

1 Surrounded by tropical fish, / the diver swam / through the reef.
열대 물고기에 둘러싸여 　　　　 그 잠수부는 수영했다 　 암초 사이로

2 Graduating from high school, / he moved to Boston.
고등학교를 졸업한 후에 　　　　 그는 보스턴으로 이사했다

3 Loving to cook, / she hates washing the dishes.
요리하는 것은 　　　 그녀는 설거지하는 것은 싫어한다
아주 좋아하지만

4 Exposed to chilly wind / for a couple of days, / the shirts and pants were frozen.
차가운 바람에 노출되어서 　　　 이틀 동안 　　　　 그 셔츠와 바지는 얼었다

5 Looking after the baby / in the park, / he was also keeping an eye / on the main entrance
아기를 돌보면서 　　　　 공원에서 　　　 그는 또한 계속 지켜보고 있었다 　　　 정문을

/ of the building.
　 그 건물의 (정문)

6 She cannot decide / whether or not to study abroad, / being afraid of living alone.
그녀는 결정할 수 없다 　　 유학을 가야 할지 말아야 할지 　　　　 혼자 사는 것이 두렵기 때문에

7 Going up to the fourth floor, / you'll find a Chinese restaurant / next to the bakery.
4층으로 올라가면 　　　　　 너는 중국 식당을 찾을 것이다 　　　 빵집 옆에

1 정답 ②

문제풀이

(A) '매우 …해서 ~하다'라는 의미는 「so+형용사/부사+that ~」 구문으로 나타내므로 접속사 that이 와야 한다.

(B) 이유를 나타내는 분사구문으로, 주절의 주어인 much of the trash가 '발견되는' 대상이므로 과거분사 Found를 써야 한다.

(C) 시간·조건을 나타내는 부사절에서는 미래의 일이라도 현재시제를 쓰므로 is done을 써야 한다.

직독직해

① At 8,848 meters tall, / Mt. Everest is a breathtaking natural wonder. ② But few people
높이가 8,848m인   에베레스트산은 숨 막힐 듯한 자연의 경이로움이다   하지만 깨닫는 사람은

realize / [that it's fast becoming / one of the world's largest garbage dumps]. ③ Hoping to
거의 없다   그것이 빠르게 ~ 되고 있는 것을   세계에서 가장 큰 쓰레기장들 중의 하나   정상에 도달하기를

reach the top, / hundreds of enthusiastic climbers / visit the mountain / each year. ④ Sadly, /
바라면서   수백 명의 열정적인 등산객들이   그 산을 방문한다   매년   슬프게도

too many of them / are (so) concerned with conquering Mt. Everest / (that) they forget / to take
그들 중 너무 많은 이들이 에베레스트산을 정복하는 데 너무 관심이 있어서   그들은 잊는다   자신들의

their trash with them / when they leave. ⑤ Consequently, / there is over 100 tons of litter /
쓰레기를 가져가는 것을   그들이 떠날 때   그 결과   100톤이 넘는 쓰레기가 있다

currently on the mountain. ⑥ Found mostly around the five main camp areas, / much of the
현재 그 산에   다섯 곳의 주요 야영 지역 주위에서 주로 발견되기 때문에   쓰레기의 많은 양은

trash could be removed / with relatively little effort. ⑦ However, / unless something is done
제거될 수 있다   비교적 적은 노력으로   하지만   곧 무엇인가 행해지지 않는다면

soon, / Mt. Everest will be covered / in garbage.
        에베레스트산은 덮일 것이다   쓰레기로

전문해석

8,848m 높이의 에베레스트산은 숨 막힐 듯한 자연의 경이로움이다. 하지만, 그것이 빠르게 세계에서 가장 큰 쓰레기장들 중 하나가 되고 있음을 깨닫는 사람은 거의 없다. 정상에 도달하기를 바라면서, 수백 명의 열정적인 등산객들이 매년 그 산을 찾는다. 슬프게도, 그들 중 너무 많은 이들이 그 산을 정복하는 데 너무 관심을 가져서, 떠날 때 자신들의 쓰레기를 가져가는 것을 잊는다. 그 결과 현재 그 산에는 100톤이 넘는 쓰레기가 있다. 다섯 곳의 주요 야영 지역 주변에서 주로 발견되기 때문에, 많은 양의 쓰레기는 비교적 적은 노력으로 제거될 수 있다. 하지만 곧 무슨 조치가 취해지지 않는다면, 에베레스트산은 쓰레기로 뒤덮일 것이다.

구문해설

④ ... are **so** concerned with conquering Mt. Everest **that** they *forget to take* ... .
「so+형용사/부사+that ~」 '매우 …해서 ~하다'   「forget to-v」 '~할 것을 잊다'

⑦ However, unless something is done soon, ...
(= if something is not done)

직독직해 PLUS

정답 Hoping to reach the top, / hundreds of enthusiastic climbers / visit the mountain / each year.
정상에 도달하기를 바라면서   수백 명의 열정적인 등산객들이   그 산을 방문한다   매년

2 정답 ③

문제풀이

종교와 문화의 차이가 아닌 물과 농경지의 부족이 분쟁의 원인이라고 했다.

직독직해

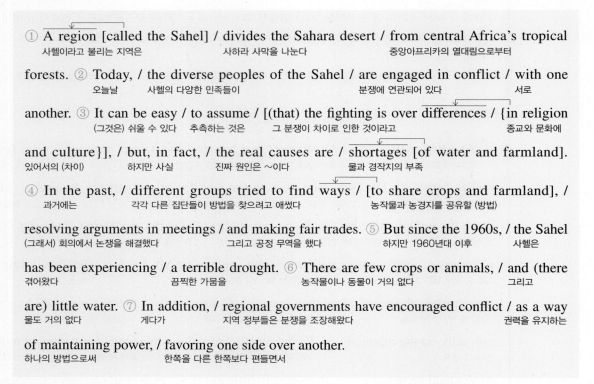

① A region [called the Sahel] / divides the Sahara desert / from central Africa's tropical
사헬이라고 불리는 지역은 　　　　사하라 사막을 나눈다 　　　　중앙아프리카의 열대림으로부터

forests. ② Today, / the diverse peoples of the Sahel / are engaged in conflict / with one
　　　　오늘날 　　사헬의 다양한 민족들이 　　　　　　분쟁에 연관되어 있다 　　　서로

another. ③ It can be easy / to assume / [(that) the fighting is over differences / {in religion
　　　(그것은) 쉬울 수 있다 　추측하는 것은 　그 분쟁이 차이로 인한 것이라고 　　　　종교와 문화에

and culture}], / but, in fact, / the real causes are / shortages [of water and farmland].
있어서의 (차이) 　　하지만 사실 　진짜 원인은 ~이다 　　물과 경작지의 부족

④ In the past, / different groups tried to find ways / [to share crops and farmland], /
　과거에는 　　　각각 다른 집단들이 방법을 찾으려고 애썼다 　　　농작물과 농경지를 공유할 (방법)

resolving arguments in meetings / and making fair trades. ⑤ But since the 1960s, / the Sahel
(그래서) 회의에서 논쟁을 해결했다 　　　　그리고 공정 무역을 했다 　　　하지만 1960년대 이후 　　사헬은

has been experiencing / a terrible drought. ⑥ There are few crops or animals, / and (there
겪어왔다 　　　　　끔찍한 가뭄을 　　　　농작물이나 동물이 거의 없다 　　　그리고

are) little water. ⑦ In addition, / regional governments have encouraged conflict / as a way
물도 거의 없다 　　게다가 　　　지역 정부들은 분쟁을 조장해왔다 　　　　　　권력을 유지하는

of maintaining power, / favoring one side over another.
하나의 방법으로써 　　　한쪽을 다른 한쪽보다 편들면서

전문해석

사헬이라고 불리는 지역은 중앙아프리카의 열대 삼림지대로부터 사하라 사막을 나눈다. 오늘날, 사헬의 다양한 민족들이 서로 분쟁에 연관되어 있다. 이 분쟁이 종교와 문화의 차이로 인한 것이라고 추측하기 쉽겠지만, 사실 진짜 원인은 물과 농경지의 부족이다. 과거에는 각각 다른 집단들이 농작물과 농경지를 공유할 방법을 찾으려고 애썼고, 그 결과 회의에서 논쟁을 해결하고 공정 무역을 했다. 하지만 1960년대 이후로, 사헬은 끔찍한 가뭄을 겪어왔다. 농작물이나 동물, 그리고 물이 거의 없다. 게다가, 지역 정부들은 권력을 유지하는 하나의 방법으로 한쪽을 다른 한쪽보다 편들면서 분쟁을 조장해왔다.

구문해설

　　　가주어　　　　　　　　　　　　　　진주어(to부정사구)
③ **It** can be easy **to _assume_** [(that) the fighting is over differences in religion and culture], ...
　　　　　　　　　　　　　assume의 목적어(명사절)

④ In the past, different groups tried to find ways [**to share** crops and farmland], _resolving_
　　　　　　　　　　　　　　　　　　　　　　↑——— to부정사의 형용사적 용법

　arguments in meetings and _making_ fair trades.
　　　　　　　　분사구문(연속동작)

직독직해 PLUS

정답 In the past, / different groups tried to find ways / to share crops and farmland, /
　　　과거에는 　　각각 다른 집단들이 방법을 찾으려고 애썼다 　　농작물과 농경지를 공유할 (방법)

resolving arguments in meetings / and making fair trades.
(그래서) 회의에서 논쟁을 해결했다 　　　그리고 공정 무역을 했다

독해 PLUS

[정답] causes

[해석] 이 글은 사헬에서의 분쟁의 원인들을 설명한다.

주의해야 할 분사구문 (1)

EXERCISE

p.103

STEP 1

1 While shopping at the mall, / I totally forgot what time it was.
상점에서 쇼핑하는 동안   나는 몇 시인지 완전히 잊었다

2 The last subway train having left, / I had to take a taxi.
마지막 지하철이 떠나버려서   나는 택시를 타야 했다

3 There being no other questions, / he continued his presentation.
다른 질문이 없었기 때문에   그는 그의 발표를 계속했다

4 When grilling meat, / you should always open a window.
고기를 구울 때   당신은 항상 창문을 열어야 한다

5 Although being very sick, / he didn't miss a day of school.
매우 아팠음에도 불구하고   그는 학교를 결석하지 않았다

6 Having written the lab report, / the scientist realized / his data was wrong.
실험 보고서를 쓴 후에   그 과학자는 발견했다   그의 데이터가 틀렸다는 것을

7 Not having enough money / to buy a house, / she rented an apartment.
충분한 돈이 없었기 때문에   집을 살 (충분한 돈)   그녀는 아파트를 임대했다

8 His car having been stolen last night, / he had to visit the police station.
그의 차가 지난밤에 도난당했기 때문에   그는 경찰서를 방문해야 했다

STEP 2

1 All things considered, / the police felt / George was the prime suspect.
모든 것이 고려되었을 때   경찰은 생각했다   George가 유력한 용의자라고

2 While talking on the phone, / she turned on the TV / to watch her favorite program.
전화로 이야기하는 동안   그녀는 TV를 켰다   그녀가 가장 좋아하는 프로그램을 보기 위해

3 Weather permitting, / the baseball game / between Korea and Japan / will be held / in Seoul /
날씨가 허락하면   야구 경기가   한국과 일본의 (야구 경기)   열릴 것이다   서울에서

this Sunday.
이번 주 일요일에

4 Having lost my bag / on my way home, / I felt so depressed / that I could not concentrate /
내 가방을 잃어버려서   집에 가는 길에   나는 너무 울적해서   집중할 수가 없었다

on my studies.
공부에

5 Although not finishing her math homework, / she went out to play.
수학 숙제를 다 마치지 않았음에도 불구하고   그녀는 놀러 나갔다

6 He was watching the soap opera, / his young daughter playing with toys / beside him.
그는 연속극을 보고 있었다   (그리고) 그의 어린 딸은 장난감을 가지고 놀고 있었다   그 옆에서

7　Not knowing the way back to the hotel, / she asked the taxi driver for directions.
호텔로 돌아가는 길을 몰라서　　　　　　　　　　그녀는 택시 기사에게 길을 물었다

적용독해

1　정답 ④

문제풀이

전통적인 음악 교육을 받은 아이들보다 즉흥 연주에 중점을 둔 음악 수업을 받은 아이들의 창의성이 더 높았다는 내용의 글이다.

직독직해

① Researchers studied two classes of six-year-old children / for six months / to find out /
연구원들은 6세 어린이 두 학급을 연구했다　　　　　　　　　　　6개월 동안　　　　알아내기 위해서

the effect of musical improvisation / on creative thinking. ② The first class received music
즉흥 연주가 미치는 영향을　　　　　　　창의적 사고에　　　　첫 번째 학급은 음악 수업을 받았다

lessons / [that focused on improvisation], / the other receiving traditional music training.
즉흥 연주에 중점을 둔 (음악 수업)　　　　다른 학급이 전통적인 음악 교육을 받는 동안

③ After six months, / the children [in the first class] / scored higher / on creative-thinking
6개월 후　　　　　　　첫 번째 학급의 아이들은　　　　　더 높은 점수를 받았다　창의적 사고 시험에서

tests. ④ What's more, / both their musical creativity and musical flexibility / increased
게다가　　　　　　그들의 음악적 창의성과 음악적 유연성 둘 다　　　　　　　　상당히

significantly. ⑤ Meanwhile, / the musical flexibility of the children [in the second group] /
향상되었다　　　한편　　　두 번째 학급 아이들의 음악적 유연성은

worsened / and their musical creativity either stayed the same / or decreased. ⑥ Judging
악화되었다　그리고 그들의 음악적 창의성은 그대로이거나　　　　　　또는 떨어졌다　　　연구원들의

from the researchers' findings, / the positive effects of improvisation / may extend to other
연구 결과로 판단하건대　　　　　즉흥 연주의 긍정적인 영향이　　　　　다른 교과목에 미칠 수도 있다

school subjects / as well.
　　　　　　　또한

→ Children / [whose music lessons emphasize improvisation] / tend to be more imaginative
아이들은　　　즉흥 연주를 강조하는 음악 수업을 받은 (아이들)　　　더 창의적인 경향이 있다

/ than children / [who receive traditional music lessons].
아이들보다　　　전통적인 음악 수업을 받은 (아이들)

전문해석

연구원들은 즉흥 연주가 창의적 사고에 미치는 영향을 알아내기 위해 6개월 동안 6세 어린이 두 학급을 연구했다. 다른 학급이 전통적인 음악 교육을 받는 동안 첫 번째 학급은 즉흥 연주에 중점을 둔 음악 수업을 받았다. 6개월 후 첫 번째 학급의 아이들은 창의적 사고 시험에서 더 높은 점수를 받았다. 게다가 그들의 음악적 창의성과 음악적 유연성 둘 다 상당히 높아졌다. 한편, 두 번째 학급 아이들의 음악적 유연성은 악화되었고 그들의 음악적 창의성은 그대로이거나 떨어졌다. 연구원들의 연구 결과로 판단하건대, 즉흥 연주의 긍정적인 영향이 다른 교과목에까지도 미칠 수도 있다.

→ 즉흥 연주를 강조하는 음악 수업을 받은 아이들은 전통적인 음악 수업을 받은 아이들보다 더 창의적인 경향이 있다.

「both A and B」 'A와 B 둘 다'

④ What's more, **both** their musical creativity **and** musical flexibility increased significantly.
　　　　　　　　　　　　　　　　　　　S　　　　　　　　　　　　　　　　　　　V

⑤ ... and their musical creativity **either** stayed the same **or** decreased.
　　　　　　　　　　　　　　　　　　「either A or B」 'A 또는 B'

⑥ Judging from the researchers' findings, ...
　～로 판단하건대

직독직해 PLUS

정답 The first class received music lessons / that focused on improvisation, / the other receiving
첫 번째 학급은 음악 수업을 받았다　　　　　즉흥 연주에 중점을 둔 (음악 수업)　　　다른 학급이 전통적인

traditional music training.
음악 교육을 받는 동안

2

정답 ④

문제풀이

해바라기가 밤 동안에 원래 자리로 돌아간다는 관찰 결과를 통해 해바라기에게 인간의 수면 주기를 조절하는 것과 비슷한 생체 시계가 있다는 결론이 나왔으므로, 해바라기의 움직임은 광원인 태양이 움직이지 않아도 생체 시계에 의해 계속 일어난다고 하는 것이 자연스럽다.

① 그것들이 다른 식물과 함께 있었다　　　　　② 그것들이 생체 시계를 잃었다
③ 그것들의 줄기가 성장을 멈추었다　　　　　④ 그것들의 광원이 움직이지 않았다
⑤ 그것들의 성장 유전자가 손상을 입었다

직독직해

① According to researchers, / one reason / [(why) young sunflowers grow quickly] / is
연구원들에 따르면　　　　　　　한 가지 이유는　　　어린 해바라기가 빨리 자라는 (한 가지 이유)

their growth genes. ② These genes are / [what cause the sunflowers to follow / the sun's
그것의 성장 유전자 때문이다　　이 유전자는 ~이다　　해바라기가 따라가도록 하는 것　　　　　　　태양의

daily motion]. ③ At different times of the day, / the growth genes are activated / to varying
일주 운동을　　　　　하루 중 각기 다른 시간에　　　　성장 유전자는 활성화된다　　　　　　다른 정도로

degrees / on either side of the sunflowers' stems. ④ During the daylight hours, / the east side
　　　　　해바라기 양쪽 줄기에서　　　　　　　　　　낮 동안에는

of their stems grows more rapidly / than the west, / causing the flowers to move with the
줄기의 동쪽 부분이 더 빠르게 자란다　　　　서쪽 부분보다　　　(그래서) 꽃이 태양 쪽으로 움직이게 만든다

sun. ⑤ During the night, / this process is reversed, / returning the flowers / to their original
밤 동안에는　　　　　　이 과정이 뒤바뀐다　　　(그래서) 꽃을 되돌려 놓는다　　원래 자리로

position / by sunrise. ⑥ Having observed this, / the researchers determined / [that sunflowers
해가 뜰 무렵　　　이것을 관찰한 후　　　　　연구원들은 밝혀냈다　　　　　해바라기가

have an internal clock, / {similar to the one / that regulates human sleep cycles}, / {that
생체 시계를 갖고 있다는 것을　　그것(= an internal clock)　인간의 수면 주기를 조절하는 (것)
　　　　　　　　　　　　　　과 비슷한

helps control their behavior}]. ⑦ They came to this conclusion / after noting / [that the
그들(= sunflowers)의 행동을 조절하는 것을 돕는　그들은 이런 결론에 도달했다　　　　～을 알고 난 후
(생체 시계)

sunflowers' motion continued to take place / even when their light source didn't move].
해바라기의 움직임이 계속 일어났다는 것을　　　　　　광원이 움직이지 않았을 때도

연구원들에 따르면, 어린 해바라기가 빨리 자라는 한 가지 이유는 그것의 성장 유전자 때문이다. 이 유전자는 해바라기가 태양의 일주 운동에 따라가게 만드는 것이다. 하루 중 각기 다른 시간에 성장 유전자는 해바라기 양쪽 줄기에서 다른 정도로 활성화된다. 낮 동안에는 줄기의 동쪽이 서쪽보다 더 급속히 자라서, 꽃이 태양 쪽으로 움직이게 만든다. 밤 동안에는 이 과정이 뒤바뀌어, 해가 뜰 무렵 꽃을 원래 자리로 되돌려 놓는다. 이것을 관찰한 후, 연구원들은 해바라기에 그들의 행동을 조절하는 것을 돕는 생체 시계가 있다는 것을 밝혀냈는데, 이는 인간의 수면 주기를 조절하는 것과 비슷하다. 그것들의 광원이 움직이지 않았을 때도 해바라기의 움직임이 계속 일어났다는 것을 알고 난 후 이와 같은 결론에 도달했다.

구문해설

선행사를 포함하는 관계대명사(= the things which)

② These genes are **what** cause the sunflowers to follow the sun's daily motion.
      S   V   S.C.(명사절)

④ ..., **causing** the flowers to move with the sun.
                분사구문(연속동작)

삽입구(an internal clock을 부연 설명)

⑥ ... sunflowers have an internal clock, similar to the one [that regulates human sleep cycles],
                                                              주격 관계대명사절

[that **helps control** their behavior].
주격 관계대명사절
⇨ 「help+동사원형[to-v]」 '~하는 것을 돕다'

직독직해 PLUS

정답 Having observed this, / the researchers determined / that sunflowers have an internal clock, /
이것을 관찰한 후   연구원들은 밝혀냈다   해바라기가 생체 시계를 갖고 있다는 것을

similar to the one / that regulates human sleep cycles, / that helps control their behavior.
그것과 비슷한   인간의 수면 주기를 조절하는 (것)   그들의 행동을 조절하는 것을 돕는 (생체 시계)

독해 PLUS

정답 movement
해석 연구원들은 해바라기의 성장 유전자가 왜 그것들이 태양의 움직임을 따르는지를 설명해준다고 주장한다.

---

03 주의해야 할 분사구문 (2)

EXERCISE

p.107

STEP 1

1 He is listening to the radio / with his eyes closed.
그는 라디오를 듣고 있다   그의 눈이 감긴 채로

2 I don't want to ride my bike / with my clothes soaked / in sweat.
나는 자전거를 타고 싶지 않다   내 옷이 젖은 채로   땀에

3 Judging from the couple's photos, / they must have visited Europe.
그 커플의 사진으로 판단하건대   그들은 유럽을 다녀온 것이 틀림없다

4 With everyone in the stadium standing, / the concert started.
경기장 안 모든 사람들이 서 있는 채로   공연이 시작되었다

5 She was sitting / in the sunshine / with her hair blowing / in the wind.
그녀는 앉아 있었다　　　햇빛 속에서　　　그녀의 머리가 날리는 채로　　　바람에

6 Generally speaking, / low-fat milk is more expensive.
일반적으로 말하자면　　　저지방 우유는 더 비싸다

7 With his finger pointing at a shop, / he screamed / that a fire had broken out.
손가락으로 한 가게를 가리키면서　　　그는 소리쳤다　　불이 났다고

8 Strictly speaking, / it is not your fault.
엄밀히 말하자면　　　그것은 네 잘못이 아니다

STEP 2　**1** Generally speaking, / newly constructed buildings are more energy efficient.
일반적으로 말하자면　　　새로 지어진 건물들은 더욱 에너지 효율적이다

2 They went out / with the air conditioner turned on / last night.
그들은 외출했다　　에어컨을 켜둔 채로　　　어젯밤에

3 Frankly speaking, / I prefer not to travel / in a group / with a guide.
솔직히 말하자면　　　나는 여행하는 것을 선호하지 않는다　단체로　　가이드와 함께

4 Gloria worked in her office, / with her boyfriend waiting for her / in a coffee shop.
Gloria는 자신의 사무실에서 일했다　　　그녀의 남자친구가 그녀를 기다리는 채로　　　커피숍에서

5 I think / he should retire, / considering his health condition, / though his colleagues
나는 생각한다　그가 은퇴해야 한다고　그의 건강 상태를 고려하면　　　비록 그의 동료들은 아직 그를 원하지만

still want him / around.
　　　　　　주위에

6 He talked to older people / with his right hand in his pocket, / which shows / he is impolite.
그는 노인들에게 이야기를 했다　　　그의 오른쪽 손이 호주머니 안에 있는 채로　　(그리고) 그것은 보여준다　그가 무례하다는 것을

7 Judging from his accent, / he seems to come / from the southern part of the U.S.
그의 말씨로 판단하건대　　　그는 온 것처럼 보인다　미국 남부에서

적용**독해**

pp.108~109

1　정답 ②
문제풀이
빈칸 뒤에서 성인 독자들을 위한 기하학 팝업 책과 의학용 팝업 책의 예시가 이어지므로, 빈칸에 들어갈 말로
②가 가장 적절하다.
① 과학 이론의 증거　　　　　② 성인을 위한 교육용 도구
③ 정확한 기록을 보관하는 방법　　④ 수학자를 위한 참고 도서
⑤ 이야기를 하기 위한 더 극적인 매체

직독직해

① You might think / [that pop-up books are a recent invention / {that was intended / to make
당신은 생각할지도 모른다　팝업 책이 최근의 발명품이라고　　　　의도된 (최근의 발명품)　어린이들의

children's books more fun}]. ② However, / having been developed in the 11th century, /
책을 더 재미있게 만들기 위해　　　그러나　　11세기에 개발되어

these books actually have a long history. ③ It is also surprising / [that, at first, they were
이 책들은 사실 긴 역사를 가지고 있다   (그것은) 또한 놀라운 일이다   처음에는 그것들이 사용되었다는 것은

used / as instructional tools for adults]. ④ They offered 3D visualizations of concepts / [that
성인을 위한 교육용 도구로   그것들은 개념들의 삼차원 시각화를 제공했다

were otherwise difficult to learn]. ⑤ One example is Euclid's book *The Elements of*
다른 방법으로 배우기 어려운 (개념들)   한 예가 Euclid의 책 '기하학의 요소'이다

Geometrie. ⑥ Having been written for adults / and published in 1570, / it uses pop-ups /
        성인들을 위해 쓰여지고 나서   그리고 1570년에 출판되고 (나서)   이 책은 팝업을 이용한다

to help readers learn about shapes. ⑦ Another old pop-up was / Johann Remmelin's German
독자들이 형태에 대해 배우는 것을 돕기 위해   또 다른 오래된 팝업 책은 ~였다   Johann Remmelin의 독일어 번역본

translation / of the 1613 medical book *Captoptrum Microcosmicum*. ⑧ This is far from being
       1613년 의학서 'Captoptrum Microcosmicum'의   이것은 어린이들의 책이 되는 것과는

a children's book, / with images showing the layers of the human body / in accurate detail.
거리가 멀다   이미지가 인체의 층들을 보여주며   세부적으로

전문해석

당신은 팝업 책이 어린이들의 책을 더 재미있게 만들기 위해 의도된 최근의 발명품이라고 생각할지도 모른다. 그러나 11세기에 개발되어 이 책들은 사실 긴 역사를 가지고 있다. 처음에는 그것들이 성인을 위한 교육용 도구로 사용되었다는 것 또한 놀라운 일이다. 그것들은 다른 방법으로 배우기 어려운 개념들의 삼차원 시각화를 제공했다. 한 예가 Euclid의 책 '기하학의 요소'이다. 성인들을 위해 쓰여져 1570년에 출판되고 나서 이 책은 독자들이 형태에 대해 배우는 것을 돕기 위해 팝업을 이용한다. 또 다른 오래된 팝업 책은 Johann Remmelin의 1613년 의학서 'Captoptrum Microcosmicum'의 독일어 번역본이다. 이미지가 인체의 층들을 세부적으로 보여주면서 이 책은 어린이들의 책과는 거리가 멀다.

구문해설

삽입구

③ **It** is also surprising **that**, at first, they were used as instructional tools for adults.
가주어   진주어(명사절)

⑥ **Having been written** for adults and **(having been) published** in 1570, it uses pop-ups
완료형 분사구문: 주절보다 앞선 시제를 나타냄

to help readers learn about shapes.
to부정사의 부사적 용법(목적)

직독직해 PLUS

정답 This is far from being a children's book, / with images showing the layers of the human body /
이것은 어린이들의 책이 되는 것과는 거리가 멀다   이미지가 인체의 층들을 보여주며

in accurate detail.
세부적으로

2   정답 ④

문제풀이

수술이나 방사선 치료 대신 생활 방식의 변화로 암 환자들의 건강이 호전되었다는 내용의 글이다.

① A team of researchers / observed 30 cancer patients / [who decided / {not to receive
한 연구진이   30명의 암 환자들을 관찰했다   결정한   일반적인 의학적
                                                            (30명의 암 환자들)

standard medical treatment}]. ② They didn't get any surgery / or radiation therapy.
치료를 받지 않기로   그들은 어떤 수술도 받지 않았다   또는 방사선 치료도

③ Instead, / they made changes / in their lifestyles / for a period of three months. ④ They
대신에   그들은 변화를 주었다   그들의 생활 방식에   3개월이라는 기간 동안   그들은 먹었다

ate / lots of fruit, vegetables, and grains / and spent time each day / exercising and managing
많은 과일, 채소, 그리고 곡물을   그리고 매일 시간을 보냈다   운동을 하고 자신들의 스트레스

their stress levels. ⑤ After the three months, / the researchers examined the patients. ⑥ All
정도를 조절하면서   3개월 후에   연구자들은 그 환자들을 검사했다

of them / looked healthier. ⑦ Analyzing the test results, / researchers were amazed to see /
그들 모두는   더 건강해 보였다   검사 결과를 분석하고 난 후   연구자들은 ~을 알게 되어 놀랐다

[that the patients showed great changes / in their genetic activity]. ⑧ With their lifestyles
환자들이 굉장한 변화를 보인 것을   그들의 유전자의 활동성에 있어   그들의 생활 방식이 변화되면서

changed, / the activity of their disease-preventing genes / had increased / while many of their
그들의 질병 예방 유전자의 활동이   증가했다   반면에 그들의 질병 촉진

disease-promoting genes / had shut down. ⑨ Thus, / judging from these results, / simple
유전자 중 다수는   (활동을) 멈췄다   따라서   이 결과들로 판단하건대   단순한

lifestyle changes / may be almost as effective / in treating disease / as medical treatment.
생활 방식의 변화가   거의 ~만큼 효과적일지도 모른다   질병 치료에 있어   의학적 치료만큼

전문해석

한 연구진이 일반적인 의학적 치료를 받지 않기로 결정한 30명의 암 환자들을 관찰했다. 그들은 어떤 수술이나 방사선 치료도 받지 않았다. 대신 그들은 3개월이라는 기간 동안 그들의 생활 방식에 변화를 주었다. 그들은 많은 과일, 채소, 그리고 곡물을 먹었고, 매일 운동을 하고 스트레스 정도를 조절하면서 시간을 보냈다. 3개월 후, 연구자들은 그 환자들을 검사했다. 그들 모두가 더 건강해 보였다. 검사 결과를 분석하고 난 후, 연구자들은 환자들이 유전자의 활동에 있어 굉장한 변화를 보인 것을 알게 되어 놀랐다. 그들의 생활 방식이 변화되면서 그들의 질병 촉진 유전자 중 다수가 활동을 멈춘 반면, 그들의 질병 예방 유전자의 활동은 증가했다. 따라서 이 결과들로 판단하건대, 단순한 생활 방식의 변화가 질병 치료에 있어서 거의 의학적 치료만큼 효과적일지도 모른다.

구문해설

⑦ **Analyzing** the test results, researchers were amazed *to see* ... .
분사구문(시간)   to부정사의 부사적 용법(감정의 원인)

⑧ **With** their lifestyles **changed**, the activity of their disease-preventing genes had increased ... .
「with+(대)명사+v-ed」 '~가 …된 채로[…되면서]'

직독직해 PLUS

정답 With their lifestyles changed, / the activity of their disease-preventing genes / had increased /
그들의 생활 방식이 변화되면서   그들의 질병 예방 유전자의 활동이   증가했다

while many of their disease-promoting genes / had shut down.
반면에 그들의 질병 촉진 유전자 중 다수는   (활동을) 멈췄다

1 ③ 2 ③ 3 ④ 4 ④ 5 ② 6 ④

직독직해 REVIEW

1 In his view, / such structures blend with the environment, / integrating our living space /
그의 관점에서　　　그러한 구조들은 환경과 조화를 이룬다　　　(그래서) 우리의 생활 공간을 통합시킨다

with the natural spaces / around it.
자연 공간과　　　그 주변의

2 Having seen the matches, / they were asked / to give points / to each opponent.
그 경기들을 보고 나서　　　그들은 요청받았다　　　점수를 주도록　　각각의 상대에게

3 Discussions can quickly become arguments / over who has the best idea, / with little agreement
토론은 빠르게 논쟁이 될 수 있다　　　　　누가 최고의 아이디어를 가지고 있는지에　　합의가 거의 이루어지지 않은 채로
　　　　　　　　　　　　　　　　　　　대한 (논쟁)

reached.
reached.

4 Using this information, / the government created a night bus route, / which was a big success.
이 정보를 이용하여　　　　정부는 심야 버스 노선을 만들었다　　　　　(그리고) 그것은 큰 성공이었다

[5-6]-1) With the sun beginning to set, / he pointed back the way / the boy had come.
해가 지기 시작하면서　　　　그는 뒤쪽 길을 가리켰다　　　소년이 왔던 (길)

[5-6]-2) Turning around, / he saw the windows of his own home / shining like gold.
뒤를 돌아섰을 때　　　그는 자기 집의 창문들을 보았다　　　금처럼 빛나고 있는 것을

---

1 정답 ③

문제풀이

Hundertwasser는 직선이 자연을 거스른다고 믿었다고 언급한 부분에 이어서 직선은 우리의 창의성과 자연과의 연관성을 '제한한다'는 내용이 적절하므로, ③의 enhancing(향상시키다)을 limiting(제한하다) 등으로 바꿔야 한다.

직독직해

① Located in Vienna, Austria, / KunstHausWien is a museum / [that holds artwork / from
오스트리아의 비엔나에 위치한　　　KunstHausWien은 박물관이다　　　예술품을 소장하고 있는 (박물관)

artist and architect Friedensreich Hundertwasser]. ② The building was originally a furniture
예술가이자 건축가인 Friedensreich Hundertwasser의 (예술품)　　그 건물은 원래 가구 공장이었다

factory. ③ In 1892, / it was restored in Hundertwasser's style. ④ The structure does not
1892년에　　그것은 Hundertwasser의 스타일로 재건되었다　　　그 (건물의) 구조는 따르지 않는다

follow / common design standards. ⑤ The walls, floors, and columns / have curves or
일반적인 설계 기준을　　　벽, 바닥, 그리고 기둥들에는　　　곡선 혹은 장식이 있다

decorations / instead of straight lines. ⑥ This is because / Hundertwasser believed / [that
직선 대신에　　　이것은 ~ 때문이다　Hundertwasser가 ~라고 믿었기 (때문이다)

straight lines go against nature, / limiting our creativity / and our connection with the
직선은 자연을 거스른다고　　　우리의 창의성을 제한하며　　그리고 우리의 자연과의 연관성을 (제한하며)

environment]. ⑦ KunstHausWien also has trees / [that grow out of its windows], / providing
KunstHausWien은 또한 나무를 가지고 있다　창문 밖으로 자라는 (나무)　　신선한 공기를

fresh air, / maintaining comfortable temperatures, / and improving the building's atmosphere.
제공하며   쾌적한 온도를 유지하며   그리고 건물의 공기를 개선하며

⑧ According to Hundertwasser, / this is a way / [to balance nature]. ⑨ In his view, / such
Hundertwasser에 따르면   이것이 방법이다   자연과의 균형을 맞추는 (방법)   그의 관점에서

structures blend with the environment, / integrating our living space / with the natural spaces
그러한 구조들은 환경과 조화를 이룬다   (그래서) 우리의 생활 공간을 통합시킨다   자연 공간과

/ around it.
그 주변의

전문해석

오스트리아의 비엔나에 위치한 KunstHausWien은 예술가이자 건축가인 Friedensreich Hundertwasser의 예술품들을 소장하고 있는 박물관이다. 그 건물은 원래 가구 공장이었다. 1892년에 그것은 Hundertwasser의 스타일로 재건되었다. 그 (건물의) 구조는 일반적인 설계 기준을 따르지 않는다. 벽, 바닥, 기둥들에는 직선 대신 곡선 혹은 장식이 있다. 이것은 Hundertwasser가 직선은 우리의 창의성과 자연과의 연관성을 향상시키며(→ 제한하며) 자연을 거스른다고 믿었기 때문이다. KunstHausWien은 또한 창문 밖으로 자라는 나무들을 가지고 있어 신선한 공기를 제공하고, 쾌적한 온도를 유지하며, 건물의 공기를 개선한다. Hundertwasser에 따르면, 이것이 자연과의 균형을 맞추는 방법이다. 그의 관점에서, 그러한 구조들은 환경과 조화를 이뤄서 우리의 생활 공간을 그 주변의 자연 공간과 통합시킨다.

구문해설

⑥ This is because Hundertwasser **believed** [that straight lines go against nature, ...].
                                                believed의 목적어(명사절)

⑦ KunstHausWien also has trees [that grow out of its windows], **providing** fresh air,
                              └ 주격 관계대명사절
maintaining comfortable temperatures, and **improving** the building's atmosphere.
⇨ 〈부대상황〉을 나타내는 분사구문 3개가 「A, B, and C」로 병렬 연결됨

⑧ According to Hundertwasser, this is a way [**to balance** nature].
                                           to부정사의 형용사적 용법

2

정답 ③

문제풀이

선수들의 복장 색깔이 심판 판정에 영향을 미친다는 내용이므로, 심판의 자격 요건에 대한 ③은 글의 흐름과 관계가 없다.

직독직해

① According to a recent experiment, / the decisions of referees / are influenced / by [what
최근의 한 실험에 따르면   심판의 결정은   영향을 받는다   선수들이

colors competitors are wearing]. ② Specifically, / the color red / seems to play a major role /
어떤 색깔을 입고 있느냐에 의해   특히   붉은색은   중대한 역할을 하는 것으로 보인다

in this. ③ Referees watched / tapes of martial arts contests / with one opponent wearing red
이것에   심판들은 시청했다   격투기 경기들의 테이프를   한쪽 상대는 붉은색을 입고 있는

/ and (with) the other wearing blue. ④ Having seen the matches, / they were asked / to give
그리고 다른 한쪽 편은 파란색을 입고 있는   그 경기들을 보고 나서   그들은 요청받았다   점수를

points / to each opponent. ⑤ All referees are required / to have at least 5 years' experience
주도록   각각의 상대에게   모든 심판들은 요구된다   최소한 5년의 경력을 보유하도록

/ [of judging martial arts competitions]. ⑥ Next, / the process was repeated, / but this time /
격투기 경기를 심판하는 (5년의 경력)   그다음에 그 과정이 반복되었다   하지만 이번에는

the opponents' uniforms were digitally switched / to the other color. ⑦ The referees awarded
그 상대들의 유니폼이 디지털 방식으로 바뀌었다   반대 색깔로   심판들은 13% 더 많은

13% more points / to opponents [wearing red], / proving / [that color did indeed affect their
점수를 주었다   붉은색을 입은 편에게   (그리고) 입증했다 색상이 정말 실제로 그들의 결정에 영향을

decisions].
미친다는 것을

전문해석

최근의 한 실험에 의하면, 심판의 결정은 선수들이 어떤 색깔을 입고 있느냐에 의해 영향을 받는다. 특히, 붉은색이 이에 큰 역할을 하는 것으로 보인다. 심판들은 한쪽 상대는 붉은색을 입고 있고 다른 한쪽 편은 파란색을 입고 있는 격투기 경기들의 테이프를 시청했다. 그 경기를 보고 나서, 심판들은 각각의 상대에게 점수를 주도록 요청받았다. (모든 심판들은 최소한 5년의 격투기 경기 심판 경력을 보유하도록 요구된다.) 그다음에는 디지털 방식으로 그 선수들의 유니폼이 서로 반대 색상으로 바뀌었다. 심판들은 붉은색을 입은 편에게 13% 더 많은 점수를 주었고, 색상이 정말 실제로 그들의 결정에 영향을 미친다는 것을 입증했다.

구문해설

③ ... **with** *one* opponent **wearing** red and (**with**) *the other* **wearing** blue.
  ⇨ 「with+(대)명사+v-ing」 '~가 …하면서[…한 채로]'
  ⇨ 「one ~, the other …」 '(둘 중) 하나는 ~, 나머지 하나는 …'

④ **Having seen** the matches, they were asked to give points to each opponent.
  완료형 분사구문: 주절보다 앞선 시제를 나타냄

⑦ ... awarded 13% more points to opponents [wearing red], **proving** that color *did* indeed *affect*
                                              현재분사구   do(문장의 내용이 사실임을 강조하는 조동사) 분사구문(연속동작)

their decisions.

3 정답 ④

문제풀이

뛰어난 인재들로 구성된 집단의 성과가 오히려 좋지 않다는 '아폴로 신드롬'에 대한 글이다.

직독직해

① It is easy to think / [(that) you would always win / with a team / {of the best people}].
(그것은) ~라고 생각하기 쉽다   당신은 언제나 이길 것이라고   팀과 함께라면   최고의 사람들로 이루어진 (팀)

② But according to Dr. Meredith Belbin, / this is not true. ③ He formed teams of people /
그러나 Meredith Belbin 박사에 따르면   이것은 사실이 아니다   그는 사람들로 팀을 구성했다

[who were highly capable on their own] / and studied their teamwork. ④ However, / they
독자적으로 능력이 매우 뛰어난 (사람들)   그리고 그들의 팀워크를 연구했다   그러나   그들은

performed terribly / as a group. ⑤ He calls this the "Apollo Syndrome." ⑥ Considering / [that
형편없이 행동했다   집단으로서는   그는 이것을 '아폴로 신드롬'이라고 부른다   ~을 고려하면

everyone on such a team knows / {(that) they are smart}], / each person is likely to think /
그러한 팀의 모든 구성원이 안다는 것을   자신들이 똑똑하다는 것을 (안다는 것)   각각의 사람들은 생각하기 쉽다

[they know best]. ⑦ Discussions can quickly become arguments / over [who has the best
그들이 가장 잘 안다고   토론은 빠르게 논쟁이 될 수 있다   누가 최고의 아이디어를 가지고 있는
                                                                지에 대한 (논쟁)

idea], / with little agreement reached. ⑧ Some of these teams / realize the problem, / but
        합의가 거의 이루어지지 않은 채로   이 팀들 중 일부는   문제를 깨닫지만

correct too much / by avoiding any kind of disagreement. ⑨ Dr. Belbin found / [that these
너무 많이 고친다   어떠한 종류의 의견 충돌도 피하고자 함으로써   Belbin 박사는 알아냈다   이러한

teams need a leader / {who can focus team energy / toward the task / and away from their
팀들은 리더가 필요하다는 것을   팀의 힘을 집중시킬 수 있는 (리더)   과제 쪽으로   그리고 그들의 자아에서 벗어나

egos} / in order to work well].
         (팀이) 잘 돌아가기 위해서

전문해석

당신은 최고의 사람들로 이루어진 팀과 함께라면 언제나 이길 것이라고 생각하기 쉽다. 그러나 Meredith Belbin 박사에 따르면, 이것은 사실이 아니다. 그는 독자적으로는 능력이 매우 뛰어난 사람들로 팀을 구성했고 그들의 팀워크를 연구했다. 그러나 그들은 집단으로서는 형편없이 행동했다. 그는 이것을 '아폴로 신드롬'이라고 부른다. 그러한 팀의 모든 구성원이 자신들이 똑똑하다는 것을 안다는 것을 고려하면, 각각의 사람들은 자신이 가장 잘 안다고 생각하기 쉽다. 합의에는 거의 도달하지 못한 채로 토론은 빠르게 누가 최고의 아이디어를 가지고 있는지에 대한 논쟁이 될 수 있다. 이 팀들 중 일부는 문제를 깨닫지만, 어떠한 종류의 의견 충돌도 피하고자 함으로써 너무 많이 고친다. Belbin 박사는 이러한 팀들이 잘 돌아가기 위해서는 팀의 힘을 과제 쪽으로 집중시키고 그들의 자아로부터 벗어나게 할 수 있는 리더가 필요하다는 것을 알아냈다.

구문해설

                                        think의 목적어(명사절)
① **It** is easy **to *think*** [(that) you would always win with a team of the best people].
   가주어   진주어(to부정사구)

                            선행사 ┌──────┐ 주격 관계대명사절
③ He formed teams of people [who were highly capable on their own] and studied their ... .
   ─────   ──────
    V1   V2

⑥ Considering that everyone on such a team knows [(that) they are smart], ...
   ─────────────   ─────────────────────────── ───── ──────────────────
   ~을 고려하면   S절   V절   O절(명사절)

4 ### 정답 ④
문제풀이

분사구의 수식을 받는 앞의 명사 the data는 '수집되는' 대상이므로 과거분사인 collected가 되어야 한다.

직독직해

① As the number of electronic devices increases, / so does the amount of data / [that is
   전자기기의 수가 증가함에 따라   자료의 양 또한 그렇다(= 증가한다)

collected from calls, text messages, e-mails, videos, and social networking sites]. ② Known
전화, 문자 메시지, 이메일, 비디오, SNS에서 수집되는 (자료의 양)

as "big data," / this information can be useful / when it is analyzed. ③ A good example of
'빅데이터'라고 알려진   이 정보는 유용할 수 있다   그것이 분석될 때   이것의 좋은 예가

this / is Seoul's night bus project. ④ The city wanted to create a bus route / [that ran from
서울의 심야 버스 프로젝트이다   그 도시는 버스 노선을 만들고자 했다   자정부터 새벽 5시까지

midnight to 5 a.m.] ⑤ So officials looked at the data / [collected from 5 million late-night
운행하는 (버스 노선)   그래서 공무원들은 자료를 살펴보았다   500만 건의 심야 택시 승차에서 수집된 (자료)

taxi rides]. ⑥ This showed them / [how many people needed to use / public transportation
                    이 자료는 그들에게 보여줬다   얼마나 많은 사람들이 이용할 필요가 있었는지를   대중교통을

/ late at night]. ⑦ This also showed / [where they were], / and [where they were going].
심야에   이것은 또한 보여줬다   그들이 어디에 있는지   그리고 그들이 어디로 가는지

⑧ Using this information, / the government created a night bus route, / which was a big
이 정보를 이용하여   정부는 심야 버스 노선을 만들었다   (그리고) 그것(= a night bus

success.
route)은 큰 성공이었다

전문해석

전자기기의 수가 증가하면서 전화, 문자 메시지, 이메일, 비디오, SNS에서 수집되는 자료의 양 또한 증가한다. '빅 데이터'라고 알려진 이 정보는 분석될 때 유용할 수 있다. 이것의 좋은 예가 서울의 심야 버스 프로젝트이다. 그 도시는 자정부터 새벽 5시까지 운행하는 버스 노선을 만들고자 했다. 그리하여 공무원들은 500만 건의 심야 택시 승차에서 수집된 자료를 살펴보았다. 이 자료는 얼마나 많은 사람들이 심야에 대중교통을 이용해야 했는지를 보여줬다. 이것은 또한 그들이 어디에 있는지, 그리고 어디로 가는지를 보여줬다. 이 정보를 이용하여 정부는 심야 버스 노선을 만들었고, 그것은 큰 성공이었다.

구문해설

```
              S절                    V절        V          S
① As the number of electronic devices increases, so does the amount of data [that is collected
                                                              선행사      ↑   주격 관계대명사절
from calls, text messages, e-mails, videos, and social networking sites].
```
⇨ 「so+do동사+주어」는 긍정문인 앞 절의 내용을 받아 '~도 역시 그렇다'의 의미를 나타냄

⑤ So officials looked at the data [collected from 5 million late-night taxi rides].
                                  └─────↑────┘ 과거분사구

⑥ This showed them how many people needed to use public transportation late at night.
   4형식 동사 I.O.   D.O.(간접의문문)

5-6   정답 5 ② 6 ④

문제풀이

5 외딴 농가에 사는 주인공 소년을 소개한 (A) 다음에, 해가 뜰 무렵 멀리 있는 이웃집의 창문들이 황금빛으로 빛나는 것을 보고는 그 집에 가보겠다고 소년이 결심했다는 (C)가 이어지고, 생일날 그 집에 갈 기회를 얻은 소년이 그곳에 가보았더니 그 창문들은 금으로 만들어진 게 아니었음을 알게 되었다는 (B) 다음에, 그 집의 소년에게 황금 창문이 있는 집이 어디 있느냐고 묻자 그는 주인공 소년의 집을 가리켰다는 (D)로 마무리되는 것이 자연스럽다.

6 (d)는 주인공 소년이 찾아간 집에 사는 소년을 가리키는 반면, 나머지는 모두 주인공 소년을 가리킨다.

① A small boy lived / in a remote farmhouse / [surrounded by fields]. ② There was a lot of
한 어린 소년이 살았다   외딴 농가에서   밭으로 둘러싸인 (외딴 농가)   해야 할 많은 일이 있었다

work [to do] / on his family's farm. ③ He woke up every morning / before the sun rose /
그의 가족의 농장에는   그는 매일 아침 잠에서 깨어났다   해가 뜨기 전에

in order to get an early start. ④ At sunrise, / he would take a break. ⑤ Sitting on his front
일을 일찍 시작하기 위해   해가 뜰 무렵에   그는 휴식을 취하곤 했다   현관에 앉아

porch, / he would look across the fields / at a neighboring house / in the distance. ⑥ As
그는 들판 너머 바라보곤 했다   이웃집을   멀리 있는 (이웃집)   As

the sun rose, / its windows shone like gold. ⑦ Believing them / to be made of real gold, /
해가 뜨면   그것의 창문들이 금처럼 빛났다   그것들을(= its windows)   진짜 금으로 만들어졌다고 (믿으면서)
                                                                을 ~라고 믿으면서

the boy would stare at the house / and imagine all the wonderful things / inside it. ⑧ He
그 소년은 그 집을 바라보곤 했다   그리고 온갖 진기한 것들을 상상하곤 했다   그 안에 있는   그는

promised himself / [that he would visit it someday / and see for himself]. ⑨ On the morning
자신과 약속했다   언젠가는 거기에 가겠다고   그리고 직접 보겠다고   소년의 생일날 아침에

of the boy's birthday, / his father told him / to stay home and relax. ⑩ The boy knew / [(that)
그의 아버지는 그에게 말했다   집에 머무르며 쉬라고   소년은 알았다

this was his chance]. ⑪ After his father left, / he started walking / towards the house / [with
이것이 기회라는 것을   아버지가 떠난 뒤에   그는 걷기 시작했다   그 집을 향해

the golden windows]. ⑫ Soon it was late afternoon, / but he kept walking. ⑬ As he got
황금 창문들이 있는 (그 집)   곧 늦은 오후가 되었다   그러나 그는 계속 걸었다   그가 가까이

closer, / however, / he could see / [that the windows were not made of gold]. ⑭ In fact, / the
다가갈수록   그러나   그는 볼 수 있었다   그 창문들이 금으로 만들어진 게 아니라는 것을   사실

house was small and old. ⑮ Thinking [(that) he must have reached the wrong house], / the
그 집은 작고 낡았다   그가 잘못된 집에 다다른 게 틀림없다고 생각하면서

boy knocked on the door. ⑯ A boy his age / opened it. ⑰ He asked him / [if he knew / {where
그 소년은 문을 두드렸다   그 또래의 소년이   문을 열었다   그는 그에게 물었다   그가 아는지

the house [with the golden windows] was}]. ⑱ The boy said / [(that) he did]. ⑲ With the
황금 창문들이 있는 집이 어디에 있는지   소년은 말했다   그가 그렇다고
                                                        (= 안다고)

sun beginning to set, / he pointed back the way / [(that) the boy had come]. ⑳ Turning
해가 지기 시작하면서   그는 뒤쪽 길을 가리켰다   소년이 왔던 (길)   뒤를 돌아섰을 때

around, / he saw the windows [of his own home] / shining like gold.
그는 자기 집의 창문들을 보았다   금처럼 빛나고 있는 것을

(A) 한 어린 소년이 밭으로 둘러싸인 외딴 농가에 살았다. 그의 가족의 농장에는 할 일이 많았다. 그는 일을 일찍
시작하기 위해 매일 아침 해가 뜨기 전에 잠에서 깨어났다.

(C) 해가 뜰 무렵에 그는 휴식을 취하곤 했다. 현관에 앉아 그는 들판 너머 멀리 있는 이웃집을 바라보곤 했다. 해
가 뜨면 그 집의 창문들이 금처럼 빛났다. 그것이 진짜 금으로 만들어졌다고 믿으며, 소년은 그 집을 바라보며 그
안에 있는 온갖 진기한 것들을 상상하곤 했다. 그는 언젠가는 거기에 가서 직접 보리라고 다짐했다.

(B) 소년의 생일날 아침, 아버지는 그에게 집에 머무르며 쉬라고 말했다. 소년은 이것이 기회임을 알았다. 아버지
가 떠난 뒤에 그는 황금 창문이 있는 그 집을 향해 걷기 시작했다. 곧 늦은 오후가 되었지만 그는 계속 걸었다. 그
러나 그는 가까이 다가갈수록 그 창문들이 금으로 만들어진 게 아니라는 것을 볼 수 있었다. 사실 그 집은 작고 낡
았다.

(D) 자신이 잘못된 집에 온 게 틀림없다고 생각하며 소년은 문을 두드렸다. 그 또래의 소년이 문을 열었다. 그는 그 소년에게 황금 창문들이 있는 집이 어디 있는지 아느냐고 물었다. 소년은 안다고 말했다. 해가 지기 시작하면서 그는 그 소년이 왔던 뒤쪽 길을 가리켰다. 뒤를 돌아섰을 때, 그는 자기 집의 창문들이 금처럼 빛나고 있는 것을 보았다.

구문해설

⑤ **Sitting** on his front porch, he *would* look ... .
　　분사구문(부대상황)
　⇨ would는 '~하곤 했다'라는 뜻으로 과거의 습관을 나타냄

⑮ **Thinking** he *must have reached* the wrong house, the boy knocked on the door.
　　　　　　분사구문(부대상황)
　⇨ 「must have v-ed」 '~했음이 틀림없다'

　　　　　　　　　　　　　　　명사절을 이끄는 접속사 '~인지'
⑰ He asked him [**if** he *knew* {where the house with the golden windows was}].
　4형식 동사 I.O. D.O.(명사절)　　knew의 목적어(간접의문문)

⑳ ..., he saw the windows of his own home shining like gold.
　　　지각동사　　　　　　O　　　　　　O.C.(현재분사)

01 가정법

EXERCISE
p.117

STEP 1

1 If Jeff had more money, / he could donate more / to charity.
만약 Jeff가 돈이 더 많다면   그는 더 기부할 수 있을 텐데   자선 단체에

2 If I weren't so sick, / I could go to the beach / as I had planned.
내가 그렇게 아프지 않다면   나는 바닷가에 갈 수 있을 텐데   내가 계획했던 대로

3 I would have been disappointed / if they hadn't invited me.
나는 실망했을 텐데   그들이 나를 초대하지 않았더라면

4 With my camera with me, / I could have taken pictures / of the scenery.
내게 카메라가 있었더라면   나는 사진을 찍을 수 있었을 텐데   그 경치의 (사진)

5 I wouldn't have moved in / if I had known / that this area was so noisy.
나는 이사 오지 않았을 텐데   내가 알았더라면   이 지역이 너무 시끄러운 것을

6 If Brad hadn't arrived late, / we wouldn't have missed the movie.
Brad가 늦게 도착하지 않았더라면   우리는 그 영화를 놓치지 않았을 텐데

7 I wish / I had an opportunity / to shake hands with Dr. Joe.
나는 좋을 텐데   내게 기회가 있다면   Joe 박사님과 악수할 (기회)

STEP 2

1 Supposing you had a friend / who had gone through a bad experience, / what would you
만약 당신에게 친구가 있다면   나쁜 경험을 겪었던 (친구)   당신은 뭐라고 말할 것인가

say / to encourage him?
그를 격려하기 위해

2 You should double-check / your flight schedule / in case you miss your flight.
너는 다시 한번 확인해야 한다   네 비행기 일정을   네가 비행기를 놓칠 경우를 대비하여

3 He would have stopped smoking / if his doctor had told him / about the condition of his
그는 금연했을 텐데   만약 의사가 그에게 말했더라면   그의 폐의 상태에 대해서

lungs.

4 Without their safety helmets, / the rescue workers wouldn't have survived.
그들의 안전모가 없었더라면   그 구조 대원들은 생존하지 못했을 것이다

5 I'm fed up with my job. // I wish / I had chosen a different job.
나는 내 직업이 싫증 난다   나는 좋을 텐데   내가 다른 직업을 선택했더라면

6 It would have been much easier / for you to get a student visa, / provided that you had
(그것은) 훨씬 더 쉬웠을 텐데   네가 학생 비자를 받는 것은   만약 네가 입출금 내역서를

shown a bank statement / proving you had over $2,000.
보여줬더라면   네가 2천 달러 이상을 갖고 있는 것을 증명하는 (입출금 내역서)

1   정답 ②

문제풀이

여성의 척추가 남성의 척추보다 더 굴곡진 이유를 설명하는 글이다.

① 무엇이 아래쪽 허리의 통증을 유발하는가   ② 왜 여성이 더 굴곡 있는 척추를 가지고 있는가

③ 인간의 골격은 어떻게 발달하는가   ④ 임신이 여성의 몸에 미치는 영향

⑤ 여성의 피로를 방지하는 비법들

직독직해

① Recent scientific research has shown / [that women evolved curvier spines / in order to
최근의 과학 연구는 보여주었다   여성이 더 굴곡이 있는 척추를 진화시켰다는 것을   그들이 (~하는 것을)

prevent them / from falling over / during pregnancy]. ② Apparently, / without that extra
방지하기 위해서   넘어지는 것을   임신 기간 동안   명백히   그 추가적인 척추의

spinal bend, / women would be falling / all over the place / while (being) pregnant / or at
굴곡이 없다면   여성들은 넘어질 것이다   사방에서   임신한 동안   또는

least (would) be disabled / by back pain. ③ This research reveals / [that spines have evolved
적어도 장애를 갖게 될 것이다   허리 통증에 의해   이 연구는 보여준다   척추가 진화해 왔다는 것을

/ in such a way / to make pregnancy safer and less painful / than it might have been / if these
그런 식으로   임신을 더 안전하고 덜 고통스럽게 만들기 위해   그것(= 임신)이 그랬을 수도
있던 것보다

developments had not occurred]. ④ Though both sexes have curves / in their lower spines, /
이런 발달이 일어나지 않았더라면   남녀 모두 굴곡이 있기는 하지만   그들의 아래쪽 척추에

women's are longer. ⑤ Without this, / pregnancy would have placed more stress / on
여성의 것(= 굴곡)이 더 길다   이것이 없었더라면   임신이 더 많은 압박을 주었을 것이다

women's back muscles, / causing considerable pain and fatigue / and possibly limiting their
여성의 허리 근육에   (그리하여) 상당한 통증과 피로를 유발했을 것이다   그리고 아마도 그들의 능력을 제한했을

ability / [to escape danger].
것이다   위험을 모면하는 (그들의 능력)

전문해석

최근의 과학 연구는 여성이 임신 기간 동안 넘어지는 것을 방지하기 위해서 더 굴곡이 있는 척추를 진화시켰다는 것을 보여주었다. 분명히, 그 추가적인 척추의 굴곡이 없다면, 여성들은 임신한 동안 사방에서 넘어지거나 적어도 허리 통증으로 인해 장애를 갖게 될 것이다. 이 연구는 이런 발달이 일어나지 않았다고 가정할 때보다 임신을 더 안전하고 덜 고통스럽게 하기 위해 그런 식으로 척추가 진화해 왔다는 것을 보여준다. 남성과 여성 모두 아래쪽 척추에 굴곡이 있지만, 여성의 굴곡이 더 길다. 이것이 없었더라면, 임신이 여성의 허리 근육에 더 많은 압박을 주어, 상당한 통증과 피로를 유발하고 아마도 위험을 모면하는 능력을 제한했을 것이다.

구문해설

━━━ 가정법 과거(현재 사실의 반대) ━━━

② Apparently, **without** that extra spinal bend, women **would be falling** ... .
        (= if it were not for that extra spinal bend)

━━━ 가정법 과거완료(과거 사실의 반대) ━━━

⑤ **Without** this, pregnancy **would have placed** ..., *causing* considerable pain and fatigue and
   (= If it had not been for this)   분사구문1(연속동작)

possibly *limiting* their ability [to escape danger].
                ⌐ to부정사의 형용사적 용법
분사구문2(연속동작)

직독직해 PLUS

정답 Apparently, / without that extra spinal bend, / women would be falling / all over the place /
명백히   그 추가적인 척추의 굴곡이 없다면   여성들은 넘어질 것이다   사방에서

while pregnant / or at least be disabled / by back pain.
임신한 동안   또는 적어도 장애를 갖게 될 것이다   허리 통증에 의해

2

정답 ②

문제풀이

필자는 대학 시절에 학업을 소홀히 했던 것을 후회하며 반성하고 있다.

① 차분하고 안도하는   ② 반성하고 후회하는   ③ 열망하고 자신감 있는
④ 만족하고 편안한   ⑤ 비참하고 가망 없는

직독직해

① If I had a chance / [to go back to university], / I'd be willing to do it. ② I wish / [I could
만약 나에게 기회가 있다면   대학교로 돌아갈 (기회)   나는 기꺼이 그것을 하겠다   나는 좋을 텐데   내가 바꿀

change / {how I spent my time there}]. ③ I chose English Literature / as my major /
수 있다면   그곳에서 내가 나의 시간을 보냈던 방식을   나는 영문학을 선택했다   나의 전공으로서

because it's something / [(that) I was genuinely interested in]. ④ But I hardly studied at all
그것은 무언가이기 때문이다   내가 진정으로 관심이 있었던 (무언가)   하지만 나는 공부를 거의 하지 않았다

/ and considered other things more important. ⑤ I spent most of my time / playing sports,
그리고 다른 것들을 더 중요하게 여겼다   나는 내 시간의 대부분을 보냈다   운동을 하고,

socializing, and sleeping. ⑥ When it came to academics, / I just did the bare minimum / —
친구를 사귀고, 잠을 자며   학업에 대해 말하자면   나는 겨우 최소한만을 했다

skipping lectures, / rarely studying for exams, / and writing essays at the last minute. ⑦ In
강의를 빼먹으면서   시험공부를 거의 하지 않으면서   그리고 임박해서 리포트를 쓰면서   결국

the end, / I passed all my classes / and got my degree, / but I wish / [I had taken advantage
나는 모든 과목을 통과했다   그리고 내 학위를 받았다   하지만 나는 좋을 텐데   내가 그 모든 것들을 활용했더라면

of all the things / {that were available to me}]. ⑧ Looking back on my university days, / I
내게 이용 가능했던 (모든 것들)   나의 대학 시절을 되돌아보면서   나는

now realize / [that they were a rare opportunity / {to read lots of great novels / and (to) learn
이제야 깨닫는다   그것들(= 나의 대학 시절)이 드문 기회였다는 것을   많은 위대한 소설들을 읽을 (드문 기회)   그리고 유명한

about famous writers}]. ⑨ Nowadays, / I'm too busy / to read anything.
작가들에 대해 배울 (드문 기회)   요즘에는   나는 너무 바쁘다   어떤 것이라도 읽기에는

전문해석

만약 내게 대학교로 돌아갈 기회가 생긴다면 나는 기꺼이 그것을 하겠다. 나는 내가 대학교에서 시간을 보냈던 방식을 바꿀 수 있으면 좋겠다. 나는 전공으로 영문학을 선택했는데, 그것이 내가 진정으로 관심이 있던 것이었기 때문이다. 하지만 나는 공부를 거의 하지 않았고, 다른 것들을 더 중요하게 여겼다. 대부분의 시간을 운동하고, 친구를 사귀고, 잠을 자면서 보냈다. 학업에 대해 말하자면, 나는 겨우 최소한의 것들만 했다. 강의를 빼먹었고, 시험공부를 거의 하지 않았으며, 임박해서 리포트를 썼다. 결국 나는 모든 과목을 통과해서 학위를 받았지만, 내가 이용할 수 있었던 그 모든 것들을 활용했다면 좋을 것이다. 나의 대학 시절을 되돌아보면서, 이제야 나는 그 시절이 많

은 위대한 소설들을 읽고 유명한 작가들에 대해 배울 수 있는 흔치 않은 기회였다는 것을 깨닫는다. 요즘에는, 나는 너무 바빠서 어떤 것도 읽을 수가 없다.

구문해설

가정법 과거(현재 사실의 반대)
① **If I had** a chance [to go back to university], **I'd be** willing to do it.
to부정사의 형용사적 용법

⑦ ... , but **I wish I had taken** advantage of all the things [that were available to me].
가정법 과거완료(과거 사실의 반대)　　　　　　　　선행사　　주격 관계대명사절

직독직해 PLUS

정답 I wish / I could change / how I spent my time there.
　나는　내가 바꿀 수 있다면　그곳에서 내가 나의 시간을 보냈던 방식을
좋을 텐데

독해 PLUS

정답 least
해석 자신의 대학 시절 동안, 글쓴이는 할 수 있는 <u>최소한</u>만 공부했다.

02 도치

EXERCISE　　　　　　　　　　　　　　　　　　　　p.121

STEP 1

1　At the bottom of the boat / <u>were invaluable treasures</u>.
　배의 맨 아래쪽에　　　　　　　　귀중한 보석들이 있었다

2　Seldom <u>have I laughed</u> / so hard / while watching a comedy show.
　나는 거의 웃어본 적이 없다　이렇게 심하게　코미디 쇼를 보면서

3　Never in her life / <u>had she been</u> so embarrassed.
　그녀의 인생에서　　　　그녀가 그렇게 당황했던
　~한 적이 없었다

4　So dirty / <u>was his room</u> / that it took three hours / to clean it.
　너무 더러워서　그의 방이　　　세 시간이 걸렸다　　　　그것(= 그의 방)을 청소하는 데

5　On the doorstep of Tina's house / <u>was a bunch of flowers</u>.
　Tina의 집의 현관 계단 위에　　　　한 다발의 꽃이 있었다

6　He showed his ticket to the staff, / and so <u>did I</u>.
　그는 직원에게 그의 티켓을 보여줬다　　　그리고 나도 그랬다

7　Hardly <u>had I taken</u> my seat / when two goals were scored.
　내가 자리에 앉자마자　　　　2골이 득점되었다

8　Never <u>has she realized</u> / that we are planning a surprise party / for her.
　그녀는 전혀 몰랐다　　　우리가 깜짝 파티를 계획하고 있다는 것을　　　그녀를 위해

1 Not only did he forget to lock the door, / he also opened all the windows.
그는 문을 잠그는 것을 잊었을 뿐만 아니라　　　　　　　그는 또한 모든 창문을 열었다

2 So tired / was the man / that he fell straight into bed / without taking off his wet clothes.
너무 피곤해서　그 남자는　　　곧바로 침대에 쓰러졌다　　　　젖은 옷을 벗지도 않고

3 No sooner had she heard / her dog bark / than she noticed a person / outside her window.
그녀가 듣자마자　　　　　그녀의 개가 짖는 것을　그녀는 어떤 사람을 알아차렸다　그녀의 창문 밖에 있는

4 All of a sudden, / around the corner / came a wild-looking black cat.
갑자기　　　　　길모퉁이에　　　　야생으로 보이는 검은 고양이가 나왔다

5 Little did they know / that the cost of the gym membership / would drop.
그들은 거의 몰랐다　　　체육관 회원권의 가격이　　　　　　떨어질 것이라는 것을

6 At the end of the road / is Lombard Street, / which is in the movie.
이 길의 끝에는　　　　　Lombard 거리가 있다　그리고 그것(= Lombard 거리)은 영화에 나온다

7 On the table / were the chocolates / he had received / from his girlfriend / on Valentine's Day.
테이블 위에　　초콜릿이 있었다　　그가 받았던 (초콜릿)　그의 여자친구로부터　　밸런타인데이에

적용독해

pp.122~123

1 정답 ③

문제풀이

비판적 사고를 통해 소셜 미디어의 발달에 따라 빠르게 퍼지는 가짜 뉴스로부터 진짜 뉴스를 구별해 내야 한다는 내용의 글이다.

직독직해

① Every democracy needs a free press. ② It enables people / to write freely / and criticize
모든 민주주의는 자유 언론을 필요로 한다　　　　　그것은 사람들이 ~할 수 있게 한다　자유롭게 쓰게　그리고 정부를

the government. ③ But it also allows news outlets / to publish false news. ④ The term *fake*
비판할 수 있게　　　　그러나 그것은 또한 언론 매체들이 ~하게 해준다　잘못된 뉴스를 보도하게　　'가짜 뉴스라는

news is new, / but the problem itself is not. ⑤ In fact, / false reports have been around /
용어는 새롭다　　하지만 그 문제 자체는 그렇지 않다　　사실　　잘못된 보도는 존재해 왔다

as long as news itself. ⑥ Today, however, / there are many forms of news. ⑦ Along with
뉴스 그 자체만큼이나 오래　　그러나 오늘날에는　　많은 형태의 뉴스가 있다　　　전통적인 매체와 함께

traditional media / such as newspapers and TV broadcasts, / social media platforms deliver
신문이나 TV 방송과 같은 (전통적인 매체)　　　소셜 미디어 플랫폼은 뉴스를 직접 전달한다

news directly. ⑧ (So) fast and abundant / is news on social media / (that) no central authority
너무 빠르고 풍부해서　　소셜 미디어상의 뉴스는　　어떤 중앙 정부(권한)도

can control or verify / all of it. ⑨ Thus, / people need to be more careful. ⑩ Never has it
통제하거나 입증할 수 없다　모든 것을　　따라서　사람들은 더 신중할 필요가 있다　　(그것이) 이렇게

been so important / for each person / to think critically / and (to) be informed / about current
중요한 적이 없었다　　각각의 사람들이　　비판적으로 생각하는 것이　그리고 잘 아는 것이　　최근의 사건들에 대해

events. ⑪ In this way, / people can separate real news / from fake.
이런 식으로　　사람들은 진짜 뉴스를 구분할 수 있다　　가짜로부터

모든 민주주의는 자유 언론을 필요로 한다. 그것은 사람들이 자유롭게 쓰고 정부를 비판할 수 있게 한다. 그러나 그것은 또한 언론 매체들이 잘못된 뉴스를 보도하는 것을 허용한다. '가짜 뉴스'라는 용어는 새롭지만, 그 문제 자체는 그렇지 않다. 사실, 잘못된 보도는 뉴스 그 자체만큼이나 오래 존재해 왔다. 그러나 오늘날에는 많은 형태의 뉴스가 있다. 신문이나 TV 방송과 같은 전통적인 매체와 함께, 소셜 미디어 플랫폼은 뉴스를 직접 전달한다. 소셜 미디어상의 뉴스는 너무 빠르고 풍부해서 어떤 중앙 정부(권한)도 모든 것을 통제하거나 입증할 수 없다. 따라서, 사람들은 더 신중할 필요가 있다. 각각의 사람들이 비판적으로 생각하고 최근의 사건들에 대해 잘 아는 것이 이렇게 중요한 적이 없었다. 이런 식으로, 사람들은 가짜로부터 진짜 뉴스를 구분할 수 있다.

구문해설

③ **But it also allows news outlets to publish false news.**
　　　　　　 5형식 동사　　　 O　　　　　 O.C.(to-v)
⇨ 「allow+O+to-v」 'O가 ~하는 것을 허락하다'

⑧ **So** fast and abundant **is** news on social media **that** no central authority can control or ... .
　　　　 S.C.　　　　　　　V　　　 S
⇨ 「so+형용사/부사+that ...」 '매우 ~해서 …하다' 구문에서 강조를 위해 보어가 문장의 맨 앞에 위치하며 「V+S」 어순으로 도치됨

⑩ **Never has** it been so important for each person *to think* critically and (*to*) be informed ... .
　　　 V　S(가주어)　　　　　　　　 to부정사의 의미상 주어　　　　　 진주어(to부정사구)
⇨ 부정어 never가 문장의 맨 앞에 위치하여 「V+S」 어순으로 도치되는데, 동사 형태가 「have v-ed」이므로 조동사(has)가 주어 앞으로 나옴

직독직해 PLUS

정답 Never has it been so important / for each person / to think critically / and be informed /
(그것이) 이렇게 중요한 적이 없었다　　　 각각의 사람들이　　 비판적으로 생각하는 것이　 그리고 잘 아는 것이
about current events.
최근의 사건들에 대해

2　정답 ⑤
문제풀이
원래 북미의 평원 인디언들이 즐기던 것을 유럽 이민자들이 현대화시켰다고 했다.

직독직해

① The game of lacrosse / is a team sport, / and each team / consists of 10 or 12 players.
　라크로스라는 경기는　　　　　　팀 스포츠이다　　　　그리고 각 팀은　　　 10명 또는 12명의 선수로 구성된다

② It is similar to hockey, / but it is played / using a different kind of stick. ③ At the top
　그것은 하키와 유사하다　　　 하지만 그것은 경기가 된다　다른 종류의 채를 이용하여　　　　 채의 꼭대기

of the stick / is a loose net, / which the player uses / to catch, (to) hold, and (to) throw the
부분에는　　　 헐거운 그물이 있다　　그리고 그것을(= 헐거운 그물을)　 라크로스 공을 받고, 잡고, 그리고 던지기 위해
　　　　　　　　　　　　　　　　　　 선수가 사용한다

lacrosse ball. ④ A team must move the ball / up the field / and get it into the opponents'
　　　　　　　　 팀은 공을 움직여야 한다　　　 경기장 위쪽으로　 그리고 그것을 상대의 골대 안으로 넣어야 한다

goal, / while preventing the other team from scoring. ⑤ Lacrosse was originally played / by
　　 상대편이 득점하는 것을 막으면서　　　　　　　　　　　 라크로스는 원래 경기가 되었다

Plains Indians / [of the United States and Canada]. ⑥ Since then, / the continent's European
평원 인디언에 의해　 미국과 캐나다의 (평원 인디언)　　　　　　 그 이후로　　　 그 대륙(= 미국과 캐나다)의 유럽

immigrants / have modernized the game, / giving it its current form.
이민자들이　　 그 경기를 현대화시켜 왔다　　　 (그래서) 그것에게(= 그 경기에게) 현재의 형태를 주었다

전문해석

라크로스라는 경기는 팀 스포츠로, 각 팀은 10명 또는 12명의 선수로 구성된다. 그것은 하키와 유사하지만, 다른 종류의 채를 이용하여 경기가 된다. 채의 꼭대기 부분에는 헐거운 그물이 있는데, 선수는 라크로스 공을 받고, 잡고, 던지는 데 그것을 사용한다. 팀은 상대방이 득점하는 것을 막으면서 공을 경기장 위쪽으로 움직여 상대의 골대 안에 넣어야 한다. 라크로스는 원래 미국과 캐나다의 평원 인디언이 즐겼다. 그 이후로, 그 대륙의 유럽 이민자들이 그 경기를 현대화시켜서 그것의 현재의 형태로 만들었다.

구문해설

③ At the top of the stick is a loose net, [**which** the player uses ...].
　　　 부사구　　　　　 V　　 S　　　계속적 용법의 목적격 관계대명사절
　⇨ 장소를 나타내는 부사구가 문장의 맨 앞에 위치하여 「V+S」 어순으로 도치됨

④ ..., while **preventing** the other team **from scoring**.
　　　　　　　　　분사구문(시간)
　⇨ 「prevent+O+from+v-ing」 '~가 …하는 것을 막다'
　⇨ 의미를 명확히 하기 위해 분사구문에 접속사(while)를 생략하지 않고 남겨둠

직독직해 PLUS

정답 At the top of the stick / is a loose net, / which the player uses / to catch, hold, and throw the
　　　 채의 꼭대기 부분에는　　　　헐거운 그물이 있다　　그리고 그것을(= 헐거운 그물을)　 라크로스 공을 받고, 잡고, 그리고 던지기 위해
　　　　　　　　　　　　　　　　　　　　　　　　　　　　 선수가 사용한다

lacrosse ball.

03 생략·삽입·동격

EXERCISE

p.125

STEP 1

1　The Moon circles the Earth, / and the Earth the Sun.
　　 달은 지구 주위를 돈다　　　　　　　 그리고 지구는 태양 (주위를 돈다)

2　My mom was, / and still is, / interested in French food.
　　 우리 엄마는 (예전에)　 지금까지도 있으시다　 프랑스 음식에 관심이
　　 (관심이) 있으셨다

3　You should find out / how many errors are / in this report, / if any.
　　 너는 찾아야 한다　　　　 얼마나 많은 오류가 있는지　　 이 보고서에　　　 만약 (어떤 오류가) 있다면

4　All the interns, / I guess, / are passionate about their work.
　　 모든 인턴들은　　　 내가 생각하기에　 그들의 일에 열정적이다

5　The ukulele, / a traditional Hawaiian musical instrument, / is beloved all around the world.
　　 우쿨렐레는　　　 하와이의 전통 악기인 (우쿨렐레)　　　　　　　 전 세계적으로 인기가 많다

6　I knew the fact / that the company had discharged / a dangerous chemical material / in a river.
　　 나는 그 사실을 알았다　 그 회사가 방출했다는 (사실)　　　　 위험한 화학 물질을　　　　　 강에

7　Psychology, / or the science of the mind, / can help businesses grow.
　　 심리학은　　　 즉 마음의 과학인 (심리학)　　　 기업들이 성장하도록 도울 수 있다

8　The new mayor, / I think, / will improve the surroundings of the city / during his office.
　　 새로운 시장이　　　 내 생각에　 그 도시의 주변 환경을 개선시킬 것이다　　　　　 그의 임기 동안에

1 While recording a song, / he never wears his shoes / in the studio.
노래를 녹음하고 있는 동안에   그는 절대 그의 신발을 신고 있지 않는다   스튜디오에서

2 Some researchers thought / that lions were scared of moving lights, / but others didn't.
일부 연구자들은 생각했다   사자들이 움직이는 빛을 무서워한다고   하지만 다른 사람들은 (사자들이 움직이는 빛을 무서워한다고 생각하지) 않았다

3 That's what / I believe / we need to do / for the successful presentation.
그게 (바로) ~것이다   내 생각에   우리가 해야 하는 (것)   성공적인 발표를 위해

4 There was doubt / that he could have survived / the car crash, / but hope remained / that he
의문이 있었다   그가 생존할 수 있었을지(에 대한 의문)   그 교통사고에서   그러나 희망은 남아 있었다   그가 (그 교통

might have.
사고에서 생존)했을지도 모른다는 (희망)

5 The rumor / that he had trouble with his boss / — which later turned out to be true — /
그 소문은   그가 그의 상사와 사이가 좋지 않다는 (그 소문)   나중에 사실이라고 밝혀진 (그 소문)

made him quit his job.
그가 직장을 그만두게 했다

적용독해

pp.126~127

1

정답 ③

문제풀이

E-Prime이 사람들에게 상황에 맞는 더 정확한 동사를 사용하게 한다는 내용의 글이므로, 빈칸에는 ③이 들어가는 것이 적절하다.

① 경청자   ② 도움이 되는 조언자   ③ 영향력 있는 화자

④ 유능한 멀티태스커   ⑤ 창의적인 문제 해결자

직독직해

① E-Prime, / [which is short for English Prime], / is a dialect of English / with all forms
E-Prime은   English Prime의 약자인데   영어 표현 형식이다   모든 형태의 be동사가

of the verb 'be' removed. ② It is based on the idea / [that this verb is responsible / for a
제거된   그것(= E-Prime)은 ~라는   이 동사가 원인이 된다는 (생각)
생각에 근거한다

great deal of lazy thinking]. ③ By forcing people to find / and (to) use more precise verbs, /
많은 나태한 사고의   사람들이 찾게 함으로써   그리고 더 정확한 동사를 사용하게 함으로써

E-Prime can help them / become powerful speakers. ④ When faced with a difficult question,
E-Prime은 그들을 도울 수 있다   영향력 있는 화자가 되도록   어려운 질문에 맞닥뜨릴 때

/ you cannot say / "There is no answer" / in E-Prime. ⑤ Instead, / you can say / "I haven't
당신은 말할 수 없다   "정답이 없습니다."라고   E-Prime에서   대신   당신은 말할 수 있다   "저는 아직

found the answer yet." ⑥ What's more, / E-Prime helps you / avoid generalizations / and
정답을 찾지 못했습니다."라고   게다가   E-Prime은 당신을 돕는다   일반화를 피하도록   그리고

focus on facts / [(that) you may have initially overlooked]. ⑦ Instead of just saying / "This
사실들에 집중하도록   당신이 처음에 간과했을지도 모르는 (사실들)   단순히 말하는 대신

question is stupid," / you may end up saying something / like "This question confused me /
"이 질문은 어리석어요."라고   당신은 결국 어떤 것을 말하게 될지도 모른다   "이 질문이 저를 헷갈리게 했습니다

because I misunderstood a basic concept."
왜냐하면 제가 기본 개념을 잘못 이해해서."와 같은 (어떤 것)

전문해석

E-Prime은 English Prime의 약자로, 모든 형태의 be동사가 제거된 채로 하는 영어 표현 형식이다. 그것은 이 동사가 많은 나태한 사고의 원인이 된다는 생각에 근거한다. 사람들이 더 정확한 동사를 찾아 사용하게 함으로써 E-Prime은 그들이 영향력 있는 화자가 되도록 도울 수 있다. 어려운 질문에 맞닥뜨릴 때 당신은 E-Prime에서 "정답이 없습니다."라고 말할 수 없다. 대신, "저는 아직 정답을 찾지 못했습니다."라고 말할 수 있다. 게다가 E-Prime은 당신이 일반화를 피하고 처음에 간과했을지도 모르는 사실들에 집중하도록 돕는다. 단순히 "이 질문은 어리석어요."라고 말하는 대신 당신은 결국 "제가 기본 개념을 잘못 이해해서 이 질문이 저를 헷갈리게 했습니다."와 같이 말하게 될지도 모른다.

구문해설

① E-Prime, [**which** is short for English Prime], is a dialect of English *with* all forms of the verb
　　선행사　　　계속적 용법의 주격 관계대명사절　　　　　　　　　　　　　　　　　「with+(대)명사+v-ed」 '~가 …된 채로'
　　'be' *removed*.

② It is based on the idea that this verb is responsible for a great deal of lazy thinking.
　　　　　　　　　　　└ = ┘ 동격의 명사절

④ When (you are) faced with a difficult question, you cannot say "There is no answer" in
　　　　　　　　　　　　부사절(시간)
　　E-Prime.
　　⇨ 〈시간·조건·가정·양보〉의 부사절에서는 주절과 부사절의 주어가 일치할 때 부사절의 「주어+be동사」가 생략되기도 함

직독직해 PLUS

[정답] When faced with a difficult question, / you cannot say / "There is no answer" / in E-Prime.
　　　어려운 질문에 맞닥뜨릴 때　　　　　　　　당신은 말할 수 없다　　"정답이 없습니다."라고　　E-Prime에서

독해 PLUS

[정답] eliminating

[해석] E-Prime의 목적은 be동사를 없앰으로써 사람들이 적절한 동사를 사용하도록 장려하는 것이다.

2　　정답 ⑤

문제풀이

noma는 적기에 발견되면 치료가 가능한 질병이라고 했다.

직독직해

① Noma / — an infection / [that spreads in areas / {where food is scarce / and hygiene is
　noma는　　전염병　　　　　지역들에서 퍼지는 (전염병)　　식량이 부족한 (지역들)　　그리고 위생 상태가 불량한

poor}] — / starts out as a simple mouth sore, / but it can eventually cause a large hole / to
(지역들)　　　단순한 입의 종기로 시작한다　　　　　　그러나 그것은 결국 큰 구멍을 초래할 수 있다

develop in a person's face. ② Most of the victims of noma / are children; / globally, / more
사람의 얼굴에 생기는 것을　　대부분의 noma의 환자는　　　아이들이다　　세계적으로

than 100,000 children / suffer from the disease / each year. ③ The rates [in sub-Saharan
10만 명이 넘는 아이들이　　　그 질병에 걸린다　　　　매년　　　사하라 사막 이남의 아프리카에서의 그 비율은

Africa] / are especially high. ④ The exact cause of noma / is unknown, / and more than 70
　　　　특히 높다　　　　　noma의 정확한 원인은　　　알려져 있지 않다　　그리고 이 아이들의

percent of these children / eventually die from it. ⑤ However, / the disease can be treated /
70% 이상이　　　　　　결국 그것(= noma)으로 인해 죽는다　　하지만　　　그 질병은 치료될 수 있다

if (it is) caught in time / and (can be) prevented altogether / with proper nutrition and health
(그것이) 늦지 않게 발견되면   그리고 완전히 예방될 수 있다   적절한 영양과 건강관리로

care. ⑥ Sentinelles, / a Swiss NGO, / specializes in the treatment [of this terrible disease] /
　　　　Sentinelles는　　스위스의 비정부기구인　이 끔찍한 질병의 치료를 전문으로 한다

and provides surgery / to help affected children live normal lives.
그리고 수술을 제공한다　　감염된 아이들이 정상적인 삶을 살 수 있도록 돕기 위해

전문해석

noma는 식량이 부족하고 위생 상태가 불량한 지역들에서 퍼지는 전염병으로, 단순한 입의 종기로 시작하지만 결국 사람의 얼굴에 커다란 구멍이 생기게 한다. noma 환자의 대부분은 아이들이며, 세계적으로 매해 10만 명이 넘는 아이들이 그 질병에 걸린다. 사하라 사막 이남의 아프리카에서의 비율이 특히 높다. noma의 정확한 원인은 알려져 있지 않고, 이 아이들의 70% 이상이 결국에는 그것으로 인해 사망한다. 하지만 그 질병은 적기에 발견되면 치료될 수 있고, 적절한 영양과 건강관리로 완전히 예방될 수 있다. 스위스의 비정부기구인 Sentinelles는 이 끔찍한 질병의 치료를 전문으로 하며, 감염된 아이들이 정상적인 삶을 살 수 있도록 돕기 위해 수술을 제공한다.

구문해설

① Noma — an infection [that spreads in areas {where food is scarce and hygiene is poor}] —
   S   주격 관계대명사절   관계부사절(장소)

starts out ... .
   V

⑥ Sentinelles, a Swiss NGO, specializes in the treatment of this terrible disease and provides
   S   V1   V2

surgery to help affected children live normal lives.
         「help+O+동사원형」 'O가 ~하는 것을 돕다'

직독직해 PLUS

[정답] Sentinelles, / a Swiss NGO, / specializes in the treatment of this terrible disease / and
       Sentinelles는   스위스의 비정부기구인   이 끔찍한 질병의 치료를 전문으로 한다   그리고
provides surgery / to help affected children live normal lives.
수술을 제공한다   감염된 아이들이 정상적인 삶을 살 수 있도록 돕기 위해

비교 표현

EXERCISE

p.129

STEP 1 **1** Those bloggers aren't as influential / as they used to be.
그 블로거들은 영향력 있지 않다   예전에 그들이 그랬던(= 영향력 있던) 것만큼

2 I feel / that he is not so much a boss as a friend.
나는 느낀다   그는 상사라기보다는 내 친구라고

3 Children are more sensitive and cleverer / than we think.
아이들은 더 세심하고 더 영리하다   우리가 생각하는 것보다

4 He taught me the easiest way / to remove a computer virus.
그는 나에게 가장 쉬운 방법을 가르쳐 주었다   컴퓨터 바이러스를 제거하는 (가장 쉬운 방법)

5 You'll find / that the more you give, / the more you receive.
너는 알게 될 것이다   네가 더 많이 주면 줄수록   네가 더 많이 받는다는 것을

6 Nothing is more important / than the safety / of our passenger.
아무것도 더 중요하지 않다   안전보다   우리 승객의 (안전)

7 This doughnut has a bigger hole / in the middle / than any / I've seen before!
이 도넛은 더 큰 구멍이 있다   중앙에   어떤 것(= 도넛)보다   내가 이전에 본

8 Black tea contains / almost twice / as much caffeine / as green tea.
홍차는 함유한다   거의 두 배   많은 카페인을   녹차보다

STEP 2

1 The staff explained / how the system works / as kindly as possible.
그 직원은 설명했다   시스템이 어떻게 작동하는지   가능한 한 친절하게

2 The seasonal flu is spreading / faster and faster.
계절성 독감이 퍼지고 있다   점점 더 빠르게

3 According to research, / children who are regularly exposed to sunlight / are healthier / than
연구에 따르면   햇빛에 정기적으로 노출된 아이들이   더 건강하다

those who are not.
그렇지 않은 이들(= 아이들)보다

4 It was much more expensive / than any other room / I stayed in / while in Europe.
그것은 훨씬 더 비쌌다   다른 어떤 방보다도   내가 머물렀던   (내가) 유럽에 있던 동안

5 When cycling, / the lighter you are / and the harder you pedal, / the faster you're going to go.
자전거를 탈 때   네가 더 가벼울수록   그리고 네가 페달을 더 열심히 밟을수록   너는 더 빨리 갈 것이다

6 No one knows / about their customers' needs / better than those / who work with them daily.
아무도 모른다   고객들의 욕구에 대해서   사람들보다 더 잘   그들(= 고객들)과 매일 일하는 (사람들)

7 Cars cannot use the road / any longer / on weekends.
자동차는 그 도로를 사용할 수 없다   더 이상   주말에

적용독해

pp.130~131

1   정답 ③

문제풀이

무릎 스캔본은 개인별로 고유한 특징을 가지고 있어서 같은 사람에게서 나온 두 개의 스캔본을 높은 '정확도'로 맞추어 본다고 하는 것이 문맥상 적절하므로, ③의 inaccuracy를 accuracy(정확도) 등으로 바꿔야 한다.

직독직해

① In many action films, / spies must have their fingerprints scanned / in order to access
많은 액션 영화에서   스파이들은 그들의 지문을 스캔당해야 한다   기밀문서에 접근하기 위해

secret documents. ② In the future, / however, / they may be more likely to / have their knees
                  미래에는   그러나   그들은 아마도 ~할 가능성이 더 높을 것이다   자신들의 무릎을

scanned. ③ This is because / a professor recently discovered / [that people's knees are / as
스캔당할   이것은 ~ 때문이다   한 교수가 최근에 발견했기 (때문이다)   사람들의 무릎이 ~하다는 것을

unique as fingerprints]. ④ He examined knee MRIs / [performed on thousands of patients], /
지문만큼이나 고유한   그는 무릎 MRI를 분석했다   수천 명의 환자들에게 실시된 (무릎 MRI)

using a program / [that analyzes each scan's texture / and compares it to other scans / {in
한 프로그램을 사용해서   각 스캔본의 질감을 분석하는   그리고 그것을 다른 스캔본과 비교하는 (프로그램)

the database}]. ⑤ The program is much more reliable / than the naked eye, / matching two
데이터베이스 안에   그 프로그램은 훨씬 더 믿을 만하다   맨눈보다   같은 사람에게서
있는 (다른 스캔본)

scans from the same person / with 93 percent accuracy. ⑥ The professor believes / [(that)
나온 두 개의 스캔본을 맞추기 (때문에)   93%의 정확도로   그 교수는 믿는다

knee scans have the potential / {to be more effective / against people [trying to fool the
무릎 스캔본이 가능성을 가지고 있다고   더 효과적일 (가능성)   그 시스템을 속이려고 하는 사람들에게 맞서

system]}]. ⑦ This is due to the fact / [that it is much harder / to modify a person's knees /
이것은 사실 때문이다   (그것이) 훨씬 더 힘들다는 (사실)   한 사람의 무릎을 바꾸는 것이

than other body parts].
다른 신체 부분보다

전문해석

많은 액션 영화에서 스파이들은 기밀문서에 접근하기 위해 지문을 스캔당해야 한다. 그러나, 미래에 그들은 아마도 자신들의 무릎을 스캔당할 가능성이 더 높을 것이다. 이것은 한 교수가 최근에 사람들의 무릎이 지문만큼이나 고유하다는 것을 발견했기 때문이다. 그는 환자 수천 명에게 실시된 무릎 MRI를 분석하였는데, 각 스캔본의 질감을 분석하고 그것을 데이터베이스 안에 있는 다른 스캔본과 비교하는 한 프로그램을 사용했다. 그 프로그램은 맨눈보다 훨씬 더 신뢰할 만한데, 같은 사람에게서 나온 두 개의 스캔본을 93%의 <u>부정확도(→ 정확도)</u>로 맞추기 때문이다. 그 교수는 무릎 스캔본이 그 시스템을 속이려고 하는 사람들에게 맞서서 더 효과적일 가능성을 가지고 있다고 믿는다. 이것은 한 사람의 다른 신체 부분보다 무릎을 바꾸는 것이 훨씬 더 힘들다는 사실 때문이다.

구문해설

　　　　　　　　　　　　　　　　　　　　　　　　　　　　　사역동사　　　O　　O.C.(과거분사)
② In the future, however, they may be more likely to **have their knees scanned**.
　　　　　　　　　　　　　　　　　　「be likely to-v」'~할 가능성이 있다'
　⇨ 「have+O+v-ed」'~을 …되게 하다'

　　　　　　　　　　　　　　　　　　　　　　　　　　　　「as+형용사/부사의 원급+as ~」'~만큼 …한[하게]'
③ This is because a professor recently **discovered** [that people's knees are **as unique as**
　　이것은 ~ 때문이다　　　　　　　　　　　　　discovered의 목적어(명사절)
fingerprints].

　　　　　　　　　　　　　　　　　　　　　　　　　　　　　　　　　　　　　　주격 관계대명사절
④ He examined knee MRIs [performed on thousands of patients], [**using** a program {that
　　　　　　　　　　　　　└─ 과거분사구　　　　　　分사구문(동시동작)
analyzes each scan's texture and compares it to other scans [in the database]}].
　V절1　　　　　　　　　　　　　V절2　　　　　　　　　└─ 전치사구

직독직해 PLUS

정답 This is because / a professor recently discovered / that people's knees are / as unique as
　　　　이것은 ~ 때문이다   한 교수가 최근에 발견했기 (때문이다)   사람들의 무릎이 ~하다는 것을   지문만큼이나
fingerprints.
고유한

정답 required

해석 미래에는, 보안 정보가 주어지기 전에 무릎 스캔이 <u>요구될지도</u> 모른다.

2

정답 ⑤

문제풀이

저축이 경제 성장에 해가 된다는 '절약의 역설'을 반박하는 글이다.

① 경제를 돕기 위해서 저축을 그만둬라

② 경제 뒤의 숨은 힘

③ 은행: 그들은 어떻게 기업을 돕는가

④ 가격이 너무 높아지는 이유에 관한 이론

⑤ 누가 저축이 경제를 해친다고 말하는가?

직독직해

① The term "paradox of thrift" / refers to a theory / [about a problem / {that can occur /
'절약의 역설'이라는 용어는   한 이론을 가리킨다   문제에 대한 (이론)   발생할 수 있는 (문제)

during difficult economic times}]. ② According to this theory, / if everyone tries to save / as
경제가 어려운 시기 동안   이 이론에 따르면   모든 사람이 저축하려고 노력하면

much money as possible, / the demand for goods / will fall. ③ This, in turn, means / [that the
가능한 한 많은 돈을   제품에 대한 수요는   하락하게 된다   이것은 결국 의미한다   경제가

economy will stop growing]. ④ There are two things, / however, / [that prevent this paradox
성장을 멈출 거라는 것을   두 가지가 있다   그러나   이 역설이 발생하는 것을 방지하는

from happening]. ⑤ The first is the fact / [that the more demand drops, / the lower prices fall,
(두 가지)   첫 번째는 사실이다   수요가 더 많이 하락할수록   가격이 더 떨어진다

/ causing people to spend more]. ⑥ It's also true / [that putting money in a savings account /
(그래서) 사람들이 더 많이 소비하게 한다는 (사실)   (그것은) 또한 사실이다   저축 계좌에 돈을 넣는 것이

doesn't keep it out of the economy]. ⑦ Banks use this money / to make loans to businesses.
그것(= 돈)이 경제와 관련되지 않는 것이 아니라는 것은   은행들은 이 돈을 사용한다   기업에게 대출을 해 주기 위해

⑧ Therefore, / the more money people save, / the more loans banks can make. ⑨ This gives
그러므로   사람들이 저축을 더 많이 할수록   은행은 더 많은 대출을 해 줄 수 있다   이것은

businesses / a chance [to thrive], / which is, / of course, / good for the economy.
기업들에게 준다   번창할 기회를   (그리고) 이것은 ~이다   물론   경제에 좋은 (것이다)

전문해석

'절약의 역설'이라는 용어는 경제가 어려운 시기 동안 발생할 수 있는 문제에 대한 이론을 가리킨다. 이 이론에 따르면, 모든 사람이 가능한 한 많은 돈을 저축하려고 노력할 경우 제품에 대한 수요는 하락하게 된다. 이는 곧 경제가 성장을 멈출 것이라는 것을 의미한다. 그러나 이 역설이 발생하는 것을 방지하는 두 가지가 있다. 첫 번째는 수요가 더 많이 하락할수록 가격이 더 떨어져서, 사람들이 더 많이 소비하게 된다는 사실이다. 또한 저축 계좌에 돈을 넣는 것이 그 돈이 경제와 관련되지 않는 것이 아니라는 것도 사실이다. 은행들은 이 돈을 기업에게 대출을 해 주기 위해 사용한다. 그러므로 사람들이 저축을 더 많이 할수록 은행은 더 많은 대출을 해 줄 수 있다. 이것은 기업에 번창할 기회를 주는데, 이는 물론 경제에 좋다.

구문해설

③ This, in turn, **means** [that the economy will <u>stop growing</u>].
　앞 문장의 내용 전체   means의 목적어(명사절)   「stop+v-ing」 '~하는 것을 멈추다'

⑥ It's also true **that** <u>putting money in a savings account</u> <u>doesn't keep</u> it out of the economy.

가주어 / 진주어(명사절)

S절(동명사구)   V절   = money

⑨ This <u>gives</u> <u>businesses</u> <u>a chance</u> [**to thrive**], *which* is, of course, good for the economy.

4형식 동사   I.O.   D.O.   to부정사의 / 형용사적 용법   계속적 용법의 주격 관계대명사

직독직해 PLUS

정답 The first is the fact / that the more demand drops, / the lower prices fall, / causing people to

첫 번째는 사실이다   수요가 더 많이 하락할수록   가격이 더 떨어진다   (그래서) 사람들이 더 많이

spend more.

소비하게 한다는 (사실)

05 부정 표현

EXERCISE

STEP 1

1 Mason can <u>hardly</u> afford a new car / on his income.
Mason은 새 차를 거의 살 수 없다   그의 소득으로는

2 <u>None</u> of the displayed cups are on sale / since they're new.
진열된 컵들 중 어떤 것도 할인 판매되지 않는다   그것들은 새것이기 때문에

3 As you haven't worn <u>both</u> shirts, / take one back / to the store.
네가 두 개의 셔츠를 모두 입었던 것은 아니니   하나를 다시 가져가라   상점에

4 A higher fee / <u>does not necessarily</u> mean / better service.
더 비싼 요금이   반드시 의미하지는 않는다   더 나은 서비스를

5 I've contacted three hotels in Hawaii / but <u>none</u> of them was available.
나는 하와이에 있는 세 호텔에 연락해 봤다   하지만 그것들 중 어떤 곳도 이용 가능하지 않았다

6 <u>Not all</u> fruit and vegetables contain / nutritional benefits.
모든 과일과 채소들이 함유하는 것은 아니다   영양상의 이로운 것들을

7 People nowadays <u>never</u> go anywhere / without bringing their smartphones.
요즘 사람들은 결코 어디에도 가지 않는다   그들의 스마트폰을 가져가지 않고는

8 It was <u>not until</u> Friday / that we got the first draft / from the writer.
금요일이 되어서야 비로소   우리는 첫 번째 원고를 받았다   그 작가로부터

9 There was <u>little</u> understanding / of the technology, / which caused the company to fail.
이해가 거의 없었다   그 기술에 대한 (이해)   (그리고) 이는 그 회사가 실패하게 했다

STEP 2

1 He seldom ever met a person / who could teach him yoga.
그는 사람을 만나지 못했다   그에게 요가를 가르쳐 줄 수 있는 (사람)

2 There were many campsites in the mountains, / but few of them were affordable.
산에 많은 캠프장이 있었다   하지만 가격이 알맞은 것들은 거의 없었다

3 I asked both Robert and Keith / for advice, / but neither of them has responded yet.
나는 Robert와 Keith 둘 다에게 요청했다   조언을   그러나 그들 둘 다 아직 응답하지 않았다

4 For flight attendants, / flying and being abroad / are not always wonderful, / as many of
비행 승무원에게   비행하는 것과 해외에 있는 것은   항상 멋지지는 않다   왜냐하면 그들 중

them suffer from serious jet lag.
많은 수가 심각한 시차증으로 고생하기 때문에

5 There are no parents / who don't love their baby.
부모는 없다   자신의 아기를 사랑하지 않는 (부모)

6 Not until the end of that year / did the soldiers finish the battle training.
그 해 말까지 ~ 않다   군인들은 전투 훈련을 마치지 (않았다)

적용독해

pp.134~135

1   정답 ④
문제풀이
완성되지 못한 음악 작품들을 방치할 것이 아니라 의도된 청중과 그것들을 공유할 의무가 있다는 내용의 글이다.

직독직해

① Unfinished works of music are attractive / because they give us a closer view / of the
완성되지 않은 음악 작품들은 매력적이다   우리에게 더 자세히 볼 수 있게 해주기 때문에

creative process. ② However, / not everyone can read music on a paper / and "hear" it in
창의적인 과정을   그러나   모든 사람이 종이에 적힌 음악을 읽을 수 있는 것은 아니다   그리고 그것을 그들의 머릿

their head. ③ Therefore, over the years, / people have completed pieces of music / [that
속에서 '듣는다'고   따라서 수년 동안   사람들은 음악 작품들을 완성했다
(할 수 있는 것은 아니다)

were left unfinished]. ④ For example, / *Mahler's Tenth* has been completed / several times
미완성의 상태로 남겨진   예를 들어   'Mahler의 교향곡 제10번'은 완성되었다   여러 번
(음악 작품들을)

/ by many composers. ⑤ But this practice is not always encouraged. ⑥ Musicologist
많은 작곡가들에 의해   그러나 이러한 관행이 언제나 권장되는 것은 아니다   음악학자

Paul Henry Lang criticized a colleague / for completing one work. ⑦ He said / [that an
Paul Henry Lang은 어떤 동료를 비난했다   한 작품을 완성한 것에 대해   그는 말했다   고고학자는

archaeologist would never restore / a damaged statue / in any way / {he liked}]. ⑧ It may
결코 복원하지 않을 것이라고   손상된 조각상을   어떤 방식으로   그가 좋아하는   (그것은)
                                                                        (방식)   사실일지도

be true / [that not all abandoned works should be reconstructed]. ⑨ However, / we should
모른다   모든 버려진 작품들이 복원되어야 하는 것은 아니라는 것은   그러나   우리는 거의

not let a nearly-finished piece sit silently. ⑩ We have a duty / [to share it / with its intended
완성된 작품이 아무 말 없이 있게 해서는 안 된다   우리는 의무가 있다   그것을 공유할   그것의 의도된 청중들과
                                                                (의무)

audience].

전문해석
완성되지 않은 음악 작품들은 우리에게 창의적인 과정을 더 자세히 볼 수 있게 해주기 때문에 매력적이다. 그러나, 모든 사람이 종이에 적힌 음악을 읽고 그들의 머릿속에서 그것을 '듣는다'고 할 수 있는 것은 아니다. 따라서, 수년 동안, 사람들은 미완성의 상태로 남겨진 음악 작품들을 완성했다. 예를 들어, 'Mahler의 교향곡 제10번'은 많은 작곡가들에 의해 여러 번 완성되었다. 그러나 이러한 관행이 언제나 권장되는 것은 아니다. 음악학자 Paul Henry

Lang은 어떤 동료가 한 작품을 완성한 것에 대해 비난했다. 그는 고고학자는 그가 좋아하는 어떤 방식으로 손상된 조각상을 결코 복원하지 않을 것이라고 말했다. 모든 버려진 작품들이 복원되어야 하는 것은 아니라는 게 사실일지도 모른다. 그러나, 우리는 거의 완성된 작품이 아무 말 없이 있게 해서는 안 된다. 우리는 의도된 청중들과 함께 그것을 공유할 의무가 있다.

구문해설

「not all ~」 '모두 ~한 것은 아니다' (부분 부정)

⑧ **It** may be true **that** *not all* abandoned works should be reconstructed.
가주어   진주어(명사절)

⑨ However, we should not let a nearly-finished piece sit silently.
                사역동사   O   O.C.(동사원형)

직독직해 PLUS

정답 However, / not everyone can read music on a paper / and "hear" it in their head.
그러나   모든 사람들이 종이에 적힌 음악을 읽을 수 있는 것은 아니다   그리고 그것을 그들의 머릿속에서 '듣는다'고
                                                                 (할 수 있는 것은 아니다)

2   정답 ⑤

문제풀이

어떤 약물이 SJS를 유발하는지 알 수 있는 방법은 없다고 했다.

직독직해

① In rare cases, / a person's body may experience / a severe adverse reaction / to a medicine.
드문 경우에   사람의 신체는 겪을 수도 있다   심각한 부작용을   약물에 대해

② This is called Stevens-Johnson Syndrome (SJS), / and its symptoms include / skin rashes
이것은 Stevens-Johnson 증후군(SJS)이라고 불린다   그리고 그것(= SJS)의 증상은 포함한다   피부 발진과

and fever. ③ Not everyone experiences the same reactions, / but in extreme cases / the
발열을   모든 사람들이 같은 반응을 경험하는 것은 아니다   그렇지만 극단적인 경우에는

rashes can become so serious / that the patient's skin begins to fall off. ④ Vision can also be
발진이 너무 심해져서   환자의 피부가 벗겨지기 시작할 수도 있다   시력 또한 손상될 수 있다

damaged / for life. ⑤ Few adults suffer from SJS; / it usually affects children. ⑥ There is no
      평생   성인들은 SJS를 거의 앓지 않는다   그것(= SJS)은 주로 아이들에게 발생한다   예측할 방법은

way [to predict / {who will get SJS}], / and there is no test / [that can tell / {which medicines
전혀 없다   누가 SJS에 걸릴지   그리고 검사가 없다   알려 줄 수 있는 (검사)   어느 약물이

will cause the condition}]. ⑦ Parents are advised / to give their children / only the medicine
그 질환을 유발할 것인지   부모들은 조언받는다   자신의 자녀들에게 주라고   그들에게 절대적으로 필요한

[(which/that) they absolutely need] / and (are advised) to watch closely / for warning signs [of
약만을   그리고 유심히 살펴보라고 (조언받는다)   발진과 발열의 조짐을

rash and fever].

전문해석

드물게, 사람의 신체는 약물에 대해 심각한 부작용을 겪을 수도 있다. 이것은 Stevens-Johnson 증후군(SJS)이라고 불리며, 그 증상은 피부 발진과 발열을 포함한다. 모든 사람들이 같은 반응을 경험하는 것은 아니지만, 극단적인 경우에는 그 발진이 너무 심해져서 환자의 피부가 벗겨지기 시작할 수도 있다. 시력 또한 평생 손상될 수도 있다. 성인들은 SJS를 거의 겪지 않으며, 그것은 주로 아이들에게 발생한다. 누가 SJS에 걸릴지를 예측하는 방

법은 전혀 없으며, 어느 약품이 그런 질환을 유발할 것인지를 알려 줄 수 있는 검사는 없다. 부모들은 자녀들에게 그들에게 절대적으로 필요한 약만을 주고, 발진과 발열의 조짐을 유심히 살펴보라고 조언받는다.

구문해설

⑦ <u>Parents</u> <u>are advised</u> [<u>to give</u> <u>their children</u> only <u>the medicine</u> {(which/that) they absolutely
　　S문장　　　V문장　　　　4형식 동사　I.O.구　　　　D.O.구　　　　　　　　목적격 관계대명사절
need}] and (are advised) [to watch closely for <u>warning signs</u> {of rash and fever}].

⇨ 「be advised to-v」는 '~하라고 충고를 받다'라는 의미로, to부정사구 두 개가 등위접속사 and로 병렬 연결됨

직독직해 PLUS

정답 Few adults suffer from SJS; / it usually affects children.
　　성인들은 SJS를 거의 앓지 않는다　　그것은 주로 아이들에게 발생한다

PART 6 REVIEW TEST

pp.136~139

1 ③　2 ⑤　3 ①　4 ②　5 ⑤　6 ③

직독직해 REVIEW

1 Learning multiple languages, / I believe, / mostly involves / traveling to new, exciting places /
여러 언어를 배우는 것은　　　　　　내가 믿기로는　주로 수반한다　　새롭고 흥미진진한 곳을 여행하는 것을

and meeting interesting people.
그리고 흥미로운 사람들을 만나는 것을

2 However, / some scientists support the idea / that 3D food printing might be the key / to feeding
하지만　　　일부 과학자들은 그 생각을 지지한다　　3D 음식 인쇄술이 해답일 수도 있다는 (생각)

the Earth's growing population.
지구의 늘어나는 인구를 먹여 살리는 것에 대한 (해답)

3 This may not sound very important, / but it is.
이것이 그렇게 중요하게 들리지 않을지도 모른다　　하지만 그렇다(중요하다)

4 I wish I had known / that the second operation / would cause her so much pain.
내가 알았다면 좋을 텐데　두 번째 수술이　　　　그녀에게 그토록 많은 고통을 가져다주리라는 것을

5 Without this assurance, / she wouldn't have bought the watch.
이 확약이 없었더라면　　　　그녀는 그 시계를 사지 않았을 것이다

6 So dramatic and widespread / is the change / that scientists at first had no idea / what could be
너무 극적이고 광범위해서　　　그 변화는　　　과학자들은 처음에는 알지 못했다　　무엇이 그것을

causing it.
유발할 수 있었는지

1　정답 ③
문제풀이
문장의 주어가 동명사구인 Learning multiple languages이므로, 단수동사 involves로 고쳐야 한다.

① I am proud to say / [that I can speak several languages fluently]. ② People often assume /
나는 ~라고 말하는 것이　　　　　내가 여러 언어를 유창하게 말할 줄 안다고　　　　　　사람들은 흔히 추정한다
자랑스럽다

[that I have spent years and years / taking classes and studying books]. ③ They believe / [that
내가 여러 해를 보냈을 것이라고　　　　　　수업을 듣고 책을 공부하는 데　　　　　　　그들은 생각한다

learning how to speak a new language / is a time-consuming and intellectual task]. ④ This, /
새로운 언어를 구사하는 방법을 배우는 것이　　　　　시간이 걸리고 교육을 많이 받아야 하는 일이라고　　　이것은

however, / is completely untrue. ⑤ I don't live my life / in order to learn new languages.
하지만　　　　전적으로 사실이 아니다　　　　나는 내 삶을 살지 않는다　　　새로운 언어를 배우기 위해

⑥ I learn new languages / in order to live a better life. ⑦ Learning multiple languages, / I
나는 새로운 언어를 배운다　　　더 나은 삶을 살기 위해　　　　여러 언어를 배우는 것은　　　　　내가

believe, / mostly involves / traveling to new, exciting places / and meeting interesting people.
믿기로는　　주로 수반한다　　　새롭고 흥미진진한 곳을 여행하는 것을　　　그리고 흥미로운 사람들을 만나는 것을

⑧ Of course, / some studying is also required. ⑨ But it is these travel experiences / that
물론　　　　약간의 공부도 필요하다　　　　　　하지만 ~하는 것은 바로 이러한 여행 경험이다

really make language-learning possible. ⑩ So, / if you want to learn a new language, / get
언어 학습을 실제로 가능하게 만드는 것은　　　그러니　당신이 새로운 언어를 배우고 싶다면　　　　　그곳에서

out there / and start taking a trip.
벗어나라　　　그리고 여행을 시작하라

전문해석

나는 여러 언어를 유창하게 할 수 있다고 말하는 것이 자랑스럽다. 사람들은 흔히 내가 수업을 듣고 책을 공부하는 데 여러 해를 보냈을 것이라 추정한다. 그들은 새로운 언어를 구사하는 방법을 배우는 것이 시간이 걸리고 교육을 많이 받아야 하는 일이라고 생각한다. 하지만 이것은 전적으로 사실이 아니다. 나는 새로운 언어를 배우기 위해 사는 것이 아니다. 더 나은 삶을 살기 위해 새로운 언어를 배우는 것이다. 내가 믿기로는 여러 언어를 배우는 것은 주로 새롭고 흥미진진한 곳을 여행하는 것과 흥미로운 사람들을 만나는 것을 수반한다. 물론 약간의 공부도 필요하다. 하지만 언어 학습을 실제로 가능하게 만드는 것은 바로 이러한 여행 경험이다. 그러니 당신이 새로운 언어를 배우고 싶다면 그곳에서 벗어나 여행을 시작하라.

구문해설

③ They **believe** [that learning {how to speak a new language} is a time-consuming and
　　　　　believe의 목적어(명사절)　S절(동명사구)　　　V절
learning의 목적어(「의문사+to-v」)
intellectual task].

⑦ Learning multiple languages, I believe, mostly involves traveling to new, exciting places and
　　S(동명사구)　　　　　　삽입구　　　　　　V　　　O1(동명사구)
meeting interesting people.
　O2(동명사구)

⑨ But **it is** these travel experiences **that** really make language-learning possible.
　　　　　　　　　　　　　　　　　　5형식 동사　O절　　O.C.절
⇨ 「it is[was] ~ that ...」 '···하는 것은 바로 ~이다[였다]' (강조 구문)

2

문제풀이

증가하는 인구에 식량을 공급할 수 있는 방법 중 하나로 3D 음식 인쇄술이 유용하게 사용될 수 있다는 내용의 글이다.

직독직해

① Scientists have been trying to find / sustainable ways / [to feed the Earth's population].
과학자들은 찾으려 노력하고 있다   지속 가능한 방법을   지구 인구에 식량을 공급하는 (지속 가능 방법)

② But coming up with a solution / has been difficult. ③ There has been a problem / finding
하지만 해결책을 고안해 내는 것은   어려웠다   어려움이 있어 왔다

food-production processes / [that produce more output / while requiring less input]. ④ 3D
식량 생산 과정을 찾는 데   더 많은 산출량을 생산해 내는   더 적은 투입량을 필요로 하면서
(식량 생산 과정)

food printing with food-like ingredients / seems to fit this concept / — creating processed
음식과 유사한 재료로 3D 음식을 인쇄하는 것은   이 개념에 꼭 맞는 것 같다   장기 보존이 가능한 가공식품을

foods [with a long life] / is one way / [to make materials edible]. ⑤ Until recently, / many
만드는 것이   한 방법이다   재료들을 식용화하는 (한 방법)   최근까지

people viewed 3D printed food / as nothing more than an interesting idea. ⑥ However, /
많은 사람들이 인쇄된 3D 음식을 보았다   하나의 재미있는 아이디어에 불과한 것으로   하지만

some scientists support the idea / [that 3D food printing might be the key / {to feeding
일부 과학자들은 그 생각을 지지한다   3D 음식 인쇄술이 해답일 수도 있다는 (생각)   지구의 늘어나는

the Earth's growing population}]. ⑦ Although 3D food printing is unlikely to replace /
인구를 먹여 살리는 것에 대한 (해답)   3D 음식 인쇄술이 대체할 것 같지는 않지만

traditional agriculture, / it could help / make food production more efficient.
전통 농업을   그것(= 3D 음식 인쇄술)은 도움이 될 수 있다   식량 생산을 더욱 효율적으로 만드는 데

전문해석

과학자들은 지구 인구에 식량을 공급하는 지속 가능한 방법을 찾으려 노력하고 있다. 하지만 해결책을 고안해 내는 것은 어려웠다. 더 적은 투입량을 필요로 하면서도 더 많은 산출량을 생산해 내는 식량 생산 과정을 찾는 데 어려움이 있다. 음식과 유사한 재료로 3D 음식을 인쇄하는 것은 이 개념에 꼭 맞아 보이는데, 바로 장기 보존이 가능한 가공식품을 만드는 것이 재료들을 식용화하는 한 방법이라는 것이다. 최근까지 많은 사람들이 인쇄된 3D 음식을 하나의 재미있는 아이디어에 불과하다고 보았다. 하지만 일부 과학자들은 3D 음식 인쇄술이 지구의 늘어나는 인구를 먹여 살리는 방안이 될 수도 있다는 생각을 지지한다. 3D 음식 인쇄술이 전통 농업을 대체할 것 같지는 않지만, 식량 생산을 더욱 효율적으로 만드는 데 도움이 될 수 있다.

구문해설

③ There has been a problem finding food-production processes [that produce more output
선행사   주격 관계대명사절

while requiring less input].
분사구문(동시동작)

④ ... creating processed foods [with a long life] is one way [to make materials edible].
전치사구   5형식 동사 O구 O.C.구
S(동명사구)   V   to부정사의 형용사적 용법

⑥ However, some scientists support the idea [that 3D food printing might be the key {to feeding
= 동격의 명사절   전치사구

the Earth's growing population}].

3 정답 ①

문제풀이

(A) 유익한 협력 관계인 사회적 자본이 서로 도움을 구하고 요청하는 것을 '용이하게' 만든다고 하는 것이 자연스럽다.

(B) 이어지는 문장에서 사회적 자본이 있는 집단들은 서로를 돕고 문제를 찾아 해결한다고 했으므로, 정보를 나누는 것을 '촉진한다'고 하는 것이 자연스럽다.

(C) 바로 앞 문장에서 사회적 자본은 사용될수록 증가한다고 했으므로, 기업이 사회적 자본을 가질수록 그 이익이 '커진다'고 하는 것이 자연스럽다.

직독직해

① "Social capital" is the valuable network of cooperation / within a business.
'사회적 자본'은 귀중한 협력 관계이다 / 기업 안에 존재하는

② It increases
그것은 높인다

/ both productivity and creativity, / making it easier / to locate and request help.
생산성과 창의성을 둘 다 / (그것을) 더 용이하게 만들면서 / 도움을 구하고 요청하는 것을

③ This
이것이

may not sound very important, / but it is.
그렇게 중요하게 들리지 않을지도 모른다 / 하지만 그렇다 (중요하다)

④ Studies have shown / [that the helpfulness of a
연구들은 보여줬다 / 집단의 도움이 직접적으로 영향을

group can directly affect / productivity, efficiency and profits].
미칠 수 있다는 것을 / 생산성, 효율성 그리고 수익에

⑤ Groups with social capital
사회적 자본이 있는 집단들은 촉진한다

accelerate / the distribution of information.
/ 정보의 배포를

⑥ They help coworkers / [who experience
그들은 동료를 돕는다 / 어려움을 겪는 (동료)

difficulties], / and they identify and solve problems / before the problems even arise.
/ 그리고 그들은 문제를 찾아 해결한다 / 문제가 발생하기도 전에

⑦ Unlike most forms of capital, / social capital increases / as it is spent.
대부분의 자본 형태와 달리 / 사회적 자본은 증가한다 / 그것이 사용될수록

⑧ And the more
그리고 더 많은

social capital a business gets, / the more its benefits grow.
사회적 자본을 기업이 가질수록 / 그것의 이익이 더 많이 증가한다

전문해석

'사회적 자본'은 기업 안에 존재하는 귀중한 협력 관계이다. 그것은 도움을 구하고 요청하는 것을 더 용이하게 만들면서 생산성과 창의성을 모두 높인다. 이것이 그렇게 중요하게 들리지 않을지도 모르지만 중요하다. 연구들은 집단의 도움이 생산성, 효율성, 수익에 직접적으로 영향을 미칠 수 있다는 것을 보여줬다. 사회적 자본이 있는 집단들은 정보의 배포를 촉진한다. 그들은 어려움을 겪는 동료를 돕고, 문제가 발생하기도 전에 그것을 찾아 해결한다. 대부분의 자본 형태와 달리 사회적 자본은 사용될수록 증가한다. 그리고 기업이 더 많은 사회적 자본을 가질수록, 그것의 이익은 더 많이 증가한다.

구문해설

② It increases **both** productivity **and** creativity, making it easier to locate and request help.
　　　　　　　　　　「both A and B」 'A와 B 둘 다'　　　가목적어 / 진목적어(to-v) / 분사구문(연속동작)

⑧ And **the more** social capital a business gets, **the more** its benefits grow.
「the+비교급 ~, the+비교급 ...」 '~하면 할수록 더 ···하다'
　　　　　　　S1　　　V1　　　　　　S2　　V2

4

문제풀이

'I'는 수술 후 어머니가 더 편히 돌아가시도록 해드리지 못한 것을 후회하며 슬퍼하고 있다.

① 신이 나고 기쁜   ② 슬프고 후회하는   ③ 지루하고 무관심한

④ 놀라고 혼란스러워하는   ⑤ 편하고 안도하는

직독직해

① Last spring, / my elderly mother was diagnosed / with a serious form of cancer. ② She
지난봄에   나이가 지긋하신 나의 어머니는 진단받으셨다   심각한 형태의 암을   어머니는

had emergency surgery / and was given six months / [to live]. ③ Three weeks later, / the
응급 수술을 받으셨다   그리고 6개월을 받으셨다   살 수 있는   3주 후에
                                          (6개월)

doctor said / [that she needed to undergo more surgery / because she could no longer
의사가 말했다   어머니는 추가 수술을 해야 한다고   왜냐하면 그녀는 더 이상 삼킬 수 없어서

swallow / her medication]. ④ After the operation, / she suffered terribly / for five weeks /
그녀의 약을   그 수술 후에   어머니는 심하게 고통스러워하셨다   5주 동안

before finally passing away. ⑤ I wish I had known / [that the second operation / would
결국 돌아가시기 전에   내가 알았더라면 좋을 텐데   두 번째 수술이   어머니에게

cause her so much pain]; / had I known, / I would have brought her home / as soon as she
그토록 많은 고통을 가져다주리라는 것을   만약 내가 알았더라면   나는 어머니를 집으로 모시고 왔을 텐데   어머니가 쇠약해지자마자

got weaker. ⑥ That way, / she could have passed away / in peace, / resting comfortably /
그렇게   어머니는 돌아가실 수 있었을 텐데   평화롭게   편안히 쉬시면서

in her own bed / and surrounded by her friends and family members. ⑦ Instead, / she spent
자신의 침대에서   그리고 친구들과 가족들에게 둘러싸여서   대신에   어머니는 마지막

her last few weeks alone / in a gloomy hospital room.
몇 주를 홀로 보내셨다   우울한 병실에서

전문해석

지난봄, 나이가 지긋하신 나의 어머니는 심각한 형태의 암을 진단받았다. 그녀는 응급 수술을 받으셨고, 6개월의 살 수 있는 기간이 주어졌다. 3주 후에, 의사는 어머니가 더 이상 약을 삼킬 수가 없어서 추가 수술을 해야 한다고 말했다. 수술 후 결국 돌아가시기 전 5주간 어머니는 심하게 고통스러워하셨다. 나는 두 번째 수술이 어머니에게 그토록 많은 고통을 가져다줄 거라는 것을 알았더라면 좋을 거라고 생각한다. 만약 내가 알았더라면, 어머니가 쇠약해지자마자 집으로 모시고 왔을 것이다. 그렇게, 어머니는 자신의 침대에서 편히 쉬시면서 가족들과 친구들에게 둘러싸여 평화롭게 돌아가실 수 있었을 것이다. 대신, 어머니는 마지막 몇 주를 우울한 병실에서 홀로 보내셨다.

구문해설

⑤ **I wish I had known** ... would cause her so much pain; *had I known*, I **would have brought**
             V절   I.O.절   D.O.절
가정법 과거완료   가정법 과거완료(= If I had known)

... .
⇨ 가정법 구문에서 if가 생략되면서 주어와 동사가 도치됨

⑥ ..., **resting** comfortably in her own bed and **surrounded** by her friends and family members.
     현재분사(능동)   과거분사(수동)
                                          분사구문(부대상황)

정답 ⑤

문제풀이

상점 직원이 필자의 아내에게 제품의 환불 규정에 관해 구매 당시에 정확하게 설명해주지 않은 것에 대해 항의하는 글이다.

직독직해

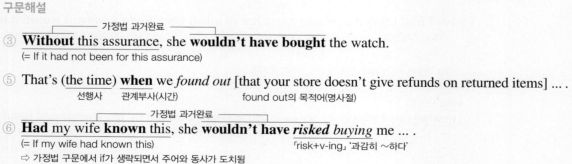

① My wife recently bought me / an expensive watch / at your jewelry shop. ② She wasn't
나의 아내는 최근에 나에게 사주었습니다   값비싼 시계를   당신의 보석 상점에서   그녀는 확신하지 못했습니다

sure / [if I'd like it], / but your clerk assured her / [that she could return it / if I wasn't happy
내가 그것을 좋아할지 하지만 당신의 직원이 그녀를 안심시켰습니다   그녀가 그것을 반품해도 된다고   내가 그것을 마음에 들어 하지

with it]. ③ Without this assurance, / she wouldn't have bought the watch. ④ When I got it, /
않으면   이 확약이 없었더라면   그녀는 그 시계를 사지 않았을 것입니다   내가 그것(= 그 시계)을 받았을 때

I decided / [that I didn't need such an expensive watch], / so we went to return it. ⑤ That's
나는 결정했습니다 나는 그렇게 비싼 시계는 필요 없다고   그래서 우리는 그것을 반품하러 갔습니다

when we found out / [that your store doesn't give refunds / on returned items] / — it only
그때가 우리가 알게 된   당신의 가게는 환불을 해주지 않는다는 것을   반품된 물건에 대해서   그곳(= 당신의
때입니다

gives store credit! ⑥ Had my wife known this, / she wouldn't have risked / buying me
가게)은 단지 상품 교환권을   내 아내가 이것을 알았더라면   그녀는 과감히 ~을 하지 않았을   나에게 그렇게
줄 뿐입니다   것입니다

such an expensive gift. ⑦ I'm shocked / [that she wasn't told about this policy / when she
값비싼 선물을 사주는 것을   나는 충격받았습니다   그녀가 이 규정에 대해 듣지 못했다는 것에   그녀가 구매했을 때

was making the purchase]. ⑧ I feel like she was tricked / by pushy sales strategies / into
                         나는 그녀가 속은 것 같이 느껴집니다   강압적인 판매 전략에 의해

spending a lot of money. ⑨ I've never been treated this way / in any other store.
큰돈을 쓰도록   나는 결코 이런 식으로 대우받은 적이 없습니다   다른 어떤 상점에서도

전문해석

최근에 내 아내는 당신의 보석 상점에서 나에게 값비싼 시계를 사주었습니다. 그녀는 내가 그걸 좋아할지 확신하지 못했지만, 당신의 직원이 만일 내가 그것을 마음에 들어 하지 않는다면 반품해도 된다고 그녀를 안심시켰습니다. 이 확약이 없었더라면, 그녀는 그 시계를 사지 않았을 것입니다. 시계를 받았을 때, 나는 그렇게 비싼 시계는 필요 없다고 결정했고, 우리는 그것을 반품하러 갔습니다. 당신의 가게가 반품된 물건을 환불해 주지 않는다는 것을 알게 된 것은 그때였습니다. 당신의 가게는 단지 상품 교환권을 줄 뿐입니다! 내 아내가 이것을 알았더라면, 그녀는 나에게 섣불리 그렇게 값비싼 선물을 사주지 않았을 것입니다. 그녀가 구매했을 때 이 규정에 대해 듣지 못했다는 사실에 나는 기가 막힙니다. 나는 그녀가 강압적인 판매 전략에 속아서 큰돈을 쓴 것이라고 생각합니다. 나는 다른 어떤 상점에서도 이런 식으로 대우받은 적이 없습니다.

구문해설

　　　　　┌────── 가정법 과거완료 ──────┐
③ **Without** this assurance, she **wouldn't have bought** the watch.
(= If it had not been for this assurance)

⑤ That's (the time) **when** we *found out* [that your store doesn't give refunds on returned items] ... .
　　　　　　　선행사　　관계부사(시간)　　　　　found out의 목적어(명사절)

　┌──────────── 가정법 과거완료 ────────────┐
⑥ **Had** my wife **known** this, she **wouldn't have** *risked* buying me ... .
(= If my wife had known this)　　　　　　　「risk+v-ing」 '과감히 ~하다'
⇨ 가정법 구문에서 if가 생략되면서 주어와 동사가 도치됨

6 정답 ③

문제풀이

(A) 「it seems that ~」은 '~인 것 같다'라는 의미의 구문이므로 접속사 that이 와야 한다.

(B) 주어인 whale-hunting bans는 '도입되는' 대상이므로 수동태인 were introduced를 써야 한다.

(C) whales는 셀 수 있는 명사이므로, 셀 수 있는 명사와 함께 쓰이는 few의 비교급 fewer를 써야 한다.

직독직해

① Blue whale songs, / the noises / [(which/that) male blue whales produce / to attract
흰긴수염고래의 노래는   소리들(인)   수컷 흰긴수염고래가 내는 (소리들)   암컷을 유혹하기

mates], / are changing. ② Based on the recordings of researchers, / it seems [that the pitch of
위해서   변하고 있다   연구자들의 녹음에 따르면   그 노래들의 음의 높이가

the songs is getting lower]. ③ So dramatic and widespread / is the change / that scientists at
점차 낮아지는 것 같다   너무 극적이고 광범위해서   그 변화는   과학자들은 처음에는

first had no idea / [what could be causing it]. ④ Though (they are) still uncertain, / they now
알지 못했다   무엇이 그것(= 그 변화)을   여전히 불확실하긴 하지만   이제 그들은
                유발할 수 있었는지

think / [(that) they may have found an explanation]. ⑤ Ever since whale-hunting bans were
생각한다   그들이 한 가지 설명을 찾아낸 것일지도 모른다고   고래 사냥 금지가 도입된 이후로

introduced / in the 1970s, / blue whale populations have been increasing. ⑥ When there
                1970년대에   흰긴수염고래의 개체 수는 증가해오고 있다   더 적은 수의

were fewer whales / in the sea, / males had to create / higher-pitched, louder songs / in order
고래가 있었을 때   바다에   수컷들은 만들어내야 했다   더 높은 음과 더 큰 소리의 노래를

to be heard / at great distances. ⑦ But now that females are more numerous, / males can
들리게 하기 위해서   아주 먼 거리에서도   하지만 이제 암컷들이 더 많으므로   수컷들은

produce lower sounds / and still be easily heard.
더 낮은 소리를 낼 수 있다   그리고 그런데도 쉽게 들릴 수 있다

전문해석

흰긴수염고래의 노래, 즉 수컷 흰긴수염고래가 암컷을 유혹하기 위해서 내는 소리가 변하고 있다. 연구자들의 녹음에 따르면, 그 노래의 음의 높이가 점차 낮아지고 있는 것 같다. 그 변화가 너무도 극적이고 광범위해서, 과학자들은 처음에는 무엇이 그런 변화를 유발할 수 있었는지 알지 못했다. 여전히 불확실하긴 하지만, 이제 그들은 한 가지 이유를 찾아냈을지도 모른다고 생각한다. 1970년대에 고래 사냥 금지가 도입된 이후로 줄곧, 흰긴수염고래의 개체 수는 증가해오고 있다. 더 적은 수의 고래가 바다에 있었을 때는, 수컷들은 아주 먼 거리에서도 들리게 하려고 더 높은 음과 더 큰 소리로 노래를 해야 했다. 하지만 이제 암컷들이 더 많으므로 수컷들은 더 낮은 소리를 낼 수 있고, 그런데도 (암컷들에게) 잘 들릴 수 있다.

구문해설

목적격 관계대명사절 / to부정사의 부사적 용법(목적)

① Blue whale songs, the noises [(which/that) male blue whales produce **to attract** mates], are
S   =   changing.
V

③ **So** dramatic and widespread is the change **that** scientists at first had no idea ... .
S.C.   V   S
⇨ 「so+형용사/부사+that ...」 '매우 ~해서 …하다' 구문에서 강조를 위해 보어가 문장의 맨 앞에 위치하여 「V+S」 어순으로 도치됨

④ Though (they are) still uncertain, they now **think** [(that) they *may have found* an explanation].
부사절(양보)   think의 목적어(명사절)
⇨ 양보를 나타내는 접속사 though가 이끄는 부사절에서 주절과 부사절의 주어가 일치하여 부사절의 「주어+be동사」가 생략됨
⇨ 「may have v-ed」 '~했을지도 모른다'

 MEMO

 MEMO

 **MEMO**

The 상승
직독직해편